DELIUS KLASING

WERNER BECK

Auszeit am Baikalsee

EIN JAHR AM LIMIT

DELIUS KLASING VERLAG

Für meine Frau Heti

ohne sie gäbe es diese Erfahrung nicht
ohne sie gäbe es diese Geschichte nicht
ohne sie gäbe es dieses Buch nicht

Bibliografische Information der Deutschen Nationalbibliothek
Die Deutsche Nationalbibliothek verzeichnet diese Publikation
in der Deutschen Nationalbibliografie; detaillierte bibliografische
Daten sind im Internet über http://dnb.d-nb.de abrufbar.

2. Auflage
ISBN 978-3-7688-3346-2

Fotos: Werner Beck
Lektorat: Birgit Radebold / Anja Ross
Schutzumschlaggestaltung: Buchholz/Hinsch/Hensinger, Hamburg
Karten: Inch3, Bielefeld
Satz: Fotosatz Habeck, Hiddenhausen
Druck: CPI – Clausen & Bosse, Leck
Printed in Germany 2012

Delius Klasing Verlag, Siekerwall 21, D-33602 Bielefeld
Tel.: 0521/559-0, Fax: 0521/559-115
E-Mail: info@delius-klasing.de
www.delius-klasing.de

Inhalt

Prolog

Vollkommen allein!

Was um alles in der Welt mache ich Narr hier?

Das Eis unter meinen Filzstiefeln explodiert. Es schwingt, Haarrisse zischen und durchzucken die zernarbte, gefrorene Fläche. Spalten brechen auf. Pfeifen und Dröhnen erschüttern Mark und Bein.

Gnadenlos brechen die Naturgewalten über mich herein. Todesangst lähmt mich. Ich renne, renne um mein Leben. Die Risse klaffen immer weiter auseinander. Ich springe darüber hinweg und weiß nie: Trägt die Scholle? Bricht sie? Kippt sie? Dieses verdammte Eis will mich verschlingen.

Wird das eisige Wasser mein Grab?

Schweißgebadet wache ich auf. In wiederkehrenden Albträumen verfolgt mich die Angst vor der Gefahr auf dem Eis den ganzen langen, sibirischen Winter.

Denn dieses Schockerlebnis bei meiner ersten Eisexkursion zu Beginn des Kälteeinbruchs hat mir gezeigt, wie schnell das Limit überschritten sein kann.

Ist weniger mehr?

Angst, die Geißel der Menschheit, lähmt mit der ewigen Frage: »Ist das gefährlich?«

Aber die größte Gefahr beginnt mit dem Leben. Leben will ich intensiv. Also schob ich die Grenzen der Angst langsam, aber stetig, immer weiter hinaus.

Ob auf einem Tempelelefanten in Südindien, in einem Seekajak im Nordpazifik auf der Suche nach Killerwalen, mit Hundeschlitten in Lappland oder mit unserem Landcruiser durch die Sahara: Neugier und der Reiz des Ungewissen trieben mich und meine Frau Heti trotz meines Handicaps Diabetes in fremde Welten.

Eine Erfahrung auf dem Clearwater, einem Nebenfluss des Yukon, hob unser Leben aus den Angeln. Nachdem uns das Wasserflugzeug abgesetzt hatte, gab es nur einen Rückweg, der 200 Kilometer lang war und durch Bärenland und viel Wildwasser führte. Das Leben reduzierte sich aufs Wesentliche: Boot, Verpflegung und Fluss. Sonst nichts!

Der Sog einer unpassierbaren Stromschnelle packte das Kanadierboot. Mit weit aufgerissenen Augen starrte Heti entsetzt zu mir nach hinten. Links und rechts Steilufer. Ein Zurück war in dieser reißenden Strömung unmöglich. Die Falle schnappte zu.

»Rudern, Rudern!« Damit ich steuern kann, müssen wir schneller als die Strömung sein. Sonst knallen wir gegen die spitzen Felsen und sind samt Boot verloren.

Wie die TITANIC neigte sich der Kanadier nach vorn. Die Bootsspitze samt Heti versank im tosenden Wasserstrudel. Trotzdem stieß sie tapfer das Stechpaddel weiter in die Fluten wie ein Galeerensklave, der angekettet auf dem sinkenden Schiff ums Überleben kämpft.

Unfassbar, aber wir wurden ohne zu kentern durch diese dröhnende Wasserwand geschleudert.

In der kanadischen Wildnis leckten wir zum ersten Mal am Blut der

Freiheit. Dieser süße und zugleich bittere Geschmack brannte sich tief und unvergesslich in unsere Köpfe ein. Er machte uns süchtig nach mehr.

Doch der Job hatte uns fest im Griff, und wir konnten immer nur eine kleine Dosis von maximal vier bis fünf Wochen erhaschen.

Die Zeit war noch nicht reif für eine längere Tour, unsere beiden Kinder waren zu klein und das Geld zu knapp.

Als wir 30 waren, saßen wir nächtelang am Küchentisch und fragten: »Was ist unser wichtigstes Lebensziel?«

Alles kam auf den Prüfstand: Status, Karriere, Beruf, Geld. Wir hinterfragten, verwarfen und nahmen wieder auf. Am Ende lag unser Lebensplan auf dem Küchentisch. Ungläubig lasen wir den letzten Satz wieder und wieder: »Mit 50 finanziell frei, unabhängig, Träume leben!« Uns war klar, mit 30 Jahren ist dieser Satz arrogant und provozierend. Aber er stand auf dem Papier, war formuliert und in unseren Köpfen fixiert.

In irgendeinem schlauen Buch stand: »Du kannst jedes Ziel erreichen, wenn du es nie aus den Augen verlierst.« Eine abgedroschene Floskel, aber ich glaubte daran und glaube es heute noch.

Konsequent wie bei einem Bausparvertrag legten wir Geld für unseren Traumsparvertrag auf die Seite und kauften vom ersten Ersparten einen Toyota Landcruiser. Auf ihn baute ich eine kleine Wohnkabine. Sie ist groß genug zum Schlafen, Essen und Kochen, aber klein genug, um autark abgelegene Ziele zu erreichen.

Das Gefährt ist geländegängig und unsere Basis, den »Blauen Planeten« in seiner ganzen Schönheit zu erleben.

Mit diesem Fahrzeug und einem schmalen Geldbeutel schaukelten wir die nächsten Jahre durch die Dünen der Sahara und erkundeten Nordafrika. Mehr war in der begrenzten Urlaubszeit nicht möglich. Das war uns zu wenig.

Nach über 20 Jahren hatte ich alle persönlichen Ziele in meinem Job erreicht. Dann wechselte die Firma den Besitzer, und die Firmenziele waren nicht mehr die meinen. Höchste Zeit, goodbye zu sagen.

Heti war schockiert. Mit flauem Magen schrieb auch sie ihre Kündigung und merkte, wie wichtig ihr die Arbeit als Chefsekretärin war.

Bereits mit 47 Jahren, früher als geplant, starteten wir unseren Lebenstraum. Vorbei war die regelmäßige Gehaltsüberweisung, vorbei die Sicherheit. Wohin führt dieser Weg?

Von Gefühlen zerrissen, sehe ich uns in fremden Ländern und Kulturen am Puls des Lebens, und Sekunden später falle ich in ein Horrorszenario. Das reicht von einem ständig leeren Geldbeutel bis zur Altersarmut und Essen auf Rädern.

Für Freunde und Bekannte sind wir schlicht »Spinner«, die in ihrem Unverstand nicht wissen, was sie tun. Ausgesprochen wird das natürlich nicht. Aber die große Freiheit hat ihren Preis und die Finanzierung ihre Haken. Finanzielle Sicherheit bis zum Grab ist ersatzlos gestrichen. Wir tauschen sie gegen die wunderbare Herausforderung, den Blauen Planeten für uns zu erobern.

Befreit brachen wir zu unserer Traumreise gen Osten auf. Die Reise ins Ungewisse führte uns in die entlegensten Regionen Sibiriens, der Mongolei, Zentralasiens, Pakistans, Chinas, Indiens, Nepals, des Nahen Ostens und Ägyptens. Der Traum dauerte 20 Monate. Wir bereisten 22 Länder intensiv und brachten einen unbezahlbaren Schatz an positiven Erfahrungen mit. Die Hilfsbereitschaft, Freundlichkeit und Lebensfreude der Menschen in armen Ländern beeindruckte uns. Denn wir leben in einer Welt, in der Geld, Konsum, Karriere und Status zur allgegenwärtigen Gottheit erhoben werden, in der Kinder zu teuer sind und Psychiater reich werden, einer Zeit mit vielen unzufriedenen Gesichtern.

Während der vielen Reisen lernten wir auch die arme Welt kennen, in der Menschen leben mit vielen Kindern, einfachstem Essen und ohne Rente, dafür immer mit einem Lächeln auf den Lippen. Trotz ihrer Armut bringen sie uns eine überschwängliche Gastfreundschaft entgegen. Dieser irritierende und zugleich unerklärbare Widerspruch beschäftigt uns seit Langem. Denn wir beide kennen auch nur die glänzende Seite der Medaille, die andere Seite liegt im Dunkeln: das einfache Leben ohne Sicherheit, ohne Überfluss –

nur auf die eigenen Talente gestützt. Dieses unbekannte Leben am Minimum suchten wir in der Natur und in der Wildnis am Nordostufer des Baikalsees. Die Sucht nach Einsamkeit und selbstbestimmtem Leben trieb uns in die sibirische Taiga zu Bären und Wölfen bei –40 °C. Wir begaben uns zugleich auf eine Reise zu uns selbst. Denn nur die eigene Erfahrung klärt die Frage: Ist weniger mehr?

9000 Kilometer immer der Sonne entgegen

»Vier Wochen und keinen Tag mehr«, plustert sich die mollige russische Grenzbeamtin arrogant auf. Ihre dünnen, purpurroten Lippen und der hochmütige Augenaufschlag passen überhaupt nicht zu der viel zu engen Rockuniform. Sie ist stur. Nur 30 Tage Autoeinfuhrgenehmigung will sie erlauben. Wir sind entsetzt und fragen uns: Erreichen wir in dieser Zeit mit unserem schweren Gefährt den Baikal? Was ist bei einer Autopanne oder einem Unfall?

»Kann sein, dass Sie eine Genehmigung für ein Jahr in Irkutsk bekommen«, sind ihre letzten abweisenden Worte.

Kann sein! Und wenn nicht? Dann müssen wir die 9000 Kilometer wieder zurückfahren. Tolle Aussichten!

Da hilft weder ein Hinweis auf die 7000 Kilometer lange marode Straße bis zum Baikalsee noch hartnäckiges Verhandeln. Es nutzt nichts, sich dumm zu stellen. Und auch ein freundlicher Fingerzeig auf unser Einjahresvisum ist verlorene Liebesmühe für die selbstherrliche Beamtin. Vorbei ist die Gemütlichkeit! So wird unsere Fahrt eine Jagd gegen die Zeit.

In Russland sehen die Straßen aus wie nach einem Bombenangriff. Trichter reiht sich an Trichter. Erst in letzter Sekunde gibt jeder davon seine wahre Tiefe preis. Wer nicht hellwach und reaktionsschnell wie ein Karnickel Haken schlägt, dessen Rad verschwindet auf Nimmerwiedersehen in tiefen Gruben. Ein Federbruch ist vorprogrammiert.

Leichte Fahrzeuge sind auf diesen Straßen von unschätzbarem Vorteil. Die kleinen, wendigen Ladas und Skodas tanzen beschwingt und elegant übers Schlaglochparkett – zwei links, eins rechts, geradeaus, wie graziöse Tänzer. Mein überladener Landcruiser und ich machen dabei eine plumpe Figur. 30 Prozent Übergewicht zerstören jede Eleganz.

Das Ortsschild Ufa. Ein Monument aus gewaltigen, in Beton gegossenen

Buchstaben erinnert uns an Eric. Ufa ist keine unbekannte Stadt für uns. Denn genau hier stotterte auf unserer 20-monatigen Reise unser Auto und verlangte nach einer Toyotawerkstatt. Dort lernten wir Eric, den Werkstattleiter, kennen.

Ein Besuch nach drei Jahren wäre eine Überraschung.

Mit einem fröhlichen »Sdrastwutje Herta i Werner«, überrascht er uns. Strahlend stürmt Eric auf Heti zu. Umarmen oder Hand geben? Er ist unsicher. Heti nimmt ihm die Entscheidung ab und drückt ihn fest.

Kahl geschorener Schädel, volles Gesicht und runder Bauch, ich erkenne ihn fast nicht wieder. Ihm geht es gut. Er ist überwältigt. Niemals hätte er gedacht, uns wiederzusehen. Unbedingt müssen wir mit ihm nach Hause kommen. Gern sagen wir zu, um dem täglichen Kilometerfressen kurz zu entkommen.

Eric nimmt sich frei und manövriert uns durch den Empfangsraum zum Auto. Er fährt voraus mit seinem weißen Toyota Camry – seinem Statussymbol – und stoppt – vor einem klobigen Gebäude. Eric hämmert einen Code in das alte, abgegriffene Zahlenschloss, und der Sesam öffnet sich. Dahinter ein düsteres Treppenhaus mit hallendem Rohbauflair: raue, unbelegte Betontreppen, Aufputzinstallationen, grob verputzte Wände und unzählige überquellende Briefkästen. In jede Wohnung führt eine scheppernde Stahltüre, als wäre dahinter das gesamte Gold von Fort Knox versteckt.

Erst nach dieser Sicherheitsschleuse stehen wir vor der eigentlichen Wohnungstür. Erics Frau Nina, blond, schlank und leicht bekleidet, öffnet. Mir stockt der Atem. Ein Hitzeschwall wie beim Betreten der Sauna nimmt mir die Luft. Nach kurzer Akklimatisation erstaunt uns die helle Vierzimmerwohnung. Blumentapeten, dicke Teppichböden und dunkle Möbel erinnern an den Reiz der 1970er-Jahre. Noch mehr erstaunt uns, dass das Schlafzimmer auch als Wohnzimmer genutzt wird, je nach Bedarf.

Spitzbübisch zeigt Eric auf eine Falltür. Ein Ruck, und das Geheimnis der begehrten Erdgeschosswohnungen ist gelüftet: ein zwei mal zwei mal zwei Meter großer, kalter, dunkler Vorratskeller. Überlebenswichtig in sozialistischen Zeiten, als Obst und Gemüse gehamstert werden mussten. Heute lagert Eric voller Stolz die Ernte seiner Datscha da unten – ein unschätzbarer Vorteil.

Die Saunatemperaturen machen mich unruhig und nervös. Eric und Heti entblößen ihre Oberkörper so weit wie erlaubt und tragen nur noch Unterhemd beziehungsweise ein dünnes T-Shirt. Am besten hat es Nina in ihrer knappen, dünnen Kittelschürze. Nur ich kann nichts mehr ausziehen. Unter meinem dicken Rollkragenhemd vereinen sich Schweißströme zu Wasserfällen. Wie ein balzender Truthahn sitze ich mit hochrotem Kopf auf dem Sofa. Aber wie die Heizung zurückdrehen ohne Regler? Offensichtlich wurde nicht nur im Treppenhaus gespart. Die Fenster ersetzen den Thermostat. Fenster auf – kühl und zugig. Fenster zu – balzender Truthahn! Eric hat Mitleid und lüftet kurz. Das bedeutet für den Rest der Gesellschaft »anziehen«.

Nach dem Abendessen gehen wir ins Schlaf-Wohnzimmer zum altersschwachen PC, immerhin mit Internet. Eric ist ein cleveres Bürschchen. Per Download installiert er ein Übersetzungsprogramm Russisch-Deutsch und umgekehrt. Damit werden Fragen und Antworten konkreter. Emotionen bleiben in der Tastatur stecken. Eine seltsame Unterhaltung.

Am meisten interessiert sich Eric für unser Sozialsystem, speziell für die Rente. Ab wann bekommen wir Rente und wie viel? Aber ist sie auch sicher? Denn wenn im russischen Staatssäckel Ebbe herrscht, werden die Renten einfach ausgesetzt, und harter Überlebenskampf beginnt.

Mit meinem Ein-Finger-Suchsystem tippe ich in den PC, dass sie bisher immer ausbezahlt wurde. Ungläubig schaut er mich an und hämmert schmunzelnd in die Tastatur: »Warum nur hat Stalin Hitler aufgehalten?«

Ich lache schallend. Stalin würde sich im Grab umdrehen.

Zu früh endet der kurzweilige Abend. Am nächsten Tag arbeiten Nina und Eric wieder, und wir brechen zur größten Ebene dieser Erde auf. Doch vorher müssen wir das Uralgebirge überqueren, das Asien von Europa trennt.

Dahinter breitet sich flach wie ein Pfannkuchen und groß wie Australien die sibirische Tiefebene zwischen dem Ural und dem gewaltigen Jenissejfluss aus. Nur Birkenwälder, Sümpfe und Seen. Riesige Wasserläufe auf dem Weg zum Nordpolarmeer durchschneiden die Senke. Und doch ist diese Weite nur ein Teil einer noch viel gewaltigeren Landschaft – der Taiga. Sie vereint die größte zusammenhängende Biomasse unseres blauen Planeten. Der

3000 Kilometer tiefe Waldgürtel übertrifft das Ökosystem des tropischen Regenwaldes und ist somit der größte Sauerstoffproduzent der Schöpfung.

Diese grüne Lunge ist so breit wie der amerikanische Kontinent – 5000 Kilometer, immerhin ein Achtel des Erdumfanges. Nur eine Zuglinie und eine nicht durchgehend asphaltierte Straße verbinden Ural und Pazifik. Ganz Sibirien hängt an dieser lebenswichtigen Nabelschnur. Ihr Zustand würde jedem Chef einer deutschen Straßenmeisterei kalten Schweiß auf die Stirne treiben.

Kreuzungen sind auf sibirischen Straßen selten. Wohin sollte man in der dünn besiedelten Taiga auch abbiegen? Trotzdem tauchen unerwartet breite Abfahrten auf – geplant für grandiose sozialistische Traumstädte. Doch der Traum endet bereits nach zehn Metern im Sumpf. Die Wirklichkeit führt über tiefspurige Feldwege in kleine, von Moskau vergessene Taigadörfchen. Ohne Infrastruktur leben dort die Bewohner von dem, was die Natur hergibt.

Weiter Richtung Osten taut der letzte Schnee und verwandelt die Taiga in Morast. Wir sind Gefangene der Teerstraße und haben jetzt ein Problem, abgelegene, einsame Übernachtungsplätze zu finden! Ein Ausbruch in Wald- oder Feldweg wird sofort bestraft. Die Räder verschwinden bis zu den Achsen in Matsch und Dreck. Ade, ihr romantischen Übernachtungsplätze im Taigawald! Ab sofort ereilt uns das gleiche Schicksal wie die übermüdeten »Sibirian Highway Drivers«: die Stojankas. Diese Übernachtungs-Parkplätze direkt an der Straße stinken, haben meist einen Schotterbelag, sind laut, aber bewacht. Ein sicheres Geschäft, dem jetzt keiner entkommt. Rund um die Uhr ein Kommen und Gehen mit dröhnenden Motoren, quietschenden Bremsen und schlagenden Türen. Singende, später grölende Fahrer rauben uns den Schlaf. Einem Kühllastwagenfahrer sind wir äußerst sympathisch. Er parkt sein Gefährt zehn Zentimeter neben uns und unterhält uns die ganze Nacht mit seinem scheppernden Kühlaggregat. Ich hasse diese Lärmplätze! Mein Stimmungsbarometer steigt erst wieder, als wir morgens abfahren.

»Hier stinkt's!«, Heti zieht die Nase hoch.

Beunruhigt frage ich mich: Könnten es die Bremsen sein? Doch alles ist okay. Also weiter! Der Gestank wird immer schlimmer. Nach einem Kilometer sehen wir, was brennt. Es ist die Taiga. Überall knistern die Flammen und über die Wiesen wälzen sich Feuerschwaden. Eine wabernde Rauchwand verschluckt die Straße. Und dahinter? Sollte der Asphalt brennen, explodiert das Auto.

Sicherheitshalber halte ich an. Da durchbricht ein Tanklastzug die grauweiße Wand und fährt freundlich winkend an uns vorbei. So schlimm kann es also nicht sein. Während der nächsten 20 bis 30 Kilometer hinterlassen die Flächenbrände verbrannte, stinkende Erde.

Am Abend auf einer sehr lauten Stojanka erfahre ich von einem Viehtransportfahrer – seinem Geruch nach ist er schon lange unterwegs –, dass diese Feuer jedes Frühjahr gelegt werden. Sie sollen altes Gras, Unkraut und den ganzen Müll verbrennen. Leider machen sich die Feuer oft selbstständig und fackeln ganze Landstriche ab.

Irkutsk, unerwartete Hürden

Es ist eine Zeitreise. Bis Irkutsk müssen wir die Uhr insgesamt sieben Stunden weiter Richtung Osten drehen, sonst würden wir bei Sonnenaufgang zu Mittag essen. Ja, wir wollen Russland erfassen, die Entfernung erfahren und dabei die Zeit fühlen. Es ist kein schneller Sprung von einer Welt in die andere wie beim Fliegen, sondern ein allmähliches Hineingleiten in ein anderes Leben.

Trotz des Zeitlimits, das uns an der russischen Grenze auferlegt wurde, haben wir dank ständigen Fahrerwechsels – einer schläft, der andere fährt – einige Tage früher das Paris Sibiriens, Irkutsk, erreicht.

In Irkutsk wird es ernst. Vieles muss entschieden und organisiert werden. Zahlreiche offene Fragen suchen nach Antworten und lassen mich nicht zur Ruhe kommen:

Finden wir eine Hütte?

Wo können wir unser Auto sicher unterstellen?

Welche Ausrüstungsgegenstände brauchen wir, und wo können wir sie kaufen?

Bekommen wir wirklich das Einjahres-Zollpapier fürs Auto?

Halten wir beide diese Zeit gemeinsam durch?

Hat mich die Sehnsucht, aus dem Alltag auszubrechen, zu weit getrieben?

Unsicherheit schleicht sich in meine Gedanken. Aber das Leben ist wie ein Lagerfeuer. Es kann gemütlich vor sich hin qualmen oder, mit dem Schürhaken in Aufruhr gebracht, aufregend lodern. Ich muss aufpassen, dass ich mir nicht die Finger verbrenne.

Irkutsk ist oft als das Paris Sibiriens bezeichnet worden, so bereits 1860 von Nikolaj Segulnov, der sagte, wer Irkutsk nicht gesehen habe, habe auch Sibirien nicht gesehen. Damals, als Segulnov durch Irkutsk flanierte, war es eine Weltstadt mit europäischem Flair. Vor allem die Dekabristen prägten das kultu-

relle Leben, nachdem ihre Fesseln der Verbannung gelockert worden waren.*
Leider entwickelte sich Irkutsk nicht wie die Metropole Paris. Der ehemalige Charme blitzt jedoch noch heute in prachtvollen Kaufmannsvillen und reich verzierten Blockhäusern auf. Irkutsk ist die Stadt der Holzhäuser, die aus dicken Taigastämmen gezimmert wurden. Flankiert werden sie noch immer von alten knorrigen Pappeln neben den schmalen Straßen. Äußerst ungewöhnlich für eine russische Metropole wurde das Stadtbild nicht durch Plattenbauten und kitschige kommunistische Monumentalbauten entstellt. Irkutsk konnte das Flair des 19. Jahrhunderts bis heute bewahren.

So habe ich mir eine sibirische Stadt immer vorgestellt. Es fehlen nur noch meterhoher Schnee und Pferdeschlitten mit Glöckchen. Die vielen Holzhäuser der Stadt haben meist keine Wasserversorgung und nur eine einfache Außentoilette.

Feuer ist für die Holzhäuserstadt der größte Feind. 1897 lag nach drei Tagen Feuersbrunst ein Drittel der Stadt in Schutt und Asche – 3000 Holzhäuser und 100 Steingebäude waren zerstört. Aufgrund eines Zarenerlasses wurde danach das Stadtzentrum aus Stein aufgebaut, meist in klassizistischem Stil. In Kombination mit den Holzhäusern erhielt dadurch die Stadt bis heute einen ganz besonderen Reiz.

Den hat sie auch gerade dann, wenn moderne, junge Damen selbstsicher durch die altmodische Fußgängerzone stolzieren wie auf dem roten Teppich in Hollywood. In figurbetonter, ja gewagt kurzer Kleidung präsentieren sie sich wie Weltstars bei der Oscarverleihung. Sie genießen es, wenn ihnen Männeraugen folgen, während sie auf hohen Pfennigabsätzen arrogant über den löcherigen Asphalt klackern.

Am Ende der stark frequentierten Fußgängerzone stoßen wir auf das mehrstöckige Zentralkaufhaus: Ein Konsumtempel, der alles bietet. Da unsere Kontaktadresse in Irkutsk, das Reisebüro RIM, übers Wochenende geschlossen hat, nutzen wir die Zeit und suchen im Kaufhaus Ausrüstungsgegenstände. Die Frage ist nur, nach welchen?

---

* Vgl. Bodo Thöns: *Sibirien entdecken*; Städte und Landschaften zwischen Ural und Pazifik, Trescher Verlag Berlin, 2. Aufl. 2001, S. 252ff.

Im Moment ist das schwierig zu beantworten. Denn wir wissen nicht, wo uns der Zufall hintreibt und welche Voraussetzungen wir dort vorfinden werden. Jedoch die Zeit drängt und wir müssen Annahmen festlegen. Also gehen wir beim Erstellen der Ausrüstungsliste von einer einfachen, reparaturbedürftigen Hütte ohne brauchbares Inventar aus.

Entsprechend lang ist die Liste:

Motorsäge, Hammer, Beile, Hobel, Meißel, Spaten, Schaufel, Bügelsäge, Nägel, Schrauben, Eimer, Wasserbehälter und vieles, vieles mehr. Höchste Priorität hat ein kleines Stromaggregat zum Laden der Akkus unseres Satellitentelefons – die Rettungsleine für den Notfall.

Es ist schwierig, in einer fremden Sprache, in einem fremden Land und in einer fremden Stadt so viele, oft sehr spezielle Gegenstände zu finden. Aber das ganze Jammern hilft nichts, wir brauchen das Zeug.

Im Zentralkaufhaus gibt es tatsächlich von A wie Auspuff bis Z wie Zwiebeln fast alles. Ungewohnt für uns, sind die Waren nicht nach Abteilungen geordnet, sondern wie auf einem orientalischen Basar reiht sich in dem riesigen Kaufhaus ein kleines Geschäft ans andere. Auf mehreren Etagen wiederholt sich Gleiches und Ähnliches ohne Struktur. Das große Angebot ist gut für die Preise, aber schlecht für unsere Füße. Im Gegensatz zu den Einheimischen, die genau wissen, wo es was gibt, bezahlen wir in diesem Chaos viel Fersengeld. Mühselig müssen wir jeden Gegenstand suchen oder erfragen.

Ganz oben auf der Liste steht: Motorsäge. Obwohl wir lange suchen, finden wir keine. Fragen können wir auch nicht, denn das Wort »Motorsäge« wurde in unserem Wörterbuch vergessen. Was tun? Mir bleibt nur die Körpersprache. Ich wende mich an einen jungen Mann, gebe mein Bestes und werde zur Motorsäge. Das gelingt mir gut, denn Passanten bleiben bereits stehen. Beim Aufheulen des perfekt imitierten Startgeräusches ergreift der junge Mann kopfschüttelnd die Flucht.

Vorsichtshalber versuche ich danach mein Glück bei einem älteren Herrn, der etwas abseits, nicht so im Auge der Öffentlichkeit, steht. Seine klobigen Hände verraten ihn als Mann der Arbeit. Vielleicht habe ich bei ihm als Motorsäge mehr Glück. Während meiner Vorführung lacht er. Offensichtlich versteht er mich und sagt die Zahl 52. Meinen fragenden Blick deutet er richtig und zeigt auf die nächste Ladentür, über der in großen Ziffern 22 steht. Alles klar, ein freundliches »Spassiba« (Danke) und unsere Wege trennen sich. Wir gehen direkt in das Geschäft mit der Nummer 52. Jetzt müssen wir lachen. Anscheinend habe ich meine schauspielerischen Fähigkeiten überschätzt, denn vor mir reiht sich Rasenmäher an Rasenmäher.

Den freundlichen Verkäufer erheitere ich mit meinem jetzt verfeinerten Schauspiel. Er schickt uns in den Keller zu Laden Nr. 5. Gespannt, was es wohl dort zu kaufen gibt, machen wir uns auf den Weg. Volltreffer! Motorsägen in allen Varianten. Der verdiente Lohn des Schauspielers.

Mein erster Erfolg im Spiel: Wo gibt es was?

Drei Tage lang klappern wir Geschäfte ab und sind in der Irkutsker Einkaufsszene bereits bekannt.

Nur um einen Ausrüstungsgegenstand machten wir bisher einen großen Bogen. Als unverzichtbar wird er uns von den Einheimischen ans Herz gelegt. Doch mir liegt er wie ein Mühlstein im Magen und geht gegen meine Prinzipien. Aber fürs Überleben in der Wildnis soll er entscheidend sein – ein Bärentöter, ein großkalibriges Gewehr zum Schutz gegen die gefährlichen Braunbären.

Die Sibiriaken behaupten voller Stolz, Bären seien in ihrer Taiga so zahlreich wie Moskitos. Selbst kanadische Grizzlys sind dagegen brave Lämmchen. Denn wirklich gefährliche Bären gibt es nur in Russland und die bedrohlichsten an der Ostseite des Baikals.

Mit Widerwillen gehen wir in ein Waffengeschäft. Am Eingang – eine Ironie des Schicksals – erschreckt uns ein riesiger Braunbär mit aufgerissenem Maul und gefletschten Zähnen. Er steht aufrecht, ist sprungbereit und reicht bis zur Decke. Die Ausmaße des ausgestopften »Medwed«, so der russische Name, machen mich nachdenklich. Hoffentlich laufen uns solche gefährlichen Kraftmaschinen, die nur ein gezielter Gewehrschuss stoppen kann, in freier Natur nie über den Weg.

Als der bullige Verkäufer erfährt, dass wir einen Bärentöter ohne Waffenschein kaufen möchten, ist die klare Antwort:

»Nein, in diesem ›Magasin‹ nicht!«

»Welche Probleme erwarten uns, sollten wir mit einem Gewehr ohne Waffenschein erwischt werden?«

Er imitiert mit gespreizten Fingern vor seinen Augen Gitterstäbe.

»Wie lange?«

Darauf er gelassen:

»Sechs bis sieben Jahre:«

Das reicht und nimmt uns die Entscheidung ab. Erleichtert verlassen wir die Waffenkammer, nicht ohne den Bären im Vorbeigehen in den Hintern zu kneifen. Wir werden auch ohne Waffe klarkommen. Ich kann ein Gewehr nicht mal richtig halten, geschweige denn einen Bären mit einem gezielten Schuss ins Herz töten.

Wir werden es machen wie vor einigen Jahren in Kanada: Vorsichtig sein und viel Lärm machen. Notfalls wird Heti für die Bären Lieder singen. Lärm ist die sicherste Waffe, um ihnen nicht in die Krallen zu laufen, hoffen wir.

Endlich Montag. Wir sind gespannt, ob das Reisebüro RIM eine Hütte gefunden hat. Beim letzten Mailkontakt in Deutschland bot uns Alexej vom Reisebüro eine verlassene, reparaturbedürftige Hütte in einer ehemaligen Rangerstation an. Nur ein alter Ranger lebt noch dort. Das ist nicht der Traum unserer schlaflosen Nächte. Alexej versprach, während unserer langen Anreise etwas Einsames zu finden.

Heute ist die Stunde der Wahrheit. Heute haben wir einen Termin bei ihm.

Die Hoffnung schlägt in Enttäuschung um. Alexej ist nicht da und seine Mitarbeiterin weiß nichts Konkretes.

So kommen wir nicht weiter.

Aber wer hilft uns?

Unter der Rubrik »Hilfe vor Ort« finden wir im Reiseführer die Adresse von »Individualreisen«: Deutsche Leitung, Begegnungsreisen, Sprachreisen und individuelle Begleitung. Hört sich gut an, vielleicht können sie helfen?

Seltsamerweise führt uns die angegebene Adresse zu einem Wohnblock. Über der Eingangstür hängt das Schild »Hans Consulting«. Sind wir falsch? Da die Türe offen steht, betreten wir ein kleines Büro. Dort arbeiten drei Leute an Computern. Ein älterer Herr bemerkt uns und fragt, was wir suchen.

»Eigentlich suchen wir das Reisebüro Individualreisen.«

»Da sind sie hier richtig. Wir bieten sowohl Firmenberatung als auch Reisen an«, sagt er und öffnet die Tür ins andere Zimmer.

Herr Thomas Hans stellt sich vor und fragt nach unseren Wünschen. Ich erzähle von unseren Plänen und der einsamen Hütte am Ostufer des Baikals. Kein Problem, sie haben die besten Kontakte zu den Nationalparks. Peter, der Mann für besondere Fälle, er spricht perfekt Deutsch, nimmt sich unserer Wünsche an. Auch er macht uns Hoffnung und will noch heute bei seinen Kontaktpersonen Anfragen starten. Er ist überzeugt, dass er in vier bis fünf Tagen eine einsame Hütte gefunden hat.

»Sie haben noch genügend Zeit. Vor Mitte Juni können sie das Nordostufer des Baikals sowieso nicht erreichen. Denn der Baikal ist zurzeit mit dem Auto nicht mehr und mit dem Boot noch nicht befahrbar.«

Wir sind schockiert. Warten, warten und nochmals warten. Warten auf Alexej, warten auf Antwort, warten bis das Eis schmilzt. Wenn das so weitergeht, ist unser Jahresvisum abgelaufen, ohne dass wir den Baikal gesehen haben.

Unser Stimmungsbarometer fällt auf sibirische Temperaturen. Der unbefriedigende Zustand zerrt an unseren Nerven. Wir sind gereizt, die Luft im Auto wird immer dicker. Zudem müssen wir noch die gehassten Behördengänge erledigen. Ohne Registrierung und ohne Einjahreseinfuhrgenehmigung fürs Auto platzt der Traum wie eine Seifenblase.

Der freundliche Peter will uns dabei unterstützen.

»Alles kein Problem«, ist seine Aussage. Aber das kennen wir ja, die Probleme kommen später, doch sie kommen.

Peter war bereits beim Ovir, ähnlich unserem Einwohnermeldeamt. Er warnt uns eindringlich, heute nicht dorthin zu gehen, denn Menschenschlangen stehen bis in den Hof, alle warten auf Registrierung. Ergo beginnen wir mit der Zolleinfuhrgenehmigung fürs Auto. Sicherheitshalber meldet Peter uns dort an. Wir haben beim stellvertretenden Leiter, Michail Andrejwitsch, einen Termin.

Beim Zoll sagt man uns, er sei nicht da.

»Aber wir sind angemeldet«, reklamieren wir. Erst jetzt telefoniert die junge Dame kurz und stellt uns in einem kleinen Büro zum Warten ab. Wir glauben schon, sie habe uns vergessen, da öffnet sich schwungvoll die Tür. Schneidig setzt sich ein Major in Uniform an den wackeligen Schreibtisch und legt behutsam seine Schildkappe ab. Wortsalven schießen ohne Unterbrechung aus seinem Mund – er hat es eilig.

Heti blickt ihn kopfschüttelnd an und sagt:

»Medlennje paschalusta, ja ponimaju tolko tschut tschut po-russki.« (Langsam bitte, ich verstehe nur ein bisschen Russisch.) Ohne Reaktion spricht er weiter wie Göbbels. Erst als ich laut »medlennje« rufe, stutzt er. Aha, wir sind beim Militär – hier wird nur Befehlston verstanden.

Nach einigem Hin und Her erfahren wir, dass wir falsch sind. Hier ist die Polizei.

Mit dem Stadtplan über dem Lenkrad kämpfen wir uns zum richtigen Zollamt durch. Doch hier ist bereits am Schlagbaum Schluss. Der Pförtner sagt: »Falsch« und schickt uns zum Lkw-Zollamt, etwa zehn Kilometer vor der Stadt. Es ist bereits Mittag. Ich werde nervös und zum Pförtner pampig, obwohl er nichts für unsere Irrfahrt kann. Auf unser Drängen ruft er beim Lkw-Zollamt an und fragt nach der zuständigen Abteilung und Person. Wir sind vorsichtig geworden. Die Antwort überrascht:

»3. Stock, Zimmer 301, bei Svetlana melden.«

Optimistisch fahren wir los und stehen nach einigen Umwegkilometern endlich vor einem alten Büroblock. Er sieht aus, als warte er auf seinen Abbruch oder stürze bald ein – aber bitte nicht, bevor wir unsere Zollverlängerung haben.

Es ist zwei Uhr nachmittags. Die Zeit müsste noch reichen. Schnell rennen wir in den 3. Stock, Zimmer 301 zu Svetlana. Sie existiert leibhaftig. Nachdem sie unsere Papiere geprüft und kopiert hat, führt uns die kühle Blonde zum Vorgesetzten mit vielen kleinen Sternchen auf den Schultern. Obwohl sie ihn wie einen König hofiert, behandelt er Svetlana griesgrämig und herrisch. Lange starrt er regungslos in unsere Papiere, als würde er mit offenen Augen schlafen. Oder liegt es an der lähmenden Wirkung von Wodka? Plötzlich durchzuckt es ihn, wir erschrecken, als er hinterlistig, aber laut nach unserer Registrierung fragt.

»Die bekommen wir morgen«, erklären wir.

»Ohne Registrierung keine Zollverlängerung, basta!«

Obwohl wir bereits 4000 Rubel bezahlt haben, müssen wir unverrichteter Dinge wieder gehen. Zudem bekommen wir noch eine lächerlich niedrige Rechnung über 100 Rubel, wahrscheinlich die offizielle Rechnung.

Wir sind verpflichtet, diesen Betrag auf einer bestimmten Bank einzuzahlen und dabei den Registrierungsnachweis vorzulegen. Wieder eine zusätzliche Hürde, denn nur mit diesem Einzahlungsbeleg wird unser Vorgang weiterbearbeitet. Dann ist alles kein Problem, sagt man uns – so wie immer!

Zurück bei Peter im Büro greift der sich an den kahlen Kopf und sucht aussichtslos nach Haaren, die er raufen könnte. Resigniert stöhnt er:

»Diese verfluchte Bürokratie!«

Den Hof des Ovirs bevölkern auch heute Menschenmassen aus den unterschiedlichsten Regionen Asiens. Alle möchten registriert werden. Einige haben sogar vor dem Eingang übernachtet, um als Erste in der Schlange zu stehen. Auch für uns gilt: Auf ins Getümmel, in dem es keine Ordnung oder Struktur gibt, nur ein Schieben und Drängeln. Schmal wie Heringe quetschen wir uns ebenfalls in den Gang des Erdgeschosses, ohne das Ende der Schlange zu kennen. Vor uns öffnet sich eine Türe und ein Mann zwängt sich heraus. Sofort nutzen wir die Chance der offenen Türe, und flugs stehen wir in einem sehr großen, hohen Raum. Paradiesische Ruhe empfängt uns, kein verschwitzter Körper klebt an uns. Dafür sitzen zwei gepflegte Damen an ihren Tischen. Nachdem sie erfahren haben, dass wir Deutsche sind, überreichen sie uns die begehrten Formulare besonders freundlich. Leider ist die Formularausgabe nur das erste Etappenziel. Um die Ziellinie im 2. Stock zu erreichen, müssen wir uns mit den ausgefüllten Formularen nochmals anstellen. Mit Grauen denken wir an das erneute Spießrutenlaufen und Drängeln.

Wieder zurück in Peters Büro füllen wir gemeinsam die Vordrucke aus.

Das Wichtigste für die Registrierung ist eine feste Adresse. Unser zukünftiger Aufenthaltsort irgendwo am Baikalufer hat mit Sicherheit weder Straßennamen noch Hausnummer. Freundlicherweise hat uns Peter angeboten, seine Adresse anzugeben. Was täten wir nur ohne ihn?

Zurück unter den Menschenmassen beginnt die Tour der Leiden aufs Neue.

Beim Endspurt kurz vor der Ziellinie ist das Gedränge unbarmherzig und die Luft zum Schneiden dick. Zu enger Menschenkontakt, schwitzende Leiber und ihre Ausdünstungen versetzen uns in Platzangst. Wie Marionetten werden wir vor einen der drei Schalter geschoben. Die Welt der älteren Dame dahinter endet an ihrer Milchglasscheibe. Stoisch prüft sie die Formulare, ohne uns zu beachten. Dann knallt der wichtige Stempel wie bei einer Auktion dreimal auf unsere Papiere. Wir haben den Zuschlag! Wer hätte das gedacht? Dieses Mal ganz ohne Probleme, so kann es weitergehen!

Ausgepresst wie Zitronen verlassen wir den Ovir. Mit der Registrierung in der Hand schaffen wir es gerade noch vor Mittag, die 100 Rubel für die Zollverlängerung einzubezahlen. Na also, geht doch! Ab sofort sind wir offiziell für ein Jahr in Russland zu Hause. Uns bleibt keine Zeit, den Sieg zu genießen. Die Bürokratie frisst Zeit ohne Ende. Deshalb rasen wir auf dem schnellsten Weg zurück zum Zollamt.

Svetlana ist heute noch frostiger. Überkorrekt hat sie abermals alles vorbereitet, und wieder führt kein Weg am arroganten Vorgesetzten vorbei. Das gleiche Prozedere wie gestern. Nur findet er heute nichts zum Meckern. Zähneknirschend unterschreibt er.

Es fehlt nur noch die Fahrzeugkontrolle. Danach haben wir die ersehnte Zolleinfuhrgenehmigung für ein ganzes Jahr in der Tasche.

»Einen kleinen Moment«, sagt Svetlana, und weg ist sie. Der kleine Moment dauert 45 Minuten, danach huscht sie eilig an uns vorbei und verschwindet durch die nächste Tür. Nach weiteren 30 Minuten kommt sie endlich mit ihrer Kollegin, Natascha, aus dem Zimmer. Natascha spricht Deutsch. Ungeduldig frage ich, ob es ein Problem gebe.

»Vielleicht ein kleines mit Herrn Fischer«, sagt Natascha verlegen.

Durch lange Korridore gehen wir alle zusammen in das Büro von Istvan Fischer, jung, blond und unsympathisch. Wir stehen vor der letzten Instanz, dem Fahrzeugkontrolleur.

Freundlich frage ich, wann er denn unser Auto überprüft.

Ohne uns anzuschauen, zischt er ein mürrisches »pol tschass« (halbe Stunde). Hoppla, kein gutes Omen. Dieser Mann kann uns große Probleme bereiten und uns das Auto bis auf den letzten Krümel ausräumen lassen. Also warten wir vier geduldig in seinem Büro. Nach 30 Minuten Verspätung kommt Herr Fischer zurück und geht ohne Entschuldigung an uns vorbei, als wären wir Luft.

Ich bitte Natascha, ihn zu fragen, wann es weitergeht. Eine hitzige Diskussion entbrennt. Beschämt übersetzt Natascha, dass Herr Fischer in 15 Minuten Feierabend hat und heute keine neue Arbeit mehr anfängt. Am Montag können wir wiederkommen.

Ich glaub, ich höre nicht richtig. Was haben wir diesem arroganten Beamten getan? So brauche ich mich nicht behandeln zu lassen.

Svetlana spürt das Erdbeben in mir. Beschämt schaut sie zur Seite. Nachdem ich mich wieder unter Kontrolle habe, bitte ich Natascha, wortwörtlich zu übersetzen:

»Seit über zwei Stunden warten wir auf Sie. Sie behandeln uns schlecht, lassen uns stehen und haben dann keine Zeit oder keine Lust – eine Unverschämtheit. Ich habe 4000 Rubel bezahlt und werde das Gebäude nicht verlassen, ehe das Auto kontrolliert ist.«

»Nein, es ist zu spät«, antwortet Fischer etwas vorsichtiger. Vehement verlange ich sofort nach seinem Vorgesetzten. Natascha zieht die Augenbrauen hoch. Für die Arme ist die Übersetzung äußerst unangenehm.

Fischer wendet sich ab und räumt in aller Ruhe seinen Schreibtisch auf. Ich bin kurz vor der Explosion. Svetlana und Natascha bemerken es. Ein kurzer Wortwechsel mit Fischer, die drei begeben sich in einen Nebenraum und schließen die Tür. Wir müssen nochmals warten.

Bereits nach zwei Minuten kommen sie zurück. Fischer geht wortlos an uns vorbei und Svetlana schaut auf den Boden. Natascha sagt:

»Fischer kontrolliert das Auto jetzt sofort.«

Ich bin verblüfft. Was haben die beiden Damen mit Fischer gemacht? War die Courage der Kolleginnen zu stark und Fischers Charakter zu schwach?

Svetlana zeigt uns den Weg zur Inspektionsgrube. Als ich auf die Grube fahre, ist es genau 17 Uhr und Feierabend. Fischer erwartet uns mit strengem Blick in korrekter Uniform. Wir sind auf das Schlimmste gefasst. Aber nichts dergleichen. Korrekt prüft er Motor- und Fahrzeugnummer. Nun will er die Wohnkabine inspizieren. Demonstrativ ziehe ich die Schuhe vor der Türe aus, stelle mich auf den Tritt und werfe einen anklagenden Blick auf seine Schuhe. Er hat es begriffen. Erst zögert er einige Sekunden, doch dann öffnet er mit Widerwillen die Schnürsenkel seiner schwarzen Lackschuhe und besichtigt in Strümpfen die Wohnkabine. Rasch macht er einige Fotos, und nach 20 Minuten ist alles vorbei.

Zurück in seinem Büro bittet er uns überraschend freundlich, vier Blankoformulare zu unterschreiben. Das Fahrzeug ist in Ordnung. Den Bericht jedoch möchte er gern am Montag schreiben.

»Wenn Sie nicht blanko unterschreiben, dauert das Ganze noch mindestens zwei Stunden, bis alles ausgefüllt ist«, bemerkt er kleinlaut.

Erst jetzt verstehe ich die wundersame Wandlung des Istvan Fischer. Damit auch er nach Hause kann, braucht er zum ersten Mal etwas von uns – die Unterschrift.

Die im Moment wichtigsten Schlachten sind geschlagen: Unser Auto darf ein Jahr in Russland bleiben und wir sind registriert.

Am Tiefpunkt

Dröhnend rollt ein Panzer mit klappernden Ketten vorbei. Ein halbes Dutzend Soldaten im Kampfanzug und mit geschwärzten Gesichtern lässt sich in voller Fahrt vom Panzer fallen. Geschmeidig wie Katzen rollen sie sich ab und kommen auf dem Bauch zum Liegen. Mit dem Gewehr im Anschlag zielen sie auf die Menschenmenge.

Gewehrsalven übertönen die ohnehin schon laute Hip-Hop-Musik, die verzerrt aus vielen Lautsprechern dröhnt. Heute ist der 9. Mai, der Tag des Großen Vaterländischen Sieges über die Nationalsozialisten.

Wir stehen am großen Paradeplatz in Irkutsk. Eigentlich war ich auf Marschmusik und Soldaten im Stechschritt eingestellt. Umso mehr überraschen mich diese jungen Soldaten. Sie tragen schwarze Stirnbänder wie früher die Hippies, springen zu Rockmusik durch Flammenwände und wälzen sich brennend am Boden. Andere zeigen Karatevorführungen und liefern sich Kung-Fu-Kämpfe wie in einem asiatischen Actionfilm. Frenetischer Applaus ist ihnen sicher. Offensichtlich haben sich auch beim russischen Militär die Zeiten geändert.

Nur noch sehr wenige alte Frauen und Männer, über und über behängt mit schweren Verdienstorden um das Vaterland, präsentieren sich stolz auf der Ehrentribüne. Der Siegestag ist nach über 60 Jahren noch immer ein sehr wichtiger Feiertag im russischen Jahresablauf, auch für die vielen Jugendlichen, die trotz der Kälte bis zum Ende ausharren.

Während die alten Kriegsveteranen langsam aussterben, wird die Jugend mit dieser Actionshow für eine moderne und interessante Armee geködert. Noch lange singen Jung und Alt auf dem Paradeplatz Soldaten- und Vaterlandslieder.

Heute ist Montag und wir sind die ersten im Reisebüro RIM. Alexej ist wieder nicht da, und es gibt auch keine Neuigkeiten. Seine Mitarbeiterin vertröstet uns auf den nächsten Tag.

Inzwischen versuchen wir unser Glück bei Hans Consulting. Peter erklärt: »Jagdhütten gibt es genügend, doch sie dürfen maximal zwei Wochen als Notunterkunft belegt werden. Eine abgelegene Tauchbasis wäre die Alternative.«

Nein, tauchen wollen wir wirklich nicht. Mehr kann Peter nicht anbieten.

Als letzter Rettungsanker bleibt nur noch Alexej. Er offenbart uns: »Es gibt keine Hütte für ein ganzes Jahr!« Unser Traum stürzt wie ein Kartenhaus in sich zusammen. Das war's! Unsere Nerven liegen blank. Wir sind am Tiefpunkt. 1800 Kilometer Küste und keine Hütte für uns.

9000 Kilometer sind wir bisher gefahren, haben mit viel Mühe die Registrierung und Zolleinfuhrgenehmigung geschafft, viel Zeit geopfert und viel Geld ausgegeben. Und jetzt schmilzt unser Vorhaben schneller als das Baikaleis. Ein klägliches Ende, noch bevor es richtig losgeht. »Warum bist du so ein Risiko eingegangen? Ohne Hüttenzusage hätten wir nie losfahren dürfen! Und das Eisproblem bis Mitte Juni ist mit Sicherheit keine Neuigkeit«, wirft mir Heti frustriert vor.

Sie hat recht. Unsere Kommunikation beschränkt sich von nun an auf das Notwendigste. Bin ich ein hoffnungsloser Optimist oder gar ein weltfremder Träumer? Glaubte ich wirklich, eine einsame Hütte zu finden, so einfach wie eine Dreizimmerwohnung in Castrop-Rauxel?

Schlaflose Nächte quälen mich, und kein Licht ist am Tunnelende. Lediglich Kompromisse bleiben! Entweder wir verbringen hier nur den Sommer im Zelt, oder wir fahren wieder nach Hause. Beides lehnt Heti kategorisch und zu Recht als schlechte Kompromisse ab.

Hilflos versuchen wir unser Glück noch in weiteren Reisebüros, alles negativ. Die Anfrage ist zu ungewöhnlich. Die Russen verstehen nicht, was wir suchen. Zu verrückt, die Idee mit der einsamen Hütte. Und jetzt? Selber eine Hütte bauen? Aber dafür reicht die Zeit des Visums nicht. Wir brauchen eine Behausung, transportabel und wintertauglich mit Platz für uns beide.

Wie ein Blitz schlägt der rettende Gedanke ein: Eine Jurte, das könnte die Lösung sein. Eine Jurte ist mobil, wintertauglich, schnell auf- und wieder abgebaut und hat Platz für eine ganze Familie.

Niemals habe ich dieses Gefühl vergessen, das mich überkam, als ich damals während unserer 20-monatigen Reise zum ersten Mal eine Jurte in der Mongolei betrat. Nach der gnadenlosen Sommerhitze empfand ich die unerwartete Kühle, das angenehme Halbdunkel und die eigentümliche Behaglichkeit dieser Behausung als sehr wohltuend. Sofort überzeugte mich die einfache und zweckmäßige Konstruktion. Sie wurde über zwei Jahrtausende von den Nomadenvölkern bis in unsere Zeit hinein entwickelt und ständig den Bedürfnissen angepasst.

Aber hält das Filzzelt den harten Anforderungen am Baikal stand? Und überhaupt, wo können wir eine Jurte kaufen und wie wird sie aufgebaut? Schließlich das Entscheidende: Dürfen wir sie aufstellen?

Wir brauchen Hilfe und versuchen unser Glück erneut bei Alexej. Jurten sind am Baikal nicht heimisch. Er hat Bedenken. Der eiskalte, schneereiche sibirische Winter macht ihm am meisten Angst. Die meterhohen Schneemassen werden die Jurte erdrücken. Zudem ist das Klima hier viel feuchter als in den trockenen Steppen der Mongolei. Der Filz wird faulen.

Trotz seiner Zweifel greift Alexej zum Telefonhörer und ruft den Chef des Sabaikal Nationalparks an. Bei dem Gespräch zieht er die Stirn bedenklich hoch. Wir ahnen Schlimmes. Doch er schmunzelt, als er den Hörer auflegt:

»Der Chef des Nationalparks erwartet euch. Eure Idee imponiert ihm. Alles Weitere besprecht ihr vor Ort.«

Heti zeigt die geballte Siegesfaust, und wir liegen uns in den Armen. Die extreme Anspannung der letzten Wochen löst sich in einem Freudentaumel auf.

Und Alexej setzt noch eins oben drauf:

»Die Tschivirkujbucht ist der einzige Ort am Nordbaikal, der bereits ab Ende Mai eisfrei ist.«

Das Licht am Tunnelende strahlt jetzt so hell, dass es mich blendet.

Am Abend im Landcruiser hat uns die Realität wieder im Griff. Nun brauchen wir als Nächstes eine gute Jurte, in der wir den sibirischen Winter mit bis zu –40 °C überleben werden. Doch wir wissen nicht, wo wir eine Jurte kaufen und wie wir sie transportieren können. Und überhaupt: Wie wird so ein Nomadenzelt aufgebaut?

In Russland gibt es keine Jurten, und die Mongolei, das Land der Jurten, liegt 1000 Kilometer weiter südlich!

Es hilft nichts, wir werden in die Mongolei fahren. Die Kehlkopfsprache der Nomaden hört sich interessant an, aber wir verstehen kein Wort. Alexej hat in Ulan Ude ein weiteres Reisebüro. Dort wird man uns bei der Beschaffung der Mongoleivisa helfen.

Beim Gedanken an die komplizierten Zoll- und Grenzformalitäten stellen sich meine Nackenhaare auf. Trotz der vorhersehbaren Probleme sind wir in unserer Euphorie wie Kinder, die sich auf Weihnachten freuen.

Nach zwei Tagen Schlaglochpiste erreichen wir bei bester Laune Ulan Ude. Von hier sind es noch 250 Kilometer bis zur mongolischen Grenze. Ulan Ude ist die Hauptstadt der Republik Burjatien, und die Welt um uns ist eine andere. Menschen mit zerfurchten Gesichtern strahlen Ruhe aus und winken uns lachend zu. Überall begegnen wir schlitzäugigen Mongolengesichtern. Ja, sind wir schon in der Mongolei? Nein, natürlich sind die Burjaten keine Mongolen. Sie sind Blutsbrüder, was ihre Gesichtszüge und die gleiche Sprache verraten.

Verglichen mit Irkutsk ist Ulan Ude provinziell. Die aufdringliche sozialistische Einheitsarchitektur macht die Stadt nüchtern und gesichtslos.

Unser erster Weg führt ins Reisebüro RIM zu Natalia und Xenia. Heute ist Freitag und für die Visabeschaffung ist es zu spät.

Alexej lässt uns Grüße ausrichten. Er hat erfahren, dass es in Ulan Ude einen Jurtenverkäufer gibt. Bei ihm sollten wir uns auf alle Fälle vor der Fahrt in die Mongolei erkundigen. Natalia ruft den Jurtenverkäufer an. Er will uns gegen 13 Uhr abholen.

Der große, schlaksige Simeon, der mit seinen kleinen Schlitzaugen besser nach China passen würde, ist pünktlich.

Um Missverständnisse zu vermeiden, fährt die kleine witzige Xenia mit wasserstoffblondem Kurzhaarschnitt als Übersetzerin mit. Denn wir haben vom Jurtenkauf so viel Ahnung wie ein Nomade vom Klavierkauf.

Weit draußen in einem Vorort liegt Simeons Firma. Wertvolles muss es dort zu bewachen geben, denn eine zähnefletschende Dogge sichert das verlotterte Eingangstor. Mit sabbernder Schnauze hält sie Ausschau nach einem appetitlichen Hintern. Aber bei unserem bleibt ihr das Maul sauber.

Wir steigen erst vor einem verrotteten Fabrikgebäude aus. In der langen, zugigen Halle steht nichts Brauchbares, wenn man von einer alten Hobelmaschine und einer noch älteren Säge absieht. Auf Bretterstegen balancieren wir über tiefe Kabelschächte in einen Nebenraum. Dort türmt sich viel Schund. Aber dazwischen liegen Jurtentüren, Filz- und Stoffballen sowie Jurtenräder und Dachstangen. Aus dem unüberschaubaren Chaos wühlt Simeon je zwei Jurtenräder, Türen und Dachstangen heraus. Die quirlige Xenia übersetzt, dass er zwei Jurtenvarianten anbieten kann, eine original mongolische sowie eine in Russland gebaute. Bei der mongolischen Jurte sind die Einzelteile von Hand gefertigt, deshalb ungenau und nicht so stabil. Ganz anders bei der russischen. Er selbst stellt die Bauteile maschinell her. Somit sind sie genauer und stabiler. Vor allem bei den gedrechselten Dachstangen ist das zu sehen. Die mongolischen Dachstangen dagegen sind unregelmäßig gewachsene Stangen mit Ästen, an denen sie leicht brechen. Der Rest wie Filz und Stoff kommt auch bei der russischen Variante aus der Mongolei.

Die Behaglichkeit einer Jurte bestimmt einzig die Filzqualität. Nur dieses Naturprodukt sorgt bei extremer Kälte für wohlige Wärme. Aber es sollte unbedingt handgefertigter Filz sein! Der wird schweißtreibend in vielen Arbeitsgängen hergestellt und nicht maschinell in Meterware gefertigt auf den Markt geworfen. Simeons Jurten sind alle mit handgefertigtem mongolischem Filz isoliert. Für den langen sibirischen Winter am Baikal empfiehlt er uns zwei Filzschichten. Doch das Wichtigste ist ein perfekt dimensionierter Ofen, mindestens aus drei Millimeter Stahl geschweißt, mit doppelten Außenwänden. Zwischen sie wird im Winter ein Ton-Sand-Gemisch gefüllt, das die Wärme speichert und nachts langsam abgibt.

Simeon flachst:

»Dann werden die erotischen Träume von der Baikalfee nicht jede Stunde, sondern nur jede zweite Stunde vom Nachschüren unterbrochen.«

Er will für eine Jurte mit zweifacher Filzhaut und »Spezialofen« 2100 Euro haben. Mit Sicherheit ist dabei ein Touristenaufschlag mit einkalkuliert. Das ist der Preis, und gehandelt wird nicht. Die Kosten für beide Varianten sind gleich.

Wir möchten die Jurte mit unserem eigenen Auto transportieren. Deshalb interessieren uns Volumen und Gesamtgewicht. Simeon sucht alle Einzelteile zusammen. Schockiert stehen wir vor einem riesigen Haufen mit Jurtenteilen, den unser Verkäufer auf 400 bis 500 Kilogramm schätzt. Somit ist ein Transport mit unserem Auto unmöglich! Aber wie bringen wir die Jurte die 300 Kilometer nach Ust Barguzin, dem letzten großen, bevölkerten Ort Richtung Nordostbaikal?

Obwohl Simeon einen ehrlichen und vertrauensvollen Eindruck macht, kaufen wir nicht. Unser Problem ist der Transport. Vielleicht weiß Simeon eine günstige Transportmöglichkeit. Er überlegt eine Weile:

»Ich kann das übernehmen, aber erst in zwei Wochen. So lange dauert auch das Schweißen des Ofens.«

»Wie viele Rubel kostet das?«

»Nichts, das ist mein Service.«

Er erstaunt uns immer mehr.

Am meisten verblüfft uns, dass wir erst nach einem Probeaufbau entscheiden müssen, ob uns die Jurte gefällt und wir sie kaufen möchten. Das ist fair.

Simeon wird uns zukünftigen Nomaden den fachgerechten Jurtenauf- und -abbau genau zeigen. Denn schon manch schlampig aufgebaute Jurte begrub ihren Besitzer unter sich.

Wir verabreden uns für Sonntag neun Uhr.

Der Jurtenverkäufer kommt wie gewohnt pünktlich. Heute ist ideales Jurtenaufbauwetter, frühlingshaft und sonnig. Wir entscheiden uns weder für die mongolische noch für die russische Jurte. Da die Jurten normiert sind, können alle Einzelteile zwischen verschiedenen Varianten problemlos getauscht werden, und das schon seit über 1000 Jahren. Bereits lange vor der DIN-Norm wussten die Umherziehenden diesen Vorteil zu schätzen. Denn nur so können sich die Nomaden gegenseitig aushelfen und die verschlissenen Teile ersetzen.

Ein Mix aus beiden ist für unseren Einsatz ideal. Wir wählen von jeder Jurte das Beste aus.

Im Gegensatz zur Mongolei fällt am Ostufer des Baikals über einen Meter Schnee, der die Jurte niederdrücken kann. Deshalb nehmen wir die Dachstangen aus stabilem, dafür schwerem Fichtenholz von der russischen Fertigung. Damit die Jurte für Transport und Aufbau nicht zu schwer wird, entscheiden wir uns bei Türe, Dachring, den zwei Stützpfosten sowie den

Außenwänden für die mongolische Ausführung. Denn dabei wird sehr leichtes Holz verwendet. Der Rest kommt sowieso aus der Mongolei: die langlebigen Einzelteile wie Filz, Innenhimmel, Wandverkleidung, weißes Deckleinen sowie die jeder Witterung trotzende Außenhaut.

Simeon und zwei Helfer führen während des Aufbaus noch kleinere Anpassungsarbeiten durch. Zur Jurte gehören 80 Dachstangen, die an einem Ende quadratisch gearbeitet sind. Sie müssen genau in die etwa zwei mal zwei Zentimeter großen Aussparungen im Dachring passen. Jede Stange und Passung wird geprüft und bei Bedarf nachgeschnitzt. Die vielen Stricke und Seile werden erst jetzt auf die benötigte Länge abgeschnitten. Sie müssen die Jurte auch bei Sturm zusammenhalten.

Nachmittags steht endlich das Haus ohne Ecken. Wir sind begeistert.

Heti ist aufgeregt und fühlt sich in der Jurte sofort wohl. Am liebsten würde sie die neue Bleibe gleich einpacken. Somit ist die Entscheidung gefallen. Ab sofort sind wir glückliche Jurtenbesitzer und Nomaden, die ihr Haus aufbauen, wo es ihnen gefällt.

Dort, wo wir einen Platz finden, ist für ein Jahr unser Zuhause.

Per Handschlag wird der Kauf besiegelt. Simeon verschwindet kurz und kommt mit Brot, Käse, Tee und obligatorischem Wodka zurück – damit ist das Geschäft abgeschlossen.

Nach dem Essen und Trinken bauen wir die Jurte ab und verpacken alles fein säuberlich. In zwei Wochen wird die Jurte nach Ust Barguzin geliefert. Das passt sehr gut. Dann ist es Mitte Mai, der Baikal hoffentlich eisfrei, und wir können eine Enklave suchen.

»Faschisti! Faschisti! Faschisti«, hallt es durch das offene Wohnmobilfenster. Sind wir gemeint?

Eine Hand am Gehstock, die andere zur Faust geballt, schreit ein altes Mütterchen mit roter Baseballmütze aus vollem Herzen. Wie ein Familienvater mit fünf Kindern, der für den Erhalt seines Arbeitsplatzes demonstriert, baut sie sich vor unserem Auto auf und beschimpft uns ohne Unterbrechung. Als Heti ruft, sie soll uns in Ruhe lassen, wird sie noch aggressiver und tobt. Wir ignorieren ihr Geschrei. Da hält sie Passanten auf und will sie gegen die schlimmen Faschisten in diesem Auto aufhetzen. Sie möchte ihre »Eine-Frau-Demonstration« vergrößern. Doch die Leute laufen peinlich berührt weiter.

Als wir am Fenster den Sichtschutz hochziehen, steigert sie sich erst richtig in Rage, wieselt zur Wohnmobiltür, zieht an der Klinke und reißt mit einem Ruck die Türe auf. Sie keift wirre Sätze und immer wieder: »Faschisti, Faschisti!«

Was tun mit dieser Uraltdemonstrantin? Als ich sie von der Tür dränge, wird sie auch noch handgreiflich. Erst jetzt rieche ich die hochexplosive Wolke, die sie einhüllt. Die Schnapsdrossel ist voll bis Unterkante Oberlippe. Glasige Augen und aufgedunsenes Gesicht verraten sie als Alkoholikerin. Ihren Krückstock setzt sie wackelig zur Korrektur der alkoholbedingten Gleichgewichtsstörungen ein.

Schimpfen, gutes Zureden, nichts hilft, wir werden sie einfach nicht los. Da sie noch einmal die Türe aufreißt und wir nicht mehr wissen, was wir tun sollen, sperren wir ab und fliehen in die Stadt.

Wieder zurück, beobachten wir vom Auto aus, wie die jetzt zahme und willenlose Rebellin, links und rechts von zwei Frauen untergehakt, abgeschleppt wird. Der Alkohol hat ganze Arbeit geleistet. Sie ist total besoffen!

Unfassbar, in aller Frühe ist die Dame schon wieder fit und stolziert wie ein Schwan am Auto vorbei. Ich bin auf das Schlimmste gefasst. Doch sie grüßt freundlich und lächelt, als hätten wir im Vaterländischen Krieg Seite an Seite gekämpft.

Da ein Jurtenkauf in der Mongolei nun überflüssig ist, haben wir Zeit für weitere Besorgungen. Da wir jetzt wissen, wie unsere Unterkunft aussieht, können wir den Ausrüstungsbedarf genauer abschätzen. Aber was und wie viel brauchen wir da draußen? Die große Kunst ist, Überlebenswichtiges von Unwichtigem zu trennen. Uns wurde empfohlen, als letzte Einkaufsmöglichkeit nicht auf Ust Barguzin zu setzen. Dort sei das Angebot sehr begrenzt.

Obwohl unsere Transportmöglichkeiten stark eingeschränkt sind, beschaffen wir bereits in Ulan Ude: Nägel, Bügelsäge, Seile, Draht, Schöpfkelle, Töpfe, Kerzen, Zündhölzer und vieles mehr. Mühsam ziehen wir von

Geschäft zu Geschäft, bis alles beisammen ist. Jetzt fehlen nur noch die Lebensmittel, aber das ist Hetis Zuständigkeitsbereich.
Wir verfahren uns und stoßen zufällig auf einen ungewöhnlichen Lebensmittelgroßmarkt. Er befindet sich in einem riesigen, eingezäunten Gelände, das durch viele Querstraßen unterteilt ist. Links und rechts jeder Straße reiht sich mit einheitlicher Front ein Geschäft ans andere – eine Tür und ein kleines Schaufenster, mehr nicht. Typisch russisch, alles gleich, dafür groß. Und für uns ein Einkaufsparadies. Genau so etwas brauchen wir jetzt.

Für ein halbes Jahr müssen wir einkaufen, denn mit dem Einjahresvisum haben wir eine Aufenthaltsdauer von maximal 180 Tagen am Stück bekommen. Das heißt, wir müssen nach sechs Monaten das Land für mindestens eine Stunde verlassen und mit neuem Einreisestempel wieder in unsere Enklave zurückkehren.

Wie viele Grundnahrungsmittel brauchen zwei Menschen für ein halbes Jahr? Ohne Erfahrung können wir nur schätzen. Zudem wissen wir nicht, in welchem Umfang uns die Natur versorgt.

Nach langem Abwägen entscheiden wir: 50 kg Roggenmehl, 25 kg Weizenmehl, 5 Liter Öl, 5 kg Salz, 8 kg Nudeln, 5 kg Reis, um nur einen Teil der Grundnahrungsmittel zu nennen, auf die wir uns geeinigt haben. Eine letzte Besorgung steht noch aus. Wir brauchen Zwiebeln – 180 Stück haben wir ausgerechnet. Also fragt Heti nach 180 Zwiebeln. Die Verkäuferin mit neckisch weißer Kopfhaube und dunkelblauem Kleid sagt ungläubig: »180 Kilogramm?«

»Nein, 180 Stück.«

»180 Stück Zwiebeln«, wiederholt die Verkäuferin irritiert und zählt mit ihrer Kollegin kopfschüttelnd die Zwiebeln in einen Sack. Ansonsten halten wir uns bei Gemüse zurück, weil es zu schnell verdirbt.

Ohne Gewehr wird es für uns kein Fleisch geben, und mit Fisch versorgt uns hoffentlich der Baikal. Ein halbes Jahr lang nur Fisch auf der Speisekarte, ob wir das durchstehen?

Das Platzangebot im Auto setzt uns Grenzen. Neben den vielen Einkäufen brauchen wir beide ja auch noch ein wenig Platz. Längst wird die kleine

Wohnkabine als Transportraum missbraucht. Denn für die umfangreiche Ausrüstung ist eigentlich kein Platz vorgesehen. Eingezwängt wie Ölsardinen schlafen wir zwischen Motorsäge, Toilettenpapier und einem 30-Liter-Wasserreservoir. Deshalb will Heti immer reduzieren. Genervt geraten wir aneinander, und ich höre immer wieder:

»Reicht es nicht endlich? Du wirst schon nicht verhungern.«

Vor Hunger habe ich jedoch mehr Angst als vor Bären und lege bei allem noch etwas obendrauf – nur zur Sicherheit. Erschrocken stehe ich dann vor den vielen Kisten, Säcken und Dosen, die sich vor unserem Auto stapeln. Ein Bild wie vor dem Aufbruch zu einer großen Himalajaexpedition.

Das Auto ist zum Bersten voll bepackt, und immer noch stehen eine Kiste und ein Sack Kartoffeln davor. Heti grinst überlegen. Aber alles ist bezahlt und muss mit, egal, wie! Also kommt eine zusätzliche Kiste auf das Dach.

Eine Blechkiste treiben wir nicht auf. Als Ersatz kaufen wir ein kleines Schränkchen. Etwas Mobiliar kann in unserer Jurte nicht schaden.

Gefährlich überladen starten wir mit knarrenden und ächzenden Blattfedern. Der Landcruiser hat seine letzte und schwerste Etappe vor sich.

Wird er durchhalten?

Ust Barguzin – das Tor zur Wildnis

Ekel erregender Hausmüll, abgefahrene Altreifen, darüber stinkende Rauchschwaden, die den Himmel in grauschwarze Endzeitstimmung tauchen. Sprachlos blicken wir auf den Ortseingang von Ust Barguzin mit dieser widerwärtig faulenden Müllhalde.

Doch dann die Überraschung! Ust Barguzin ist ein gepflegter Ort. Trotz Staubstraßen halten die 8500 Einwohner ihr Dorf und die typisch sibirischen Holzhäuser blitzblank. Für Russland ungewöhnlich, sind hier alle Straßen schachbrettartig angelegt wie in New York. Genauso schwierig ist die Orientierung. Auf der Suche nach Kolja Sergejwitsch irren wir durch das Fischerdorf. Ein weißer Toyota folgt uns und fährt extrem nahe auf. Mit Lichthupe und aufgeregt fuchtelnden Händen setzt er zum Überholen an, prescht nach vorn und signalisiert, ihm zu folgen.

Auf den löchrigen Bodenwellen der Staubstraßen stöhnt und schwankt unser Landcruiser noch gefährlicher. Ich habe die größten Probleme, dem weißen Toyota durch das Holzhäuserlabyrinth zu folgen. Das Auto stoppt, und die Staubwolke löst sich auf. Ein kräftiger Mann mittleren Alters mit schwarzem Dreitagebart steigt aus. Er stellt sich als Kolja Sergejwitsch vom Nationalpark vor. Wir stehen direkt vor seinem Holzhaus. Er lädt uns ein.

Die noble Einrichtung überrascht. Tamara, seine hübsche Frau, erwartet uns am langen Küchentisch mit Fischkuchen und mit »Tscheremtscha«, das ist in Salz eingelegter Bärlauch. Schnell holt Kolja den traditionellen Begrüßungswodka aus dem Schrank.

Leider spricht nur Tamara etwas Englisch – sie ist Lehrerin. Wir erzählen über uns und unser Vorhaben und kommen zur wichtigsten Frage:

»Wo dürfen wir die Jurte aufbauen, und wann können wir starten?« Kolja legt sich nicht fest:

»Sobald der Baikal eisfrei ist. Aber wann das sein wird, weiß niemand, denn das Eis war in diesem Winter besonders dick. Vielleicht in ein bis zwei Wochen oder noch später.«

Warten, Warten und nochmals Warten! Ich hasse dieses Baikaleis! Es ist bereits Mitte Mai, und seit zwei Wochen sind wir schon hier. Die Zeit zerrinnt uns zwischen den Fingern. Zum Glück haben wir gleich morgen früh einen Termin beim Direktor des Nationalparks.

Pünktlich stehen wir am nächsten Morgen vor dem Nationalparkgebäude. Eine junge Frau stoppt mit quietschenden Bremsen ihr Fahrrad direkt vor uns. Es ist Anna aus Berlin. Wir sind überrascht, hier eine Deutsche zu treffen. Anna wird übersetzen. Sie lebt seit drei Jahren in Ust Barguzin. Die schlanke Anna wirkt mit ihren brünetten Haarzöpfen wie ein junges Mädchen. Während eines freiwilligen Arbeitseinsatzes in einem der vielen »Great Baikal Trail Camps« verliebte sich Anna in den jungen Ornithologen Anatolij, heiratete ihn und blieb bei ihm. Für uns ein Glücksfall. So gibt es heute beim Direktor keine Missverständnisse.

Hin- und hergerissen zwischen Optimismus und Angst vor neuen Rückschlägen warten wir im Vorzimmer des Direktors. Sind wir für ihn verrückte oder weltfremde Spinner? Wie wird er auf unseren außergewöhnlichen Wunsch reagieren? Er alleine hat jetzt alles in der Hand!

Der Chef ist über unser Experiment informiert und empfängt uns äußerst freundlich. Anna übersetzt:

»Ust Barguzin ist der letzte nennenswerte Außenposten der Zivilisation am 300 Kilometer langen Nordostufer des Baikals. Von hier aus wird der Sabaikal Nationalpark verwaltet.

Zum Park gehört auch die Tschivirkujbucht, wo in einer verlassenen Rangerstation ein alter Nationalparkranger lebt.« In seiner Nähe dürfen wir unsere Jurte für ein Jahr aufbauen und so viele Bäume fällen, wie wir für Brennholz und Lageraufbau benötigen. Aber nur, wenn wir ein Satellitentelefon für den Notfall und zum Schutz gegen die Kälte einen Bretterboden für die Jurte mitnehmen!

Der Direktor ist fasziniert von unserer Idee. Er hat Respekt vor unserem Mut, glaubt aber nicht, dass wir der Einsamkeit, der Wildnis, dem unbarmherzigen Winter und vor allem den Bären trotzen werden. Wassilj, der alte Ranger, wird ein Auge auf uns werfen. Kolja, die rechte Hand des Direktors, ist unsere Kontaktperson zum Nationalpark. Der Direktor verabschiedet uns und wünscht uns viel Glück. Das werden wir brauchen, meint er.

Ein Satellitentelefon haben wir! Aber wie sollen wir da draußen zu Bodenbrettern kommen? Kolja schlägt uns vor, die Bretter hier zu kaufen.

»Alles kein Problem«, sagt er. Diesen Satz kennen wir nur zu gut und erschrecken jedes Mal aufs Neue.

»Toll, und wie transportieren wir alles in die Wildnis?«

»Mit demselben Schiff wie den Rest der Ausrüstung!«

Ich staune, vor mir sitzt ein Mann der Tat.

Mit dem guten Gefühl, dass Kolja der richtige Mann ist, schlafe ich ein. Hetis Nacht dagegen ist schrecklich. Hämmernde Zahnschmerzen rauben ihr den Schlaf. Am Morgen hält sie die Schmerzen kaum noch aus und wir gehen mit Anna zum einzigen Zahnarzt im Ort. Auf dem Behandlungsstuhl – wahrscheinlich aus dem vorletzten Jahrhundert herübergerettet – klopft die Zahnärztin an den Übeltäter. Heti zuckt zusammen!

»Der Schneidezahn sitzt auf Eiter und muss raus«, sagt die Zahnärztin, legt die große Metallspritze bereit und greift zur Zange.

»Der Zahn bleibt, wo er ist! Ich bin doch keine Hexe, auch nicht in der Wildnis«, sträubt sich Heti mit schmerzverzerrtem Gesicht.

Sie will unbedingt zurück nach Ulan Ude, wo man den Zahn röntgen kann. Mit Engelszungen rede ich auf sie ein, dass ein Ziehen des Zahnes die sicherste Lösung wäre. Denn trotz Wurzelbehandlung kann er sich erneut entzünden, und da draußen in der Wildnis hilft ihr niemand. Außerdem gefällt sie mir auch mit Zahnlücke, und den Bären wird das egal sein! Aber ich bin machtlos und kann Hetis eitle Entscheidung nicht tolerieren.

Eine banale Zahnentzündung erinnert uns an das Risiko. Nur wenig später, und wir hätten die größten Probleme gehabt.

Eilig lassen wir Bretter und Balken sägen, damit sie bis zu unserer Rückkehr trocknen können. Laut Kolja bleibt uns eine Woche Zeit für die Zahnbehandlung inklusive Fahrt.

Von Anna mit einer Arztadresse versorgt, sind wir am späten Nachmittag wieder auf der Piste Richtung Ulan Ude. Trotz starker Medikamente hält Heti die Schmerzen kaum noch aus. Im Stillen hoffe ich auf Einsicht. Vielleicht lässt sie den Zahn doch ziehen. Müde und erschöpft erreichen wir nachts um drei Uhr Ulan Ude. Heti erbricht sich, die marternden Schmerzen und die Medikamente sind zu viel.

Beim Zahnarzt zeigen die Röntgenbilder einen kirschgroßen, nach allen Seiten ausstrahlenden Eiterherd. Der Arzt empfiehlt dringend, den Zahn zu ziehen. Das ist die sicherste Methode. Alternativ kann er versuchen, den Kiefer aufzuschneiden und den Eiter so gut wie möglich zu entfernen. Das birgt aber das große Risiko einer erneuten Entzündung.

Stur entscheidet sich Heti für die Operation! Ich bin entsetzt und mache mir Sorgen. Es enttäuscht mich, dass sie so viel riskiert. Aber es ist ihr Zahn!

Der Chirurg hat die Ausmaße und das Benehmen eines Schlachters. Im Operationssaal stehen drei Behandlungsstühle nebeneinander. Auf ihnen behandelt er parallel drei Patienten wie am Fließband, ohne sich dazwischen die Hände zu waschen. Nach 30 Minuten hat Heti die OP überstanden und beklagt sich über die dicken Finger des Arztes, die ihre Mundwinkel ausgefranst haben. Sie ist fix und fertig mit der Welt und will nur noch schlafen!

Die Zeit bis zur nächsten Zahnkontrolle nütze ich und organisiere Styroporplatten für die Isolation des Bretterbodens.

Hetis Schmerzen lassen überraschend schnell nach. Auch die Nachuntersuchung ist positiv. Hoffentlich bleibt das so.

Zurück in Ust Barguzin ist der Baikal noch immer nicht schiffbar – das Warten hat kein Ende. Zudem verkauft uns niemand ein Angelboot. Die Fischer brauchen alle selbst eins, denn Fischen ist ihre Existenzgrundlage.

Dringend benötigen wir noch ein Stück Blech, um es unter den Ofen zu legen, damit herausfallende Glut die Jurte nicht abfackelt. Aber in ganz Ust Barguzin können wir nirgends ein Blech kaufen. Es ist zum Verzweifeln.

Die Blechsuche führt uns zu Hinz und Kunz und schließlich in eine Garage, in der zwei Männer ein Boot reparieren. Als ich nach Blech frage, packt mich ein junger Mann an der Hand und zieht mich energisch hinters Haus. Dort zeigt er auf die orangefarbene Motorhaube eines alten Autos der Marke UAZ und strahlt mich nickend an. Das ist genial! Ruckzuck ist die

Haube abgeschraubt und auf die passende Größe zugeschnitten. Eine Ofenschaufel fehlt auch noch, und die ist innerhalb von 15 Minuten aus Altmetall gehämmert und geschweißt.

Dann ist das Warten endlich vorbei. Morgen will Kolja mit uns und Anna zum Ranger hinausfahren und einen passenden Platz suchen. Um neun Uhr starten wir in Koljas UAZ-Lieferwagen. Mit Erstaunen beäugen wir das großkalibrige Gewehr, das über seiner Schulter hängt.

»Wozu denn das?« Kolja klärt uns mit ernster Miene auf:

»Das ist ein Bärentöter. Man weiß ja nie ...« Jetzt wird auch Hetis Miene ernst.

Die schmale, ausgefahrene Sandpiste wirft den unverwüstlichen Kleinlieferwagen und uns hin und her. Abrupt bremst Kolja, springt aus dem Auto und zeigt auf den Boden. Tellergroße Bärenspuren kreuzen die Piste und verschwinden hinter einer Sanddüne. Klick, das Gewehr ist entsichert. Vorsichtig folgt Kolja den Spuren. Auch das noch! Bären sind Hetis Albtraum. Zum Glück ist dieser Bär nicht mehr zu sehen, und wir fahren weiter.

In Manachowa steigen wir in ein Boot mit großem 40-PS-Motor und düsen an kleinen Inseln vorbei. Nach etwa 30 Kilometern erreichen wir das andere Ende der Tschivirkujbucht. Hier am Ostufer steht die ausgediente Rangerstation. Ein kleiner schmächtiger Mann in blau-weißem Matrosenshirt begrüßt uns zahnlos mit piepsiger Stimme. Die Freude über den Besuch ist ihm ins Gesicht geschrieben, und seine kleinen Augen strahlen. Unsere Freude dagegen hält sich in Grenzen. Denn Wassilj haust an der Mündung des Tschivirkujflusses in einem kleinen alten Zweizimmersteinhäuschen. Der etwa 100 Meter lange Grashang wird von Kiefern begrenzt. Auf einer Seite zerfällt ein großes braunes Holzhaus. Dazwischen verschandeln halb abgerissene Häuser, verrostete Stromaggregate und Schutt die einzig ebene Fläche weit und breit.

Wir sind erschüttert. Es ist unvorstellbar für uns, ein Jahr in dieser Müllhalde zu leben. Das ist der endgültige Todesstoß für unser Vorhaben!

Wassilj bewirtet uns mit rohem Salzfisch und Tee, während Kolja die Kaffeetassen mit dem mitgebrachten Wodka füllt. Doch für uns gibt es nichts zu feiern. Wir sind im wahrsten Sinne des Wortes am Ende. Anna spürt unsere Verzweiflung und bringt Kolja vorsichtig bei, dass wir eigentlich ein schönes, einsames Fleckchen Erde am Baikalufer suchen und keine Müllhalde. Auch Kolja bemerkt unsere Hoffnungslosigkeit und erklärt:

»Hier gibt es fast nur Steilufer, die absolut ungeeignet für eine Jurte sind.« Trotzdem will er weitersuchen.

Der kräftige Motor treibt das Boot durch immer höhere Wellen Richtung Süden. Tatsächlich, überall Steilküste. Dann taucht eine kleine Ebene auf, die ebenfalls ungeeignet ist. Denn die Bäumchen sind maximal einen Meter hoch – zu wenig Feuerholz für einen sibirischen Winter. Nachdem wir eine weitere halbe Stunde gesucht haben, leuchtet hinter einem Felsvorsprung ein Sandstrand hervor. Das Boot nimmt direkten Kurs auf eine wunderschöne Bucht. Sie ist etwa 50 Meter breit und links und rechts von Steilküste begrenzt. Dazwischen liegt herrlichster Sandstrand. Groß genug für unser Lager. Noch im Boot weiß ich, das ist unser Paradies für ein Jahr.

Der Blick von der Lichtung auf den Baikal ist grandios: gelber Sandstrand, smaragdblaues Wasser und zwei kleine vorgelagerte Inseln – Idylle pur. Unsere Hochstimmung steckt an. Nachdem uns Kolja auch noch erlaubt, hier zu siedeln, liegen wir uns alle lachend in den Armen. Heti ist Feuer und Flamme. Am liebsten würde sie gleich bleiben. Doch starker Wind und hohe Wellen zwingen uns zur schnellen Rückkehr. Die Gischt peitscht uns ins Gesicht, trotzdem sind wir glücklich wie lange nicht mehr.

Jetzt geht alles rasend schnell. Morgen kommt die Jurte. Für übermorgen bestellt Kolja einen Lastwagen sowie ein Schiff.

Simeon liefert die Jurte wie versprochen. Sein Kleinlaster ist beladen mit Filz- und Stoffballen, Dachstangen, Seitenwänden, Jurtenrad und dem Metallofen. Unsere Ausrüstung wächst beängstigend. Koljas Garage ist brechend voll. Also wird die Jurte auf der Terrasse zwischengelagert. Einen bitteren Wermutstropfen gibt es noch: Das Boot zum Netzfischen fehlt nach wie vor.

Ein klappriger Lkw, bestimmt älter als ich, fährt vor. Heti und ich schuften und schwitzen den ganzen Tag, bis alle Balken, Bretter, Styropor und die unzähligen Jurtenteile auf den Lkw geladen und sicher verzurrt sind. Auch Koljas UAZ ist bis unters Dach vollgestopft und die Garage noch immer halb voll. Deshalb besorgt Kolja einen Anhänger.

Währenddessen schenkt uns Tamara zum Abschied fünf Tomaten- und viele Lauchzwiebelpflanzen sowie eine Handvoll Kopfsalatsetzlinge. Anna legt Rucola, Minze und ebenfalls Frühlingszwiebelpflanzen in den Kübel. Nicht, dass wir wegen Vitaminmangel an Skorbut erkranken und ohne Zähne zurückkommen.

Mit ungutem Gefühl fahre ich unseren Landcruiser in Koljas Garten. Dort soll er überwintern. Es fällt mir nicht leicht, denn der Garten ist frei zugänglich. Kolja dirigiert mich exakt an eine bestimmte Stelle, wo er das Auto vom Schlafzimmerfenster aus beobachten kann. Das beruhigt mich nicht wirklich!

Todmüde klettern wir an diesem Abend zum letzten Mal in den Alkoven. Ich spüre, dass Heti immer nervöser wird. Sie hat Panik! Durch meinen Kopf jagen ebenfalls tausend Gedanken. Vor allem Hetis zunehmende Angst macht mir große Sorge. Habe ich dieses Mal den Bogen überspannt?

Frühmorgens klopft Kolja ans Auto. Es geht los. Mir fällt ein Stein vom Herzen, denn auf dem Anhänger liegt ein altes, aber repariertes Holzboot – Koljas Überraschung. Und ich hatte mich schon mit Uferangeln abgefunden.

Der kleine Konvoi aus Lkw, UAZ und Anhänger setzt sich in Bewegung. Als wir am Ortsende auf die Fähre über den Barguzinfluss warten, kämpft Heti mit den Tränen. Glasig rote Augen schauen mich an. Ich bin hilflos. Alles, was ich sagen könnte, wäre unpassend oder gelogen. Auch ich bin traurig. So habe ich mir den Abschied von der Zivilisation nicht vorgestellt.

Auf der anderen Flussseite kämpfen wir uns langsam auf einer Schlaglochpiste Richtung Norden weiter. Unerwartet tritt Kolja auf die Bremse und springt mit einer Wodkaflasche und drei Plastikbechern aus dem Auto. Er geht zu einem mit bunten Stoffstreifen geschmückten Schamanenbaum. Auf seinen Wurzeln liegen Geldmünzen, Bonbons, Zigaretten und leere

Wodkaflaschen – Opfergaben für die Geister. Kolja ist Burjate und glaubt noch stark an die Naturkräfte. Er hält einen Wodkabecher über den Kopf und bittet die Naturgeister, uns zu beschützen. Dabei verneigt er sich in alle vier Himmelsrichtungen, und jedes Mal rinnt etwas Wodka auf die Erde. Den Rest trinkt er. Auch wir beide opfern am Schamanenbaum Wodka. Heti bittet um Schutz vor Bären, Mäusen, allem Bösen und dass wir im April wieder gesund heimkommen.
Ruckelnd fährt das Gespann weiter. Gegen Mittag erreichen wir am Westufer der Tschivirkujbucht Manachowa. Der Ort besteht nur aus zwei Häusern. Dort erwartet uns ein etwa 15 Meter langes graues Schiff, die PJETROFF. Die Landungsbrücke knarrt und setzt am Grasufer auf. Der Lkw fährt knietief ins Wasser. So können wir zusammen mit der Schiffscrew die schweren Teile vom Lkw direkt aufs Schiff ziehen. Der Rest muss über die kippelige, steile Hühnerleiter hochgeschleppt werden. Nach zwei Stunden Plagerei liegt die gesamte Ausrüstung an Deck. Sofort legt das Schiff ab. Wir waren schneller als gedacht und schaffen nun den gesamten Transport vielleicht an einem Tag.

Vor lauter Hektik habe ich das Wichtigste vergessen! Ungeheuerlich, uns fehlt ein Netz. Ohne Netz wird es mühselig, uns mit genügend Fisch zu versorgen.

Heti kann und will ich die schlechte Nachricht nicht sagen. Sie sitzt zurückgezogen auf dem Bretterstapel und schaut mit abwesendem Blick in die Ferne.

»Medwed, Medwed«, schreit ein Crewmitglied. Wie von Blitz getroffen, springt Heti auf und rennt zur Reling. Die Omulbucht ist in Sichtweite, und tatsächlich patrouilliert dort ein Bär am Ufer. Heti wird blass, und die Crew wartet, bis sich der Bär verzieht. Erst dann lassen sie das kleine Beiboot ins Wasser und rudern an Land.

Da die Bucht flach ist, ankert das Schiff etwa 30 Meter draußen. Und gleich die nächste Katastrophe: Uns fehlt nicht nur ein Fischernetz, das alte Holzboot ist auch noch undicht und in kürzester Zeit bis zur Hälfte voll Wasser. Somit bleibt nur das Beiboot zum Transport der gesamten Ausrüstung zum Strand.

Heti und der Kapitän beladen das Beiboot vom Schiff aus. Ich fahre mit der ersten Fuhre ans Ufer und helfe beim Entladen. Zigmal rudert die Crew hin und her. Die Ausrüstung liegt kreuz und quer im Sand verstreut. Dicke Wolken ziehen über die Bucht. Das sieht nach Regen aus. Es eilt. Bald wird es dunkel.

Die Crew wirft unsere schönen Balken und Bretter kurzerhand in den See. Der Wind soll sie ans Ufer treiben. Wenn er jetzt dreht, können wir unserem Holz nur noch am Horizont nachwinken.

Der Abschied von der Schiffsmannschaft ist herzlich. Sie wünschen uns viel Glück. Der Kapitän warnt eindringlich vor den Bären.

»Damit ihr nicht verhungert«, er lacht und schenkt uns zum Abschied ein ramponiertes Fischernetz.

Der Würfel ist gefallen

Die schwere Ankerkette knarrt. Das Geräusch erschüttert Mark und Bein. Der Schiffskamin speit Feuer und Rauch in die Dämmerung.

Verloren und klein stehen wir Hand in Hand zwischen eilig an den Strand geworfenem Ausrüstungschaos. Das alte Forschungsschiff nimmt Fahrt auf. Alle Crewmitglieder stehen an der Reling und winken.

»Tuuuh, tuuuh, tuuuh ...«, heult die Sirene – ein letzter Abschiedsgruß, und das Schiff verschwindet hinter dem Ende der Bucht.

»Alea iacta est, der Würfel ist gefallen!«

In bedrückender Stille hängt jeder seinen Gedanken nach, so lange, bis Heti direkt vor ihren Füßen riesige Bärentatzenabdrücke entdeckt.

»Sofort Zelt aufbauen«, ist ihre Reaktion. Sie rennt los und sucht das Zelt. Außerdem treiben uns Dämmerung und Regenwolken zur Eile.

Das Zelt steht. Der Wettergott ist uns noch immer gnädig. So können wir die Balken und Bretter bergen, die in der Brandung wirbeln. Bis in die Nacht hinein schleppen wir die Ausrüstung durch Gestrüpp den Hang hoch. Todmüde schlüpfen wir in die Schlafsäcke. Innerhalb von Sekunden schlafe ich wie ein Toter.

Während ich an unserem ersten Morgen das Lagerfeuer anzünde, holt Heti für den Tee Wasser vom Baikal.

Ein tiefes Brummen zerreißt die Stille. Ich springe hoch. Ohne Wasser und Kübel kommt Heti angerannt und greift sofort nach dem Pfefferspray, unserer einzigen Verteidigungswaffe. Bären brüllen vom Waldrand herüber. Das hört sich nicht so an, als würden sie uns willkommen heißen. Wir machen einen Riesenradau, bis sich die Bären zurückziehen.

Sofort nach dem Frühstück beginnt der Lageraufbau. Heti will wegen ihrer Bärenangst so schnell wie möglich in die Jurte einziehen. Da fühlt sie sich wesentlich sicherer.

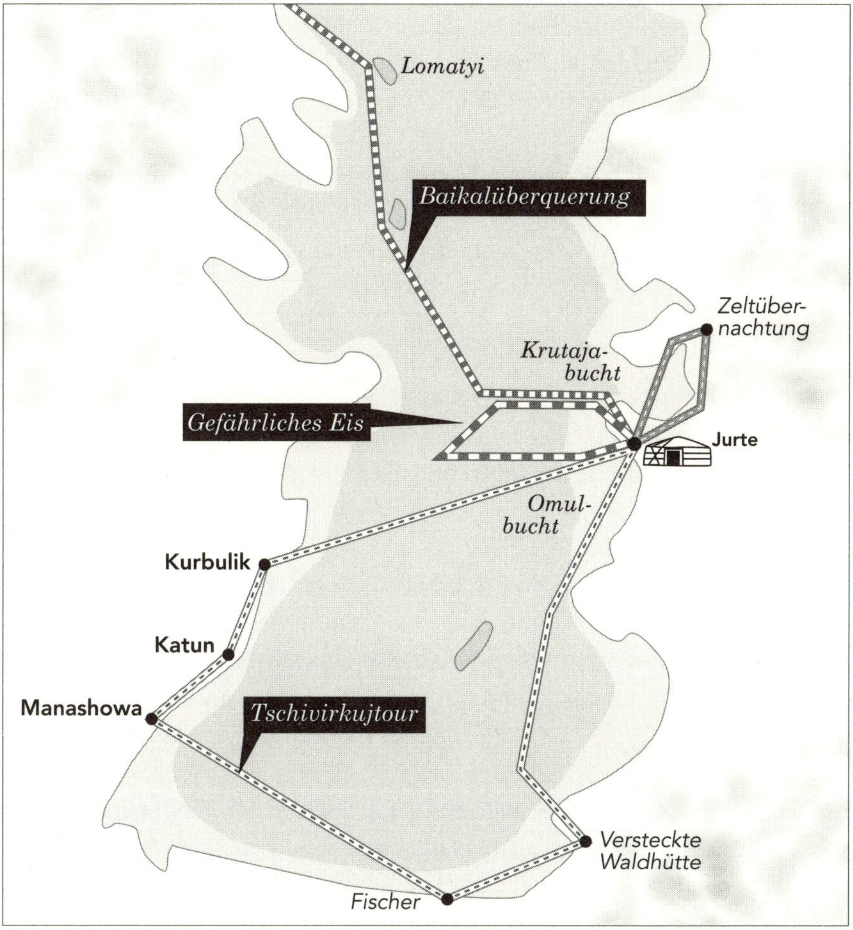

Zu unserem Pech ist der Waldboden schräger als gedacht. Der Hang muss auf acht Meter Breite über einen halben Meter abgegraben werden – viel Arbeit und unendliche Schinderei. Als Erstes gibt der russische Spaten in diesem Wurzelwerk auf. Das Blatt wird weich und verbiegt sich wie billiges Blech. Uns bleibt nur die zwar stabile, aber viel zu kurze Schaufel von daheim.

Als Nächstes splittert vom neuen russischen Hightechbeil der Glasfaserstiel. Er ist in das Metall eingegossen und kann konstruktionsbedingt nicht ersetzt werden. Als bestes Beil auf dem Markt wurde es mir verkauft. Übrig bleibt nur mein kleines, stabiles schwedisches Handbeil. Umso anstrengender ist die Arbeit im undurchdringlichen Stein- und Wurzelwerkdurcheinander.

Weiß kristallisiert der Schweiß auf dem schwarzen T-Shirt und zieht unzählige winzige, beißwütige Moskitos an. Ein Sprung in das eiskalte Baikalwasser sorgt für Gänsehaut und Erfrischung pur.

Nach drei Tagen Sklavenarbeit ist es geschafft. Wir stehen auf einer ebenen Fläche.

Zu unserem Schrecken bemerken wir, dass wir die mitgebrachten Pflanzen völlig vergessen haben. Sie müssen sofort in die Erde, bevor sie vollends vertrocknen. Wird die kurze Vegetationszeit für ein paar Vitamine im Herbst reichen?

Die Balken und Bretter sind aufgrund des Wassers krumm wie Bananen. Mit viel Sägen, Hobeln und Hämmern zimmern wir in weiteren drei Tagen einen kreisrunden, mit Styropor isolierten Jurtenboden sowie einen kleinen Keller. Danach haben wir nur noch zehn Nägel. Aber ich muss noch Bett, Regal und Tisch bauen. Der sparsame Nageleinkauf war ein großer Fehler. Was nun?

Die fette sibirische Salami ist während der arbeitsreichen Tage schnell aufgegessen. Heti will nun endlich Baikalfische essen. Das sollte kein Problem sein, der Baikal ist für seinen Fischreichtum berühmt.

Ich freue mich auf den Angelausflug und klettere über die großen Felsen ans Buchtende, wo tiefes Wasser guten Fang verspricht.

In zwei Stunden habe ich keinen einzigen Biss, und alle drei Blinker liegen abgerissen auf dem steinigen Baikalgrund. Als ich ohne Fisch bei der Jurte ankomme, spottet Heti:

»Ja, dann wird es in nächster Zeit wohl oft Knoblauchspaghetti geben.«

Spott halte ich aus, aber kein einziger Biss im angeblich so fischreichen Baikal, das macht mir Sorgen.

Tropisches Wetter habe ich wirklich nicht erwartet. Täglich zeigt das Thermometer 30 °C. Das bedeutet Gefahr für mein Insulin. Bevor die Hitze es zerstört, muss ich es kühl lagern. Gut verpackt in einer Kunststoffdose versenke ich es in den größten Kühlschrank vor Ort, auf den Baikalgrund. Hoffentlich missbrauchen es die Baikalrobben nicht als Spielzeug.

Heute heißt es, zeitig aus dem Schlafsack zu kommen. Wir wollen die Jurte aufstellen. Heti ist bester Laune und die Sonne scheint. Ideales Jurtenaufbauwetter. Der Filz darf nicht nass werden. Zudem kann die Jurte konstruktionsbedingt nur am Stück aufgebaut werden.

Als Erstes schleppen wir den schweren Eisenofen in die Mitte. Nachdem das Jurtenrad auf den beiden Stützen steht, die fünf Seitenwände aufgestellt und achtzig Dachstangen aufgelegt sind, steht der Rohbau. Schon ist es weit nach Mittag. Plötzlich zieht Sturm auf. Er jagt dicke Regenwolken in die Bucht und reißt uns die schweren, langen Wandfilzmatten aus der Hand. Das genaue Platzieren, Ausrichten und Festbinden der Matten ist unmöglich und kostet Nerven. Wir verzweifeln angesichts der insgesamt zwölf großen Filzmatten. Der Sturm wächst zum Orkan. Die Brandung dröhnt. Auch wenn wir schreien, ist eine Verständigung unmöglich. Meine Kraft schwindet und die großen Dachmatten stellen uns vor unlösbare Probleme. Wir zerren und schieben die schweren Teile mit letzter Kraft auf das Dach, nur damit sie der Sturm sofort wieder packt und herunterreißt. Dann beginnt alles von vorn. Es ist zum Verzweifeln. Wütend schwanke ich zwischen Ärger und Zorn. Kein Gedanke findet ein Ende, sie drehen sich im Kreis. Die Wolken werden schwärzer. Resigniert möchte ich nur noch schlafen. Nein, unmöglich! Der Filz darf nicht nass werden. Ich bin am Ende meiner Kräfte und lade meinen ganzen Frust bei Heti ab. Unfair schreie ich sie ständig an. Dank des Windes versteht sie das meiste nicht.

»Kümmere dich endlich um deinen Zucker!«, bellt sie mich an.

»Jetzt? Dafür habe ich wirklich keine Zeit!«

Energisch drückt sie mir das Zuckermessgerät und Traubenzucker in die Hand.

Das Display zeigt einen viel zu niedrigen Wert. In der Hektik bin ich unbemerkt in eine tiefe Unterzuckerung gerutscht. Hastig verschlinge ich eine ganze Stange Traubenzucker.

Nach einer Viertelstunde fühle ich mich besser und kann wieder klar denken. Sogar der Sturm lässt ein bisschen nach und ich kann aufs Neue anpacken.

Es ist später Abend, bis alle Filzmatten, die Wetterhaut und das Außenleinen ihren Platz gefunden haben. Aus Frust wird Freude. Wir haben es geschafft!

Weiß und rein strahlt unser einziger Schutz gegen Bären, Wölfe und –40 °C. Trotz lähmender Müdigkeit und Kreuzschmerzen feiern wir eine rauschende Einweihungsparty mit unserer letzten Flasche Rotwein.

Sonnenstrahlen blinzeln am nächsten Morgen durch die kleine Jurtenradöffnung. Eine eigenartige, fast mystische Stimmung überfällt mich im Halbdunkel. Die gelbroten Dachstangen vor weißem Dachleinen wirken wie ein japanischer Sonnenschirm. Die Türe, die zwei Mittelsäulen und das Jurtenrad sind knallorange gestrichen und mit buddhistischen Symbolen verziert. Die Wandverkleidung ist hellrosa und erinnert mich ans Rotlichtmilieu. Energisch widerspricht Heti. Sie fühlt sich in der Jurte pudelwohl und beginnt mit dem Einräumen unserer Habseligkeiten.

Ich werde den seit Langem überfälligen Donnerbalken bauen. Damit Geruch und Fliegen nicht zu aufdringlich werden, wähle ich einen Ort etwa 20 Meter hinter der Jurte im Wald. Ich suche zwei Bäume mit Astgabeln in passender Höhe. Dazwischen grabe ich ein tiefes Loch. In die Gabeln kommt ein astfreier Treibholzstamm als Sitz. Fertig ist die vorläufige Toilette und ich habe zwei Nägel weniger.

Wie jeden Morgen holt Heti Wasser vom Baikal, während ich den Ofen anzünde. Ein Knall, die Tür schlägt auf. Heti stürzt in die Jurte. Außer Atem erzählt sie von frischen Bärenspuren am Strand.

»Wenn die unser duftendes Essen in der Jurte wittern, ist alles aus«, schreit sie und rennt erneut zum Ufer. Ich hinterher! Unglaublich, überall Bärenspuren. Ich hätte nie gedacht, dass sie sich bis auf zehn Meter an die Jurte wagen.

Auch ich bin gestern etwa 20 Meter hinter dem Donnerbalken überraschend auf einen riesigen, dampfenden Kothaufen gestoßen, habe Heti vorsichtshalber aber nichts davon erzählt. Ich dachte, nach dem anfänglichen Gebrüll hätten sich die Bären durch unseren Lärm und den fremden Menschengeruch zurückgezogen. Doch die unsichtbare Gefahr ist überall. Ein ungutes Gefühl!

Ab jetzt schreitet Heti wie ein Trommler beim großen Zapfenstreich zum Donnerbalken. Aus Angst, auf dem Weg in den Wald von einem Bären überrascht zu werden, sorgt sie mit Suppentopf und Kochlöffel für lautes Scheppern, das durch noch lauteren Gesang übertönt wird. Diese Geräuschkulisse ist für ein empfindliches Bärenohr ein Martyrium. Heti weiß, Lärm ist der beste Schutz.

Im Bärenland gibt es zwei meist tödliche Situationen. Erstens: Niemals zwischen Bärin und Junges geraten. Zweitens: Niemals durch die Taiga schleichen, denn wenn der Bär den Menschen nicht hört oder wittert, ist er überrascht, greift an und tötet. Um das zu verhindern, macht Heti Lärm und ist zusätzlich mit dem Pfefferspray bewaffnet. Hoffentlich hat sie im Falle des Falles die nötige Ruhe, dem Bären genau in die empfindlichen Augen zu sprühen.

Brot ist bisher unser großes Problem. Aber nicht mehr lange, denn heute wird es auf dem Jurtenofen gebacken.

Die Knoblauchspaghetti hängen uns zum Hals heraus. Ich muss endlich einen Fisch fangen, bevor ich mich noch mehr blamiere.

Dieses Mal klettere ich auf die höheren Felsen auf der anderen Seite der Bucht. Wieder stolpere ich über Bärenkot. Von hier kann ich die Angel weiter werfen. Beim ersten Wurf fliegt der Blinker weit hinaus. Kaum taucht er ins Wasser, gibt es einen kräftigen Ruck, und die Schnurbremse surrt. Nach einigen Metern stoppt die Schnur. Jetzt bin ich dran: Hopp oder top. Der Anschlag sitzt. Ein großer Hecht schießt aus dem Wasser und will den Haken abschütteln. Noch zwei weitere Attacken, dann liegt ein 70 Zentimeter langer Hecht vor meinen Füßen. Nach einer Viertelstunde gesellen sich zwei kapitale Barsche dazu. Das ist herrlich. Nach der letzten Angelpleite ist heute jeder Wurf ein Fang. Stolz mache ich mich auf den Rückweg. Meine Sorgen wegen der Fleischversorgung lösen sich in Nichts auf. Heute Abend gibt es mit Sicherheit keine Knoblauchspaghetti. Auch Heti strahlt vor Freude über den üppigen Fang. Doch sie hat schlechte Nachrichten: Das Brot ist wieder nichts geworden – außen verbrannt und innen teigig! Die fehlende Oberhitze in der Pfanne ist das Problem. So geht es nicht weiter!

Während ich zwei Barsche ausnehme, wird mir bewusst, dass wir heute Fisch aus dem saubersten See der Welt essen. Das ist etwas ganz Besonderes. Der Gedanke macht Appetit.

Ein Stück Holz und ein Messer reichen zum Grillen. Den geschnitzten Holzspeer stecke ich quer durch Gräten und Rückgrat. Anschließend drücke ich den Spieß am Lagerfeuerrand in den weichen Boden. Nach zwei- bis dreimal drehen duftet der goldgelbe Fisch verlockend auf dem »Sibiriaken-Grill«. Bei glutrotem Sonnenuntergang sitzen wir am Strand und genießen unser vorzügliches Dinner. Wir sind angekommen.

Es ist Mitte Juni. Die Natur explodiert. Das Gras wächst beim Sitzen durch die Zehen, und die Blumen überholen es dabei. Die Natur hat es eilig. Der sibirische Sommer ist kurz und unerwartet heiß.

Am Strand entdecke ich zwei lange Treibholzstämme. Vom See glatt gehobelt, sind sie ideale Bettpfosten. Aber wie soll ich mit den restlichen acht Nägeln ein Bett und Regale zimmern? Doch Not macht erfinderisch: Ich werde die Bretter in den Pfosten verkeilen. Das hält gut und ist ohne Nägel die einzige Möglichkeit.

Aus dem dicken Treibholzstamm säge ich vier Bettpfosten. In jeden Pfosten kommen für den Bettrahmen zwei Langlöcher. In sie verkeile ich hochkant die etwas dickeren Bretter. Um den Bettrahmen aus vier Brettern und vier dicken Pfosten zu stabilisieren, verbinde ich die Oberseite der Stämme mit drei Brettern – wieder vier Nägel weniger! Jetzt steht das Bett bombenfest. Zudem eignen sich die Bretter ideal als Bücherregal und als praktische Ablage.

In den nächsten Tagen entstehen nach dem gleichen Prinzip aus dem Rest des Stammes zwei Regale für Geschirr und Kochutensilien.

Zeit zum Ausruhen habe ich nicht. Ich muss mich um das undichte Boot kümmern, denn die Blinker werden knapp. Und Heti ist immer hungrig. Ich brauche unbedingt das alte Boot, um das Netz auszulegen.

Die marode Schaluppe läuft in kürzester Zeit voll Wasser. Es ist unmöglich, die vielen kleinen Lecks zu lokalisieren. Also drehe ich den Spieß um und fülle den Kahn mit Wasser, der so zur Gießkanne wird. Dabei zeigt sich das Problem. Das alte Bitumen zum Bretterabdichten ist porös. Im Lagerfeuer am Strand bringe ich den Schürhaken zum Glühen. Damit bearbeite ich das Bitumen. Es stinkt und zischt, aber schmilzt.

Nach einem Tag schweißtreibenden Hantierens mit dem glühenden Schürhaken sind endlich alle Bitumennähte geschmolzen. Die Probefahrt in der Abenddämmerung zeigt immerhin einen Teilerfolg. Mit Schöpfen reicht es zum Netz auslegen, aber Sonntagsausflugstouren sind mit dieser Schaluppe unmöglich.

Damit nicht jeder Tag gleich ist, verbringen wir die Sonntage konsequent mit Nichtstun und Faulenzen. Sonntag ist der Tag der Ruhe.

In Sibirien genießen wir Temperaturen wie in der Südsee. Bei leichtem Wind, Wellenrauschen und ohne Moskitos liegen wir wie Gott uns schuf in der kühlen Brandung. Seeadler ziehen ihre Kreise auf der Suche nach Beute. Keine Zeitung, kein Radio, kein Fernseher, keine schlechten Nachrichten, keine Termine, keine gesellschaftlichen Verpflichtungen, kein Neid, keine Missgunst, kein Handy – es ist das Paradies.

Trotz der vielen Arbeit, trotz Schinderei, Plagerei und Kreuzschmerzen sind wir zufrieden, werden freier und leichter. In unser unkompliziertes und auf das Wesentliche reduziertes Leben kehrt Ruhe ein.

Die Bedürfnisse der Seele sind bescheiden und einfach. Sie kosten kein Geld.

Mausetot

Postkartensonnenuntergang. Ich drücke den Auslöser. Unter meinen Füßen bricht der Boden weg. Ich kippe in ein fußballgroßes Loch und stürze den Hang hinab. Zum Glück bleibt die Kamera auf dem Stativ. Das Loch ist Teil einer gemauerten Röhre. Wer hat sie angelegt und wozu?

Weiter unten am Hang entdecke ich eine überwucherte Feuerstelle. In ihr endet die Röhre. Jetzt ist alles klar. Es ist ein Kühlkamin, die Überreste eines Räucherhauses. Laut Kolja hat sich vor langer Zeit eine Fischerfamilie aus Kurbulik, wo wegen Überfischung der Fang nicht mehr zum Leben reichte, hierher zurückgezogen. Denn hier in der Omulbucht wurde sie mit reichlich Fisch belohnt. Der Preis war ein einsames Dasein.

»Abendessen«, ruft Heti. Tisch und Stühle stehen vor der Jurte. Wir genießen die Einsamkeit und die Ruhe.

Blitzartig zieht Heti mit einem lauten Schrei die Füße auf den Stuhl. Der schwere Birkenholzuntersetzer für den rußigen Teetopf fliegt knapp an meinem Kopf vorbei. Blutüberströmt und mit heftigen Zuckungen kämpft eine Maus mit halb abgeschlagenem Kopf mit dem Tod, bis ich sie erlöse. Heti ist entsetzt, das wollte sie nicht! Die Maus sollte nur verschwinden. Ja, so geht es einer Maus, die sich zu weit in die Höhle des Löwen oder besser gesagt in Hetis Nähe wagt.

Heute untersuche ich die Überreste des Räucherhauses ganz genau. Der Kühlkamin ist fünf Meter lang und nicht eingefallen. Die gemauerte Feuerstelle kann ich nach kleinen Reparaturen ebenfalls verwenden. Jetzt fehlt nur noch ein Räucherhaus, und zwar dort, wo der Kühlkamin aus dem Boden kommt. Ein Test zeigt, aus dem Loch kommt kühler Qualm. Welch eine Fügung!

Um den Fisch haltbar zu machen, ist Räuchern für uns die letzte Möglichkeit. Das Experiment Trockenfisch ist ein unappetitlicher Fehlschlag mit fetten Maden. Salzfisch verdirbt nicht, ist aber nicht unser Geschmack.

Mit den vier letzten Nägeln, einer Tüte Kabelbinder, Presspappe sowie etwas Folie entsteht ein winzig kleines Räucherhäuschen, zwei Meter hoch und mit einer Fläche von etwa 30 mal 30 Zentimetern. Besser als nichts.

Beim abendlichen Kartenspielen lustwandelt schon wieder eine Maus gemütlich und frech durch die Jurte. Hoffentlich bemerkt Heti sie nicht, denke ich. Zu spät, das freche Luder huscht unter den Tisch und krabbelt über ihre Füße. Sie flucht entsetzlich und springt aufs Bett.

Die ganze Nacht wirft sie Holzscheite und Besen nach dem gehassten Nager. An Schlaf ist nicht zu denken. So bin ich am Morgen gerädert und Heti abgekämpft.

Beim Frühstück gibt es nur ein Thema: Mäuse, Mäuse, Mäuse! Heti ist sicher, dass diese frechen Biester zwischen Filzwand und Bretterboden eindringen. Mit unserem letzten Klebeband will sie alle Löcher abdichten. Ich bin entsetzt. Trotz meiner Einwände verplempert sie das kostbare Klebeband, um lediglich ein Drittel der Jurte abzudichten. Das ist sinnlos, und ich bin stinksauer.

Unser Leben geht weiter, auch ohne Klebeband. Das Räucherhaus ist fertig, und wir legen zum ersten Mal das Netz aus. Es ist zehn Meter lang, zwei Meter hoch und hat mehrere viel zu große Löcher, durch die ganze Fischschwärme passen. An beide Netzenden binde ich ein 15 Meter langes Seil, damit es bis zum Seegrund reicht. An die Enden des unteren Seils knüpfe ich Steine, damit die Strömung es nicht mitnimmt, an die oberen kommt je eine geschlossene leere Colaflasche als Schwimmer und Markierung.

Bei leichtem Wind stechen wir in See. Heti ist mit Wasserschöpfen beschäftigt, während ich gegen die Dünung kämpfe. Als wir die windgeschützte Bucht verlassen, schaukelt die kleine Schaluppe mehr als erwartet. Hohe Wellen und starke Strömung spielen mit dem Boot. Während ich das Seil mit dem Beschwerungsstein über Bord werfe, versucht Heti auf dieser Achterbahn den Kurs zu halten. Sie kann das Boot nicht mehr kontrollieren.

Das Auslegen des Netzes wird zum Fiasko. Einmal hängt das Netz unter dem Boot, dann links davon oder im Paddel. Ständig verheddern sich die dünnen Nylonmaschen irgendwo an einer rauen Kante des Holzbootes. Dabei gerät alles außer Kontrolle, und ich bin verzweifelt. Obwohl sich das filigrane Netz immer wieder verwirrt, bringen wir es nach langem Hin und Her und mit viel Mühe ins Wasser. Erleichtert lasse ich das Seil mit dem zweiten Beschwerungsstein absinken. Hoffentlich schwebt das Netz nach diesem Durcheinander korrekt über dem Baikalgrund.

Wir machen uns auf den Rückweg und sind froh, als wir in unserer Bucht anlegen.

Am Nachmittag wird der Wind stärker. Ich bin mit meinen Gedanken beim Netz draußen. Wird es abtreiben? Sind die Ankersteine schwer genug? Diese Ungewissheit macht mich nervös. Wir rudern hinaus zum Nachsehen. Außerhalb der Bucht katapultieren uns gewaltige Wellen auf und ab und schwappen ins Boot. Wie ein Schaufelraddampfer schöpft Heti Wasser in den See zurück. Trotzdem steigt der Pegel im Boot gefährlich. Es wird zu schwer. Ich kann kaum mehr steuern.

Von unseren Colaflaschen ist weit und breit nichts zu sehen. Mittlerweile sitzen wir im Wasser. Es fehlen nur noch einige Zentimeter zum Bootsrand. Eigentlich sind wir schon untergegangen. Wir müssen zurück. Die nächste große Welle kann das Boot umwerfen. Ich rudere so schnell ich kann, aber wir kommen der schützenden Omulbucht nicht näher.

Unendlich langsam erreichen wir mit letzter Kraft den Windschatten der Bucht und das Ufer.

Mein Gott, bin ich naiv und setze uns diesen Wellen aus! Und das Netz können wir sicher auch abschreiben. Lange hadere ich mit mir, bis ich endlich einschlafe.

Mitten im Traum rüttelt mich Heti wach und flüstert erregt:

»Mäuse sind in der Jurte.«

Wie lange verfolgt mich diese Mäuseplage denn noch? Während ich Heti beruhige, höre auch ich laute Trippelschritte, als würde eine Maus direkt übers Bett laufen.

»Auf der Backfolie im Regal«, haucht sie mir ins Ohr.

Unglaublich, was ich im Taschenlampenlicht sehe. Eine ganze Mäusefamilie hat das Küchenregal besetzt, frisst genüsslich die Backfolie, tanzt auf den Vesperbrettchen und macht es sich schnüffelnd in den Tellern gemütlich. Mir graust bei diesem Anblick! Daraus soll ich morgen essen. Ein Holzscheit fliegt Richtung Regal und beendet den Spuk.

Heti droht:

»Wenn das so weitergeht, dann ziehe ich ins Zelt. Lieber Angst vor Bären, als Nacht für Nacht diese unverschämten Biester neben und womöglich bald auf mir.«

Mit Aussitzen komme ich nicht weiter. Ich muss mir etwas einfallen lassen und erinnere mich, wie wir als Lausbuben Vögel fingen. Wir nahmen einen umgedrehten Schuhkarton, stellten an einer Seite einen kleinen Stock unter, befestigten an ihm einige Meter Schnur, und legten Körnerfutter unter den Karton. Wenn der Vogel fraß, zogen wir an der Schnur und er saß in der Falle.

Wieder fliegen Holzscheite durch die Jurte. Wieder ist die Nacht kurz. Am Morgen plagen Heti Kopfschmerzen und mich die Gedanken an das verlorene Netz. Ich bin mir sicher, der Sturm hat es heute Nacht losgerissen.

Wir nutzen die morgendliche Flaute und rudern hinaus, um nachzusehen. Die Wellen sind zahm und schwappen nicht ins Boot.

Wie befürchtet, ist keine Netzboje in Sicht. Dennoch rudern wir weiter.

»Da vorn, ganz weit draußen«, schreit Heti aufgeregt. Nur ganz kurz blitzt das weiße Styropor in den Wellen. Noch nie habe ich mich so sehr über ein kleines Stück Styropor gefreut.

Ganz vorsichtig tauschen wir im kippeligen Boot die Plätze. Ehrfürchtig hole ich das kostbare Netz ein. Bereits nach dem ersten Meter zappelt ein kapitaler Barsch in den Maschen, und es wird immer besser. Am Ende liegen etwa drei Dutzend Fische im Boot.

Hurra, das Netzfischen klappt hervorragend! Wegen Fischmangel verhungern wir ganz gewiss nicht.

Am Strand pulen wir glitschige Barsche und einen Weißfisch – den bekommen die Möwen – aus den Maschen. Reiche Beute! Danach beginnt meine Lieblingsarbeit: Fische schuppen und ausnehmen. Heute Abend ist mir nach 37 Fischen der Appetit auf Fisch vergangen.

Während Heti die Barsche einsalzt, widme ich mich der Mäuseplage.

In die Jurtenmitte lege ich auf Backpapier eine umgedrehte Plastikablage. Unter eine Seite klemme ich aufrecht den Nagelzwicker, an den ich eine Schnur binde. Das andere Schnurende klebe ich an Hetis Bettpfosten. Zum Schluss wird die Box mit zwei Holzscheiten beschwert und frisches Brot als Köder daruntergelegt.

Der Test funktioniert. Heti strahlt siegessicher. Die Eindringlinge können kommen. Ich aber kämpfe mit Fischekel und kann abends noch immer nichts essen – hoffentlich habe ich keine Fischphobie.

Die cleveren Mäuse riechen den Braten und riskieren erst gegen vier Uhr morgens einen Jurtenbesuch. Wir sehen sie nicht, aber wir hören sie trippeln und springen. Endlich wagt sich eine an den Köder. Auf dem Backpapier hören wir jeden Schritt und jede Bewegung. Ein schneller Ruck an der Schnur, der Nagelzwicker fliegt durch die Jurte, und eine fette Maus sitzt in der Falle. Heti ist begeistert, und ich freue mich auf ruhige Nächte. Der Jurtensegen hängt wieder gerade.

Aber die Maus in der Falle lebt. Was tun damit? Vorsichtig schieben wir einen Karton unter die Plastikablage und tragen alles samt Maus zum Baikal. Das Tier ertrinkt jämmerlich, und Heti ist nicht mehr ganz so glücklich.

Wegen der Hitze kochen wir nur noch draußen am Lagerfeuer. Aber die Kochhöhe macht Hetis Kreuz Probleme. Während ich eine Lösung suche, erinnere ich mich an die Ziegelsteine vom abgebrannten Fischerhaus. Wir graben einen nach dem anderen aus. Sie sind zwar zerbrochen, schwarz und offensichtlich vom Feuer verbrannt, aber für uns äußerst wertvoll.

Bis auf Hüfthöhe schichte ich die Ziegelsteine aufeinander und lege einen Rost darüber. Fertig ist der Herd. Heti hat ab sofort mehr Freude am Kochen.

Von Fisch allein können wir nicht leben. Ein paar Vitamine brauchen wir schon. Beeren, vor allem Himbeeren, gibt es viele. Sie sind als Vitaminlieferanten eingeplant. Aber wir stehen in hartem Konkurrenzkampf mit den hungrigen Nagetieren. Aus Angst, zu spät zu kommen, fressen sie alle, bevor sie reif sind. Für uns bedeutet das: weit laufen und lange suchen für einen Topf Marmelade. So ist das hier: Wer zu spät kommt, den bestraft das Leben, oder er begnügt sich mit Hagebutten, die sonst keiner mag. Aber wir möchten Himbeermarmelade und machen uns auf Beerensuche, wohlgemerkt nicht auf Bärensuche. Jedes Mal, wenn wir tiefer in den Wald gehen, hängt sich Heti an jedes Hosenbein ein Bärenglöckchen.

Zwei Stunden lang schlagen wir uns erfolglos durchs Unterholz, klettern über umgefallene Bäume und stolpern in ein großes, frisch gegrabenes Loch neben einer hohen Fichte. Ihr riesiges Wurzelwerk ist komplett unterhöhlt. Wie ein Krake steht der Baum wackelig auf angenagten Luftwurzeln. Das Werk hungriger Bären. Es sieht aus, als hätten wir sie gestört. Sofort singt Heti: »Du und ich im Mondenschein ...«, dazu schlägt sie den Takt, dass der leere Kübel scheppert.

Nur um ein Streifenhörnchen oder eine Wühlmaus zwischen die Zähne zu bekommen, stürzt sich Freund Medwed in diese gewaltige Grabarbeit.

Hinter dem Berg stoßen wir auf eine sandige Bucht. Gut versteckt im Unterholz entdecken wir Johannis- und Himbeersträucher. Dieses Mal kommt die Konkurrenz zu spät. Wir sind die Ersten. Jeder von uns wird mit zwei bis drei Händen voll Beeren belohnt. Genug für einen halben Liter Marmelade. Außerdem pflücken wir einen Sack Johannisbeerblätter. Daraus machen wir fruchtigen Tee.

Wieder zurück, zerstochen und malträtiert durch Moskitoattacken, kochen wir die Früchte ein. Am Abend genießen wir die leckerste Waldbeerenmarmelade der Welt.

Seit zwei Tagen liegen die Barsche im Salz. Reicht das? Leider fehlt uns jede Erfahrung. Dennoch entscheiden wir, heute wird geräuchert! Von hungrigen Moskitos verfolgt, schleppe ich einen Sack Kiefernzapfen aus dem Wald. Das Sammeln ist eine Tortour, aber unumgänglich. Denn im Kiefernzapfenrauch soll der Fisch am besten schmecken.

Vor dem Räuchern müssen wir die Fische wässern und dann trocknen.

Kritisch ist die Trockenzeit. Denn heimtückische, große, blaugrün glänzende Schmeißfliegen warten auf die Chance, ihre Eier im Fisch abzulegen. Die Fische wären dann trotz des Räucherns ungenießbar. Wir beschützen sie wie unseren Augapfel, damit die viele Arbeit nicht umsonst ist.

In Wasser kurz eingeweicht, qualmen und glimmen die Kiefernzapfen, ohne zu brennen. Täglich räuchere ich acht Stunden und bin ständig mit Anfeuchten und Nachschüren beschäftigt. Offenes Feuer wäre verheerend. Die Hitze würde den Fisch zerstören.

Mein täglicher Inspektionsgang am Strand hält eine Überraschung bereit: Wolfsspuren, ganz frisch. Spuren von Bären, Füchsen, Fischottern, Möwen oder Seeadlern sind alltäglich, aber Wolfsspuren? Nie hätte ich gedacht, dass sich diese scheuen Taigabewohner so nahe an unser Lager wagen. Spuren, Spuren, immer nur Spuren, das ärgert mich – ich will die dazugehörigen Tiere sehen! Sie sind ein Phantom der Nacht. Zum Beobachten wäre eine Plattform auf einem der Bäume am Strand ideal. Dort würden mich die scheuen Tiere weder sehen noch riechen.

Nach drei Tagen duftet es verführerisch aus dem Räucherhäuschen. Goldgelb glänzen die Barsche – Zeit für eine Kostprobe. Heti filetiert zwei Prachtexemplare perfekt und grätenfrei. Die Filets schmecken äußerst delikat. Noch nie haben wir so etwas Feines und Zartes gegessen. Genüsslich tafeln wir und sind stolz auf unseren Erfolg. Nur eines fehlt zu unserem Glück auf dem Tisch – gutes Brot!

Trotz vieler Experimente ist unser Brot noch immer außen schwarz und innen teigig. Brot aber ist das Symbol für Nahrung, und wir haben Heißhunger danach. Obwohl es nur aus Mehl, Wasser, Salz und Hefe oder Sauerteig besteht, ist es für uns hier schwierig herzustellen. Ohne Ofen fehlt die Oberhitze, um das Brot gleichmäßig zu backen. Nachts träume ich von riesigen Brotbacköfen, aus denen duftende Brote spazieren.

Dagegen funktioniert Hetis Steinzeitwaschmaschine optimal. In der Omulbucht brauchen wir sehr wenig Wäsche, aber auch die will gewaschen werden. Ein großer flacher Stein vom Strand und zwei fleißige Hände reichen.

Das ist das Schlüsselwort: »Großer Stein!« Warum ist mir die Idee nicht früher gekommen?

Im knietiefen Wasser entdecken wir einen passenden flachen Stein, so groß wie ein Autoreifen. Unter Wasser zerren wir ihn mit großer Mühe ans Ufer. Jetzt wird es schwierig, denn ohne den Wasserauftrieb ist er viel schwerer. Die Plagerei kann warten, denn erst muss ich den Freiluftherd umkonstruieren. Dort, wo die zweite Flamme ist, will ich einen geschlossenen Backofen mit Oberhitze und verschließbarer Öffnung bauen. Dafür reicht es nicht, die Steine wie bisher nur übereinander zu schichten. Dazu brauche ich Mörtel. Aus Sand und Lehm mische ich eine zähflüssige Masse. Heti gräbt die letzten Steine aus, und ich maure einen rechteckigen, nach vorn offenen Raum. Nur die Decke fehlt noch. Und genau dafür brauchen wir den großen Stein vom See. Er soll die Oberhitze speichern und möglichst lange und gleichmäßig nach unten abstrahlen – hoffen wir.

Ein gewaltiger Kraftakt steht uns bevor. Schon bei dem Gedanken daran, rinnt mir Schweiß von der Stirn. Um den schweren Koloss in Greifhöhe zu bringen, machen wir es wie die Ägypter beim Pyramidenbau. Ich hebe den dicken Brocken an jeder Seite etwas an, während Heti Holzscheite unterbaut, bis er in optimaler Tragehöhe liegt.

Mit wackeligen Beinen kämpfen wir uns die Treppe am Uferhang hoch. Dann verlässt uns die Kraft, und wir gehen langsam in die Knie.

»Nicht absetzen, nur nicht absetzen, sonst geht die Plagerei von vorn los«, flehe ich Heti an.

Noch ein paar Schritte, dann ist es geschafft. Es hat gereicht. Mit letzter Energie schieben wir den Stein auf den Ofen. Eng liegen lähmende Erschöpfung und unbeschreibliche Freude beieinander.

Am nächsten Morgen ist der Backofen durchgetrocknet, und sofort wird er getestet.

Der Backraum hat die Größe eines Schuhkartons, und darin zünde ich ein kleines Feuer an. Der Ofen darf nur ganz langsam heiß werden, sonst zersprengt die Hitze den schweren Stein. Mein Thermostat funktioniert einfach und zuverlässig: Ich fasse mit den Fingern außen an die Rückwand. Wenn ich sie mir verbrenne, hat der Ofen genau 250 °C. Nach drei Stunden ist die Temperatur erreicht. Ich schaufle die Glut heraus, und Heti schiebt zwei kleine Sauerteigbrote in den Backraum, den ich mit einem nassen Brett verschließe. Nach einer Stunde duftet es in der Omulbucht wie in einer Bäckerei. Das Brot müsste fertig sein.

Rundum gleichmäßig braune Brote zieht Heti aus dem Ofen. Unbarmherzig lang dauert das Abkühlen. Am liebsten würden wir sofort reinbeißen. Endlich wieder richtig gutes, duftendes, gleichmäßig durchgebackenes Brot mit knuspriger Rinde! Ein lange vermisster Genuss.

Aber das hat auch Nachteile. Denn durch das aromatische Brot und den duftenden Fisch riecht es in der Omulbucht wie auf dem Oktoberfest. Das ganze Lager ist in eine einladende appetitliche Duftwolke gehüllt. Heti ist sicher, dass die hungrigen Bären dieser Verlockung nicht widerstehen können. Sie werden kommen und sich holen, was sie riechen, und vielleicht noch viel mehr.

1

2

1 9000 Kilometer immer der Sonne entgegen, das bedeutet tägliches Kilometerfressen – drei Wochen lang.

2 Die Straßenränder brennen zwecks Unterholzbekämpfung lichterloh, und durch Funkenflug und Rauchschwaden wird es auf dem Sibiran Highway gefährlich.

3

4

5

6

3 Elefantenrennen, mörderische Löcher und Gegenverkehr, der die Straße blockiert. Da bleibt nur die Flucht in den Straßengraben.

4 Im Frühjahr Matsch und im Sommer Staub – idyllischer Ort vor Ust Barguzin.

5 Kontrastprogramm in Irkutsk, neben schmucklosen Backsteinbauten blitzt der verblasste Charme der alten Holzhäuser auf.

6 In Irkutsk auf der Feier zum Großen Vaterländischen Sieg spiegeln die Gesichter der Kriegsveteranen Stolz, Sorge und Hoffnung. Neben einer kargen Rente bleiben ihnen oft nur die Medaillen.

7

8

9

10

7 Der Hafen von Manachowa, der letzte Außenposten der Zivilisation, besteht aus zwei Holzhäusern und einem Kiesstrand. Hier müssen wir die gesamte Ausrüstung auf die Pjetroff verladen.

8 Atemberaubend, der erste Blick auf die Halbinsel Swatje Nose. Gegenüber, auf der Ostseite der Tschivirkujbucht, liegt unser Ziel.

9 Auf der Fahrt zur Omulbucht haben wir ein mulmiges Gefühl. Haben wir an alles gedacht? Jetzt gibt es kein Zurück mehr!

10 Zum Empfang patrouliert ein großer Bär am Ufer, als ob er auf uns wartet. Erst nachdem er verschwunden ist, wagt sich die Crew an Land, und wir können mit den Dingis die Ausrüstung übersetzen.

11

12

13

14

15

16

11 Der Jurtenaufbau ist ein Puzzlespiel. Wohin mit den unzähligen Einzelteilen?

12 Kein einziger Nagel und keine Schraube, nur Stricke und getrocknete Därme halten die Jurte zusammen.

13 Geschafft! Unser einziger Schutz gegen Bären, Wölfe und sibirische Kälte steht. Wir sind stolz, dass wir trotz vieler Probleme bislang so viel vollbracht haben.

14 Der erste Morgen in unserer selbstgewählten Enklave. Ein Anblick, der uns die Sprache verschlägt.

15 Wie man sich bettet, so liegt man.

16 Unser kleiner Erdkeller soll die Lebensmittel im Sommer gegen Hitze und im Winter gegen Frost schützen. Hoffentlich widerstehen die Wühlmäuse dem verlockenden Duft.

17

18

19

17 Laut Plan darf jeder pro Abend nur eine Kerze abbrennen.

18 Pflanzen und Sähen für ein paar Vitamine gegen Skorbut und Zahnausfall.

19 Lange hat es gedauert. Das wird unser erstes genießbares, ja, sogar leckeres!, Brot werden.

Feuersbrunst

Mit Wucht kracht das große Holzruderboot gegen die Entladerampe aus groben Natursteinen. Der jüngste von den fünf Fischern wagt einen Sprung auf den Anleger. Gegen tobende Wellen und peitschenden Wind versucht er vergeblich, das Boot festzuzurren. Sein Vater will helfen und springt aus dem schwankenden Boot. Genau in dieser Sekunde schleudert eine riesige Welle es zur Seite. Der Vater schlägt hart mit dem Kopf auf der Rampe auf und bleibt mit dem Gesicht im Wasser liegen. Zwei seiner Söhne eilen zu Hilfe, ziehen ihn auf den Sandstrand, während der dritte beim Festzurren mit anpackt.

Natascha steht am Hang vor dem Räucherhaus und verfolgt die Tragödie unten in der Bucht. Entsetzt jagt sie die Holzstufen zum Strand hinab. Dort liegt Viktor, ihr Mann. Die stark blutende Wunde über seinem rechten Auge färbt den Sand rot. Natascha fällt auf die Knie und beugt sich über ihn. In diesem Moment kommt Viktor zu sich. Als er seine Frau erkennt, stößt er sie zurück und sie fällt in die Brandung. Im Delirium krabbelt er die Treppen hoch zur Fischerhütte.

Natascha ist über diese brutale Behandlung erbittert. Auch ist sie wütend, weil schon wieder alle besoffen sind. Ihr 14-jähriger Sohn Dimar und sie sind die einzig Nüchternen in der Familie. Und einmal mehr müssen die beiden den Tagesfang alleine verarbeiten. Natascha weint und Dimar ist traurig, während sie zusammen die 20 schweren, mit Omul gefüllten Kübel zum Fischputztisch hochschleppen.

Währenddessen herrscht in der Fischerhütte ausgelassene Stimmung. Die Wodkaflasche macht fleißig die Runde. Viel Wodka bedeutet wenig Schmerz für Viktor, denn die Wunde blutet noch immer. Viktor ist ein unempfindlicher und harter Mann, auch gegen sich selbst. Eigenschaften, die ihm das entbehrungsvolle und anstrengende Leben als Fischer hier draußen eingebrannt haben.

Obwohl Wind und Alkoholwirkung immer stärker werden, müssen die

Männer nochmals raus, um die letzten Netze in der Krutajabucht einzuholen. Da Viktor nicht einsetzbar und außerdem eingeschlafen ist, soll Dimar mit seinen 14 Jahren die Stelle des Vaters im Boot einnehmen.

Mutig durch Alkohol, steigen die Brüder sorglos ins Boot. Doch die Realität packt sie schnell am Schopf, als sie um jeden Meter mit dem aufgewühlten See kämpfen. Bei dem Zustand dieser Männer ist es ein unheilvoller Kampf gegen Naturgewalten.

Natascha steht wie angewurzelt am Fischputzplatz und lässt das Boot nicht aus den Augen. Wie ein Jojo verschwindet es im Wellental, um gleich darauf wieder aufzutauchen. Sie hat Angst, vor allem um ihren Jüngsten. An Bord fehlt der erfahrene Vater, der seinen Rausch im Bett ausschläft. Das Boot verschwindet aus ihrem Blickfeld, und die Arbeit ruft. Natascha muss den ganzen Fang alleine ausnehmen und salzen. Ein hartes Los neben der täglichen Hausarbeit und dem großen Gemüsegarten.

Erst spät am Abend liegt der letzte Fisch im Salz. Der Wind wird immer stärker und ihre Söhne sind nach wie vor draußen auf dem See. Wenn sie zurückkommen, werden sie ausgehungert sein. Höchste Zeit zum Kochen. Heute macht sie Omul in schwimmendem Fett gebacken. Das Öl über dem offenen Feuer brutzelt und spritzt.

Schwankend und schlaftrunken torkelt Viktor in die Küche

»Ich hab Hunger, warum steht das Essen noch nicht auf dem Tisch«, tobt er. Unerschrocken keift Natascha zurück:

»Warum? Weil ich den Fang ganz alleine verarbeiten muss, während du besoffen im Bett liegst. Du und deine vier Söhne versaufen das ganze Geld. Keine Kopeke ist im Haus. Die Netze sind brüchig, und Mehl gibt es auch nicht mehr. Zum Essen haben wir nur noch, was der Baikal und der Garten bieten. Und du hast bei der letzten großen Anlieferung in Kurbulik das ganze Geld in Wodka umgesetzt. Egal, wo ich mit dem Spaten grabe, überall stoße ich auf deine verflixten Schnapsflaschen. Ein schreckliches Leben ist das hier!«

Viktor hebt die Hand, holt zum Schlag aus und torkelt auf Natascha zu, die am Herd steht. Geschickt weicht sie aus und gibt ihm einen Stoß. Er stolpert und stürzt auf den Herd. Dabei kippt kochendes Wasser ins heiße Fett. Eine

Stichflamme schießt bis zur Decke. Natascha will den in Flammen stehenden Topf noch vom Feuer ziehen. Doch ein brennender Schmerz durchzuckt ihre rechte Hand. Ihre Finger sind bis auf die Knochen verschmort. Sie springt zurück und stolpert über Viktor, der am Boden liegt. Sein aufgerissener Mund und die starren Augen versetzen sie in Panik. Verzweifelt versucht sie, ihn aus der Küche ziehen.

Zu spät, der ganze Raum steht bereits in Flammen. In ihrer Not rennt sie zum Strand, Wasser holen. Durch die offene Tür wirkt der Wind wie ein Gebläse am Schmiedefeuer. Blitzschnell brennt die Hütte lichterloh.

Hilflos steht sie vor dem flammenden Inferno, als ihre Söhne die Stufen zum Hang hochrennen. Natascha nimmt Dimar weinend in die Arme und schreit:

»Euer Vater liegt noch in der Küche.«

Die Flammen schlagen mittlerweile zehn Meter über das Dach. Jeder Rettungsversuch wäre tödlich. Der Wind treibt Funken und Glut über die ganze Lichtung. Die ersten Bäume brennen wie Fackeln. Eine wallende Feuerwand mit ihrem zerstörenden Hitzeschild treibt die Verdammten in den sicheren Baikal.

Zitternd wache ich auf. Wo ist das Feuer? Keiner steht im Wasser, kein Boot liegt an der Rampe – und nirgends ist Feuer.

Ich habe nur geträumt, zum Glück.

Und ich denke darüber nach, wie ich wohl zu diesem Traum gekommen bin. Es liegt sicher daran, dass ich in der Bucht viele Spuren von einer großen Feuersbrunst gefunden habe. Nur ein Spatenstich reicht, und ich stoße auf eine zehn Zentimeter dicke Schicht verkohlter Erde. Sogar an den uralten Kiefern entdecke ich noch immer Brandnarben.

Die Fundamente der alten Fischerhütte habe ich teilweise freigelegt – alle verkohlt. Erhalten geblieben sind nur der alte unterirdische Räucherofenkanal sowie der Bootsanleger. Der liegt heute einen Meter unter der Wasseroberfläche, denn der Baikal wurde 1956 aufgestaut, um Strom zu erzeugen.

Aber das Kurioseste sind die Unmengen von Wodkaflaschen, die überall vergraben sind und in der näheren Umgebung hinter Bäumen noch immer versteckt liegen.

Ich spekuliere: War es hier nur im Rausch auszuhalten? Gab es einen Nebenerwerb durch eine Schnapsbrennerei? Vieles liegt hier im Dunkeln – auch die Ursache der Feuersbrunst.

Der ehemalige Jäger und Fallensteller Iwan erzählte, dass diese Fischerhütte bis vor etwa 30 Jahren noch bewohnt war, dann brannte sie ab. Sie wurde deshalb in der abgelegenen Omulbucht gebaut, weil damals das Fanggebiet der Fischer von Kurbulik nur so weit reichte, wie sie an einem Tag rudern konnten. Ein Motorboot war noch unbekannt.

Die einzige Möglichkeit, in neue, ertragreichere Fanggebiete vorzustoßen, war es, dort zu leben. Hier draußen wurde der reiche Fang durch Salzen, Räuchern und Trocknen haltbar gemacht. Sobald genügend Fische gesammelt waren, wurden sie in Kurbulik verkauft. Für bessere Fischgründe nahmen die Menschen ein einsames entbehrungsreiches Leben auf sich.

Die Pest der Taiga

Der Schwarm verdichtet sich zur schwarzen Wolke und attackiert mich. Pausenlos starten die Moskitos blutrünstige Angriffe und verirren sich dabei in meinem Vollbart. Nachdem der Stachel erfolgreich sitzt, suchen sie zornig und orientierungslos den Ausgang, auch aus Nasenlöchern und Ohrmuscheln. Die gierigen Biester wollen nur eines – Blut! Der Fluch der Taiga ist wie die Pest des Mittelalters. Dagegen gibt es keinen Schutz. Aber das Schlimme ist die Sinnlosigkeit, nach ihnen zu schlagen. Es sind zu viele – viel zu viele. Und je kleiner, desto schlimmer. Nur zwei Millimeter groß, greifen sie heimtückisch und lautlos an. Ein stechender Biss verrät sie. Dann ist es zu spät ... Der Einstich schwillt sofort, und der Schmerz plagt lange.

Eine andere, etwas größere, sechsbeinige Variante ist einfacher zu orten. Sie greift mit verräterischem Sirren an und ist leicht während der Offensive oder sofort nach der Landung zu eliminieren. Am erfolgreichsten jedoch ist die Abwehr der Hubschrauber. Wir nennen sie so, denn diese Biester sind sehr laut und fliegen sehr langsam. Sie stechen nicht, sie beißen. Mit einer Länge von über drei Zentimetern beißen sie so tief, dass aus der Wunde Blut fließt. Die Folge ist eine eiternde Entzündung. Erschlägt man diese Biester, spritzt Blut in alle Richtungen und hinterlässt eine große breiige Masse.

Doch heimtückisch und gemein sind sie alle, vor allem auf dem Donnerbalken. Wehr- und schutzlos verrichten wir unser Geschäft, worauf das blutrünstige Geschwader nur wartet. Flucht oder Abwehr sind aussichtslos. In kürzester Zeit gleicht der Hintern einer Kraterlandschaft. Möglichst kurze Sitzungszeiten sind die einzige Chance, die Zahl der Stiche gering zu halten.

Um nicht wahnsinnig zu werden, versucht jeder seinen eigenen Weg zu finden, mit dieser Insektenplage umzugehen. Mein Ausweg ist Akzeptanz: Ich versuche, mich mit den Stichen abzufinden, wenig zu kratzen und den Schmerz auszuhalten, ihn einfach zu ignorieren.

Heti sucht ihren Ausweg in der Jurtenapotheke. Ihre Arme und Beine sehen aus, als wären sie mit Pestgeschwüren übersät. Alles, was sie findet, schmiert sie auf die aufgekratzten juckenden Wunden und hofft auf Schmerzlinderung. Wund-, Heil- und Pferdesalbe, Antibiotika, Vaseline, ja sogar Alkohol pur – bisher alles erfolglos.

Glücklicherweise ist unsere Bucht aufgrund ihrer Lage vom Wind begünstigt, und Wind ist der Erzfeind aller Stechmücken. Sobald Wind weht, haben wir das Paradies, ohne Wind das Gegenteil.

Anfang August hat das Wasser in der flachen Bucht unglaubliche 23 °C erreicht. Bei wüstenhaften Lufttemperaturen bis zu 46 °C herrschen in der Omulbucht mittlerweile afrikanische Verhältnisse, sodass es dem Insulin im Baikal zu warm wird. Bevor es wirkungslos werden kann, kommt es in den kühlen Keller.

Alle lebensnotwendigen Arbeiten erledigen wir bei dieser Hitze am Morgen oder am Abend. Ansonsten genießen wir in Adams- und Evakostüm die Sonne, das Faulenzen und das Baden.

Wir stehen bis zur Hüfte im Baikal und albern herum. Da huscht ein langer Schatten zwischen uns beiden durchs Wasser.

»Ein Delfin!«, jubelt Heti. Im Baikal? Nein! Aber was war es dann? Zehn Meter weiter schauen große Kulleraugen und eine behaarte Schnauze aus dem Wasser. Eine der äußerst seltenen Baikalrobben, eine Nerpa, hat sich in unsere Bucht verirrt und verschwindet genauso schnell wieder in den Tiefen des Sees. Nerpas sind die einzigen Süßwasserrobben der Welt.

Der Gestank von Feuer und Rauch kitzelt in meiner Nase. Eigenartig, nichts ist zu sehen. Hoffentlich ist es kein Waldbrand, denn der Wald ist knochentrocken. An Regen können wir uns kaum noch erinnern. Mit dem Fernglas haste ich den Berg hinter der Jurte hoch. Tatsächlich, aus dem nächsten Tal im Nordosten steigt eine breite Rauchwand in den Himmel. Unser Lager liegt direkt in der Windrichtung! Die Feuerwalze wird uns überrollen. Eine Katastrophe!

Ich stehe unter Hochspannung. Was können wir beide gegen diese

Feuersbrunst ausrichten? Nichts! Wir können uns in den Baikal retten. Aber was wird aus dem Lager? Für die wichtigsten Habseligkeiten wäre ein Floß die einzige Rettung. Nur, was ist das Wichtigste? Wird es nach dem Feuer zum Überleben reichen?

So schnell ich kann, renne ich zurück. Heti ist schockiert. Wir müssen Ruhe bewahren. Schnell tragen wir die wichtigsten Sachen zusammen und packen sie ins Boot, zum Floßbau fehlt die Zeit. Dann kommt die Nacht. Der Wind dreht. Sofort spurte ich erneut den Hang hoch. Entwarnung! Nur noch wenige Feuernester qualmen.

Trotz der Hitze sitzt uns der Winter im Nacken. Es ist höchste Zeit, Brennholz zu machen. Bereits in Ust Barguzin erkundigten wir uns, wie viel Holz ein langer sibirischer Winter erfordert. Immer dieselbe Antwort: »Viel, sehr viel!« Aber keiner sagte genau, wie viel.

Noch nie habe ich einen Baum gefällt. Eine kleine Birke ist das erste Opfer. Mit der neuen Motorsäge komme ich gut zurecht, und das Bäumchen fällt sogar in die gewünschte Richtung. Das macht mich stolz! Die nächsten Opfer werden höher und dicker, und am Ende liegen sechs Birken am Boden. In dreißig Zentimeter lange Stücke gesägt, schleppen wir sie aus dem Wald. Dabei peinigt uns nicht nur die Hitze, sondern eine weitere sechsbeinige Tiergattung. Ihre Bisse jucken nicht, sind dafür umso gefährlicher. Die Zecken fallen lautlos auf einen herab und saugen sich voll Blut. Dabei geben sie eine Flüssigkeit ab, welche die heimtückische Hirnhautentzündung auslösen kann. Aber Zecken sind Gourmets und nicht mit jeder Körperstelle zufrieden. Zwei bis drei Stunden suchen sie nach einer leckeren, besonders delikaten Körperstelle, bevor sie herzhaft zubeißen. Diese Zeit ist unsere Chance.

Wie lausende Affen suchen wir alle zwei bis drei Stunden gegenseitig unseren ganzen Körper peinlich genau ab und ernten jedes Mal mindestens drei dieser gefürchteten Schmarotzer. Ihr Lieblingsversteck sind Haare. Dank Glatze ist mein Kopf überschaubar. Jedoch in Hetis Haarpracht finden sie die perfekte Tarnung und gehen dort mit Vorliebe ihrem blutrünstigen Geschäft nach.

Jetzt reicht es ihr! Heti nimmt den Jurtenspiegel und stellt ihn an eine Birke. Ohne Vorwarnung rasiert sie ihre ganzen Kopfhaare bis auf wenige Millimeter ab. Ich kann nicht glauben, was ich sehe. Aber dieser kurze Meckischnitt ist Realität. Unvorstellbar, wie weit diese Blutsauger meine Frau treiben. Heti schätzt die praktische Frisur sehr schnell, und auch mir gefällt sie.

Nicht nur Hetis Haare, ebenso unser Gewicht wird weniger. Ständig müssen wir den Gürtel enger schnallen, obwohl wir nie hungern. Wir essen ausgezeichnet, denn Heti hat die Fischkochkunst zur Perfektion getrieben. Sie verarbeitet Fisch genau wie Fleisch zu Fleischküchle, Paprikageschnetzeltem und Zigeunergulasch. Ja sogar als Sauerbraten essen wir ihn.

Täglich Fisch zu essen, war vorher für uns unvorstellbar. Ich hoffe nur, dass wir bei dieser hundertprozentigen Fischdiät, keinen Eiweißschock bekommen.

Die viele Arbeit und Bewegung fordern wesentlich mehr Energie als zu Hause. Der tägliche Fisch und die paar Grundnahrungsmittel decken den hohen Kalorienbedarf nicht. Es fehlen Fett und Zucker.

Ich esse das Dreifache und befinde mich tagelang mit meinen Zuckerwerten am unteren Grenzbereich. Unterzuckerung kostet immer Kraft. Ich weiß nicht mehr, was ich tun soll. Noch mehr essen kann ich nicht! Die einzige Lösung wäre, die Insulinpumpe abzuschalten. Aber die Spezialisten in der Pumpenschulung hämmerten mir ein: Die Pumpe muss immer laufen, denn der Körper braucht eine Insulingrundversorgung. Dennoch stelle ich während extremer Arbeitsperioden die Pumpe ab, und siehe da, die Werte kehren wieder in den Normalbereich zurück.

Hier gelten andere Maßstäbe. Davon wurde auch Heti überrascht. Sie verheimlicht es, aber unsere mitgebrachten Grundnahrungsmittel nehmen rasant ab, und das nach nur drei Monaten!

Hatte ich beim Großeinkauf in Ulan Ude nicht immer ein paar Kilos zusätzlich obendrauf gelegt? Immer wieder hatte ich zu hören bekommen: »Viel zu viel, wer soll das alles essen?« Gern würde ich auf die späte Genugtuung verzichten.

Fipsi, das Streifenhörnchen, unser kleiner, emsiger Nachbar, ist bei der Vorratshaltung cleverer. Er rennt nur noch mit prall gefüllten Backentaschen durchs Lager. Seine Erdhöhle muss groß sein, denn er sammelt imposante Mengen Gras- und Samenkerne und verschwindet damit in seinem Erdloch. Das gibt uns zu denken.

Zwischenzeitlich ist das mitgebrachte Gemüse gegessen oder verdorben. Löwenzahnsalat und Brennnesselspinat liefern jetzt unsere Vitamine. Am meisten aber freuen uns die ersten Radieschen aus dem Gemüsegarten. Sie sind zwar klein, aber auf Margarinebrot eine Delikatesse.

Ich werde nicht nur dünner, das Leben hier verändert mich auch. Ich bin bescheidener, freue mich über das Wenige und genieße es intensiver als alle Schlemmereien und Kalorienbomben dieser Welt.

Es ist ein gutes Gefühl, vor einem Teller zu sitzen, den wir dank der Natur gefüllt haben. Das Schönste dabei ist: Die Natur sorgt ständig für Nachschub.

Aus heiterem Himmel zerstört Motorenlärm die Stille. Ein Schiff schiebt sich in die Bucht. Ist das die PJETROFF? Ja, sie ist es! Durch das Fernglas erkenne ich Kolja unter den Winkenden. Sprachlos über den unerwarteten Besuch nach über drei Monaten stehen wir am Strand, hüpfen vor Freude und erwidern den Gruß. Dieses Mal ist das Knarren der Ankerkette Musik in unseren Ohren. Die Überraschung ist perfekt.

Zwei Crewmitglieder, Kolja und ein uns unbekannter Mann rudern im Beiboot zum Strand. Nach herzlicher russischer Begrüßung schenken sie Wodka ein, und wir bieten Räucherfisch an. Kolja ist auf Arbeitseinsatz und verbindet ihn mit einem Besuch bei uns.

Unsere Augen werden größer und größer. Die Crew stellt Orangen und Äpfel auf den Tisch.

»Tamara macht sich Sorgen um eure Zähne«, scherzt Kolja. »Nicht dass ihr wegen Vitaminmangel doch noch Skorbut bekommt.« Eier, einige Kohlköpfe und ein paar Fleischdosen gesellen sich dazu. Das ist schöner als die Bescherung an Heiligabend.

Ich erzähle meine Probleme. Wir haben zu wenig Nägel, und das Beil ist kaputt. Sofort besorgt die Crew eine Schachtel Nägel aus dem Schiffsvorrat. Mit einem Beil können sie leider nicht aushelfen.

Wir vereinbaren, dass Kolja uns am 4. Oktober abholt. Nach sechs Monaten müssen wir ja das Land verlassen. Heti wird dann nach Hause zu unserer Tochter Melanie fliegen, die bald Mutter wird. Ich aber werde wegen eines neuen Einreisestempels in die Mongolei reisen.

Ich spreche Kolja auf die Baummarkierungen an, die ich an alten Bäumen entdeckt habe. Er erzählt von den Ewenken, einem alten Waldnomadenvolk. Das ist die Urbevölkerung am Nordostufer des Baikals. Bis vor 60 Jahren zogen sie noch auf den alten Pfaden durch die Bergtaiga von Lager zu Lager. Angeblich soll so ein markierter Pfad ein Stück hinter unserer Jurte von Norden Richtung Süden führen.

Kolja ist beruhigt, dass uns die Bären noch nicht gefressen haben. Er hätte nicht gedacht, dass wir hier draußen so gut zurechtkommen. Am meisten faszinieren ihn unser Backofen und unser Brot.

Er drängt zum Aufbruch. Das Schiff muss weiter. Zum Abschied drückt mir Kolja eine Flasche besten russischen Wodka in die Hand.

Viele Fragen sind geklärt, und unser Keller ist nicht mehr so leer.

Die PJETROFF verschwindet hinter der Bucht. Die Einsamkeit hat uns wieder. Dank des unerwarteten Nagelsegens kann ich endlich eine Plattform für Tierbeobachtungen sowie einen Freisitz bauen.

Aus kleinen Birken säge ich Tisch- und Bankfüße. Der Standort soll folgende Kriterien erfüllen: leichten Wind von der Bucht wegen der Moskitos, angenehme Sonne am Morgen und am Abend wegen der Wärme und schönsten Blick auf die Tschivirkujbucht wegen der atemberaubenden Sonnenuntergänge.

Der Tisch ist fertig. Beim letzten Nagel erschreckt mich ein Aufschrei, gefolgt von einem Fluchen. Heti rennt mit schmerzverzerrtem Gesicht aus der Jurte und hält sich die stark blutende Hand. Sie hat sich beim Kleinholzmachen in die Hand gehackt. Aus tiefen Fleischwunden an Handrücken und Zeigefinger strömt Blut. Ich befürchte das Schlimmste. Doch Sehnen und Knochen sind unverletzt. Glück im Unglück! Mir läuft ein Schauer den Rücken hinunter. Was hätten wir gemacht, wenn sie sich den Finger abgehackt hätte? Ein furchtbarer Gedanke!

Ab sofort hat sie striktes Hackverbot. Wehe, ich erwische sie noch einmal mit einem Beil in der Hand!

Der Mann aus dem Nichts

Ungewohntes Knacken und Ästeknicken schrecken mich auf. Heti reagiert nicht. Versagen ihre sonst so zuverlässigen Fledermausohren? Es hört sich nicht wie das Knacken herunterfallender Äste oder eines sich anschleichenden Tieres an. Nein, das Krachen ist rücksichtslos, kraftvoll und furchtlos.

Ich greife zum großen Fischmesser. Das Etwas bricht unüberhörbar durch das Unterholz und ist nun direkt hinter der Jurte. Erst jetzt starrt mich Heti mit aufgerissenen Augen entsetzt an. Ich höre ihre Gedanken: Ein Bär!

Ein kräftiger Mann, bewaffnet mit einem Beil, stapft abgekämpft auf uns zu. Die alte olivfarbene Kapuzenjacke hat er tief ins Gesicht gezogen. Die langen Fischerstiefel reichen ihm bis zum Gesäß. Freund oder Feind? Zögernd und unsicher biete ich ihm Platz und Wasser an. Er schiebt die Kapuze zurück und legt das Beil ab. Das beruhigt mich. Schweiß glänzt auf seinem jungen, abgehetzten Gesicht. Als hätte er die ganze Sahara ohne Trinken durchquert, stürzt er das Wasser in einem Schluck hinunter und gleich einen zweiten Becher hinterher.

Nachdem sein Durst gestillt ist, fragt er eilig nach dem Weg in die Krutajabucht. Dort lagert seit Kurzem seine Fischerbrigade. Er hat sich leider beim Zirbelnusssammeln verlaufen.

Es wird dunkel. Ich zeige ihm die Richtung und erkläre ihm den Weg. Mit schnellem Schritt verschwindet er zwischen den Bäumen. Ganz schön mutig, der junge Mann, nur mit einem Beil als Bärentöter.

Am nächsten Morgen treiben mich Neugierde, aber vor allem Vorsicht Richtung Fischerbrigade. In der Abgeschiedenheit ist es extrem wichtig, zu wissen, mit welchen Leuten wir es in der Nachbarschaft zu tun haben.

Gegen Insekten schütze ich mich mit hohen Schuhen, stichfester Kleidung und einem Moskitonetz über dem Kopf. So gerüstet, ziehe ich in den Kampf gegen die Blutsauger. Doch einen wichtigen Ausrüstungsgegenstand habe ich zu meinem Leidwesen vergessen – die Kunststoffhandschuhe. Obwohl ich die Hände tief in den Hosentaschen vergrabe, lugt noch ein schmaler Streifen nackter Haut heraus. Diese einzige verwundbare Stelle greifen die Kamikazeflieger unter Summen an, als wäre es Pearl Harbor.

In der Krutajabucht führt mich Kindergeschrei zum Fischerlager. Zwei Boote liegen am Strand: ein neueres mit starkem Außenbordmotor sowie ein großes altes Holzruderboot, typisch für die Baikalfischer.

Am Waldrand thront ein verschlissenes, quadratisches Wüstenzelt, Marke Lawrence von Arabien. Ein Stück weiter verstecken sich im Schatten der Birken vier Igluzelte, Marke Neckermann. Mehrere Fischernetze liegen in Reih und Glied am Sandstrand bereit. Daneben hockt am schnell zusammengenagelten Tisch eine Handvoll Männer und langweilt sich.

Erst als ich das Moskitonetz vom Kopf ziehe, erkennt mich der »Bär« von gestern. Er springt sichtlich erholt auf und zeigt mir das Fischercamp.

Die Brigade ist streng aufgeteilt in eine Junggesellen- und eine Familienabteilung. In der Junggesellenabteilung herrscht Chaos. Hier bestimmen nicht Abwasch und Kochkunst das Leben, sondern Kartenspiel und Zeitvertreib. Doch das aufregendste Vergnügen fehlt – schöne Frauen.

In der Familienabteilung, etwa 50 Meter weiter, gibt es diesen Mangel nicht. Hier herrschen die Frauen mit Ordnung und Emsigkeit. Inmitten der Igluzelte sitzen am einfachen Tisch drei junge Ehepaare. Zwei reizende kleine Mädchen spielen mit Kiefernzapfen, die sie sich gegenseitig an den Kopf werfen. Die Mädchen tragen ordentlich geflochtene Zöpfe, und ein Großteil der Frühstücksmarmelade ist gleichmäßig um ihre Münder bis hinter die Ohren verteilt.

Das letzte Paar schält sich blass und zerknittert aus seinem Igluzelt. Wer weiß, wie lange die Nacht gedauert hat? Mehrere leere Wodkaflaschen liegen unter dem Tisch, eine angebrochene Flasche steht bereits wieder darauf.

Von der Schiffscrew, die uns in die Omulbucht gebracht hatte, habe ich gelernt, wie in der Gesellschaft mit Wodka umgegangen wird. Offiziell ist er nicht dazu gedacht, eine Sucht zu befriedigen. Im Gegenteil, er wird angesehen als Medizin, die angeblich sehr verdauungsfördernd ist und deshalb zum Essen gereicht wird. Zwei Dinge sollen den Alkoholiker verraten und gelten hier als eine Todsünde: alleine trinken oder trinken, ohne dabei zu essen.

Ein Mann steht auf, stellt sich als Sergej vor, bietet mir Platz an und schenkt zwei große Becher Wodka ein.

Und was mache ich Banause? Ich verstoße gegen jede Regel, nehme einen der Becher und proste Sergej zu:

»Sa Baikal!« (auf den Baikal!), der übliche Trinkspruch.

Entsetzt drückt mir Sergej ein Stück fetten Speck und eine Scheibe Brot in die Hand. Er schnappt sich einen Salzfisch. Hastig schlingen wir das Essen runter. Damit ist der Anstand wieder gewahrt. Ich Tölpel habe den Eindruck eines Alkoholikers hinterlassen. Aber Sergej ist nicht nachtragend. Er geht in militärische Grundstellung. In Badehose, jedoch ohne Orden, streckt er mir seinen Becher entgegen. Überrascht will ich danach greifen, doch er zieht ihn schnell zurück. Das war sein Ansatz zum obligatorischen Trinkspruch, den ich ihm beinahe vermasselt hätte. Er spricht mit ernster Miene und lauter Stimme inhaltsschwere Worte, wie ich aus dem zustimmenden Nicken der anderen Zuhörer schließe. Wiederholt höre ich die Worte »bolschoi drug« (großer Freund).

Die lange Ansprache ist vorbei, die Besitzansprüche der Becher geklärt, und wir können endlich anstoßen. Der Vierzigprozenter verschwindet in einem Zug in unseren Kehlen.

Da Sergej mir nur bis ans Kinn reicht, zieht er sich mit einem kräftigen Ruck an meine Brust. Er drückt mich kraftvoll und presst seine Lippen links und rechts an meinen Hals. Unbeholfen, nicht ganz so leidenschaftlich, erwidere ich die kräftige Umarmung. Die Begrüßung der anderen Brigademitglieder ist nicht so hautnah.

Mit dem »Bären« von gestern geht es zurück in die frauenlose Sektion. Das alte Beduinenzelt dient als Schlafsaal. In ihm liegen Matratzen und Decken kreuz und quer am Boden verstreut. Dazwischen schlummern noch einige Fischer. Doch gelebt und gearbeitet wird am Strand. Dort stehen im Schatten ein Dutzend Holzkisten, übervoll mit Omul und Charius. Das sind die leckersten Fische, die der Baikal in großen Mengen bietet. Ohne Kühlung verdirbt der Fang schnell und wartet deshalb auf den Abtransport nach Kurbulik.

Auf dem Tisch am Strand steht keine der allgegenwärtigen Wodkaflaschen. Ich atme auf!

Chaos beherrscht den Tisch: zerbrochene Zuckerwürfel, Fischgräten, die schon länger auf Entsorgung warten, ausgedrückte Zigarettenkippen, ein rußgeschwärzter Teetopf und eine alte verbeulte Metallpfanne. Sie ist so groß wie ein Wagenrad und mit einem Mix aus Reis und Fisch gefüllt.

Ein junger dünner Fischer, dessen aufgedunsenes Gesicht bereits vom Alkohol gekennzeichnet ist, schaufelt seinen Blechteller so voll, dass Reis über den Rand rieselt.

Mein Freund fragt, ob ich mit ihnen essen und Tee trinken möchte.

»Ja, Tee bitte.« Er leert seinen Tee in den Sand und reicht mir anchließend seinen Becher, gefüllt mit frischem, heißem Tee. Hier besitzt jeder nur eine Tasse.

Auf meine Frage, woher sie kommen, antwortet er schmunzelnd:

»Ich bin aus Kurbulik, Boris aus Ust Barguzin, Kolja kommt aus Novosibirsk und Joscha aus Sotschi am Schwarzen Meer!«

Diese zwanzigköpfige Fischerbrigade ist weit gereist – nicht freiwillig. Sichere Arbeit gibt es auch für diese Männer seit dem Ende der Planwirtschaft und des Kommunismus nicht mehr. Das ist die Schattenseite der neu gewonnenen Freiheit. Ohne festen Arbeitsplatz, ohne gesichertes Einkommen finden sie keinen Platz in dieser Gesellschaft. Oft treibt sie Hoffnungslosigkeit in die Fänge des Alkohols. Der soziale Abstieg beginnt. Das Ende ist eine zerstörte Existenz.

Mich interessiert, wie lange sie in der Krutajabucht lagern. Sie antworten:

»Das weiß nur der Omul. Zieht er weiter, folgen auch wir ihm.«

Die Mägen der Fischer füllt der schwimmende Reichtum des Baikals. Er hat die Menschen seit ewigen Zeiten vor Hunger bewahrt. Zuverlässig versorgt er sie wie eine Mutter ihr Kind. Deshalb leben diese Fischnomaden direkt bei ihrer Existenzgrundlage in der Wildnis unter freiem Himmel.

Wird es im Herbst zu kalt, löst sich die Fischerbrigade auf. Ein jeder hofft, mit dem Sommerverdienst durch den Winter zu kommen. Im nächsten Frühjahr werden sie nach einer neuen Brigade suchen.

Inzwischen hat der »Bär« eine große Tüte mit Omulfischen für mich gefüllt. Gierige Schmeißfliegen belagern sie. Höchste Zeit, mit der verderblichen Ware aufzubrechen.

Ungern – es imponiert mir, wie diese Menschen ihr schweres Leben in die eigenen Hände nehmen.

Explosion am Strand

Ein Donnerschlag zerreißt die Stille. Eine Explosion? Unmöglich! Für einen Moment bin ich irritiert. Woher kommt dieses unheilvolle Geräusch? Wo ist Heti? Was ist passiert? Ich werfe das Beil ins Gras und renne zum Strand.

Heti taucht gerade im Baikal unter. Sofort stürze ich zu ihr ins Wasser und ziehe sie an Land. Schockiert und verwirrt stammelt sie von »Feuer und Explosion«. Flammen sehe ich, die sich rasend schnell den Hang Richtung Jurte hochfressen. Ich muss löschen, bevor das ganze Lager in Schutt und Asche liegt. Die Flammenwalze lodert bereits kurz vor der Jurte. Mit einem Brett schlage ich die Brandherde aus. Die Katastrophe ist abgewendet. Schnell zurück zu Heti. Sie steht noch unter Schock und zieht eine klebrige Masse aus ihrem Gesicht.

Sie verbrannte Abfall, als plötzlich das Feuer explodierte. Asche, Funken und eine klebrige schwarze Masse spritzten in alle Richtungen und übersäten ihren Körper. Nur dank des T-Shirts blieb der Oberkörper verschont. Eine Batterie verirrte sich aus Versehen in den Abfall. Durch Hitze explodierte die kleine Bombe, und das giftige Innenleben übersäte Hetis Gesicht, Arme und Beine.

Erst jetzt erkenne ich, dass doch nicht alles okay ist.

Äußerst vorsichtig ziehen und schälen wir die klebrigen Säureklumpen von der Haut. Es sind zu viele, und es dauert. Je länger wir brauchen, desto tiefer frisst sich das ätzende Säure-Teer-Gemisch in die Haut und hinterlässt schmerzende, hässliche Krater. Zum Glück sprang sie geistesgegenwärtig ins Wasser. Das entschärfte die Säurereaktion. Dem Himmel sei Dank, dass wir sofort im Gesicht mit dem Reinigen begonnen haben. So wurde nur die oberste Hautschicht angefressen.

Die scheußlichsten Wunden klaffen an den Beinen, wo die Chemie am längsten wirken konnte. Als die Wunden mit Brandsalbe und Verband versorgt sind, sieht Heti wie ein schwer verwundeter Soldat aus.

Das heutige Missgeschick brannte ewige Erinnerungen in ihre Haut. Aber meine Frau ist tapfer, trägt ihr Schicksal mit Fassung und kehrt zu den täglichen Aufgaben und Arbeiten zurück, ohne zu jammern. Ich bewundere sie. Keine Diskussionen, was wir gemacht hätten, wenn das Auge verletzt worden wäre. Wir wissen, Hilfe gibt es nicht, und solche Gedanken bringen uns nicht weiter. Wir verlassen uns weiterhin auf unsere Schutzengelarmee, die mit uns alle Hände voll zu tun hat.

Ich weiß, die viele Schufterei in primitiven Verhältnissen fordert von Heti sehr viel. Umso mehr überrascht mich ihr wachsender Stolz auf ihre Leistung.

Eine zweite Überraschung erwartet mich am nächsten Tag nach dem Frühstück. Ein riesiger, in allen Farben leuchtender Blumenstrauß, ganz frisch von unserer Blumenwiese vor der Jurte, steht auf dem Tisch. Schande über mich und Asche auf mein Haupt! Ich habe ihn vergessen – unseren 28. Hochzeitstag. Aber Heti ist gnädig und verwöhnt mich trotzdem den ganzen Tag mit dem Besten, was Küche und Keller noch zu bieten haben: Küchle, Fischsuppe, und abends werden wir uns den letzten Wodka teilen.

Unglaublich, ausgerechnet heute, als mir ein nettes Geschenk fehlt, treibt ein knallig pinkfarbener Kunststoffball an den Strand. Zumindest denkt der Baikal an unseren Hochzeitstag. Zugegeben, nicht vielen Frauen würde so ein Geschenk Freude machen, aber Heti freut sich sehr darüber. Erst im Mangel wird das Wenige zum Besonderen.

Am Hochzeitstag machen wir blau. Wir genießen den sonnigen Tag mit Baden, Faulenzen und natürlich mit Ballspielen. Abends wird zünftig Karten gespielt und Heti gewinnt.

Heute dauert das Frühstück etwas länger. Wir warten auf unsere tägliche Frühstücksunterhaltung, die sich heute offensichtlich verspätet: Normalerweise zieht um diese Zeit eine Wildentenmama mit ihren acht Jungen längst ihre Bahnen in unserer Bucht. Als die Enten endlich doch auftauchen, ist die Mutter äußerst nervös, und die Küken folgen ihr ungewohnt chaotisch.

Leider zählen wir nur noch sieben dieser kleinen Federknäuel. Die Natur ist hart.

Mich ruft die Pflicht. Der nächste Winter kommt bestimmt! Ich muss Bäume fällen. Nicht jeder Baum ist geeignet. Er braucht Platz zum Fallen, sollte nicht zu hoch und nicht zu dick sein, sonst ist die Plagerei beim Heraustragen und Hacken zu groß. Aber das Allerwichtigste, er soll nahe bei der Jurte stehen, damit wir nicht so weit tragen müssen. Und das ist das Problem. Die in Frage kommenden Kandidaten stehen nun immer weiter entfernt und oben am Hang, was weite Wege im steilen Gelände bedeutet. Das Fällen ist zur Routine geworden.

Ich säge in die Seite, auf die der Baum fallen soll, einen Keil bis zur Stammmitte. Damit bestimme ich die Fallrichtung. Dann setze ich einige Zentimeter höher auf der gegenüberliegenden Seite die Säge an. Das ist der gefährlichste Augenblick, bei dem alle Sinne gespannt sind. Kurz bevor der Baum durchgesägt ist, höre ich gewöhnlich ein leises, kaum hörbares Knistern im Stamm. Es wird zum Knacken, der Baum neigt sich und sucht krachend seinen Weg durch die Wipfel, hoffentlich in die gewollte Richtung – nur nicht nach hinten, denn dort stehe ich. So viel zur Theorie, und jetzt zur Praxis.

Das Sägeblatt kreischt und frisst sich in die Stammmitte, aber kein Knistern, kein Krachen. Die Säge blockiert, stirbt ab, und der Wipfel neigt sich in meine Richtung. Schnell weg, bevor er mich erschlägt. Auf halbem Weg erkenne ich aus dem Augenwinkel, dass die Birke plötzlich, wie von einer magischen Hand gehalten, erstarrt und kerzengerade auf meinem Sägeblatt thront.

Was tun? Ich hole Heti. Wir müssen den unberechenbaren Gesellen mit der Handsäge und einem zweiten Keil über dem Motorsägenschlitz zu Fall bringen.

Immer den Baumwipfel im Auge, nähern wir uns vorsichtig – jederzeit zum Rückzug bereit. Mit unsicherem Gefühl und flauem Magen beginnen wir, den Keil zu sägen. Nach kurzer Zeit klemmt die Handsäge ebenfalls. Das Sägeblatt wird nun auch vom gesamten Baumgewicht blockiert. So komme ich nicht weiter.

Starker Wind lässt den Wipfel wie ein Pendel schwingen. Schnell weg in sichere Entfernung. Nachdem nun beide Sägen im Stamm klemmen, bleibt mir nur noch das Beil, um der riskanten Lage ein Ende zu machen.

Mit Herzklopfen nähere ich mich alleine dem Baum. Er kann jeden Augenblick in jede Richtung fallen. Vorsichtig beginne ich, einen Keil in die Stammrückseite zu hacken. Alle Sinne sind gespannt. Ein leises Knistern, der Wipfel bewegt sich ganz langsam. Wird der Stamm meine Motorsäge zerquetschen?

Mit lautem Krachen kapituliert der Besiegte. Er reißt alles nieder, was sich ihm in den Weg stellt. Blätter regnen vom Himmel, während ich mich schnell in Sicherheit bringe.

Sofort renne ich zu meiner Motorsäge zurück. Die Kette ist heruntergerissen und die Führungsrillen sind zerquetscht. Alles halb so schlimm. Ich repariere sie. Glück gehabt!

Nun säge ich den Stamm in 30 Zentimeter lange Stücke. Ein Zischen ertönt beim fünften Baumstück, es pfeift um Haaresbreite an meinem Kopf vorbei, gefolgt von einer niedergedrückten Birke, deren Blätter im Luftzug meine Glatze streifen. Hätte ich meinen Kopf nur ein wenig weiter nach vorn gebeugt – die Katastrophe wäre perfekt gewesen. Die Schutzengel haben ganze Arbeit geleistet.

Der Koloss drückte beim Fallen die kleine Birke nieder, die nach Entspannung das Stammstück wie ein gefährliches Geschoss durch die Luft schleuderte.

Kreuz und quer liegen Birken am Boden, als hätte ein Orkan gewütet. Jedes Mal ein schrecklicher Anblick. Die hässlichen Wunden im Wald belasten mich, aber wir brauchen Holz für den Winter.

Jetzt beginnt die Schinderei. Die Baumstücke müssen aus dem Wald getragen werden. Verkleidet wie ein Imker mit Moskitoschutz, langer Hose und Rollkragenpulli – kein Quadratzentimeter nackte Haut ist ungeschützt – kämpfen wir uns wieder und wieder durchs Unterholz und stolpern mit den schweren Stammstücken zurück zum Jurtenplatz. 35 °C im Schatten, kein Lüftchen bewegt sich. Ohne Klagen schuften wir wie Sträflinge im Gulag. Im Gegensatz zu ihnen können wir uns als freiwillig Verbannte alle zwei Stunden in den Baikalfluten abkühlen. Das ist unsere einzige Möglichkeit, einem Hitzschlag zu entkommen.

Jedoch die Zeit drängt. 24 Birken auf Ofenlänge gesägt, häufen sich vor der Jurte. Sie warten auf jemanden, der sie spaltet. Bis ich wieder ein großes Beil habe, bleibt mir lediglich das kleine Handbeil. Damit kann ich nur die dünnen Stücke hacken. Diese mühsame Arbeit lege ich in die Abendstunden und nutze jeden Lufthauch und jede Wolke, die Schatten spendet. Nichtsdestotrotz schmore ich nach kurzer Zeit vor Anstrengung im eigenen Saft.

Bei dieser schweißtreibenden Arbeit schlägt mein Diabetes Kapriolen. Das zuverlässige Signal für eine nahende Unterzuckerung ist immer kalter Schweiß. Sobald ich jedoch unter Anstrengung schwitze, fällt dieser Indikator aus. Dann schlittere ich schnell in einen gefährlichen depressiven Bewusstseinszustand. Gefangen im Diabetesrausch ist mir alles gleichgültig, und ich bin in einer anderen Welt. Als würde ich fliegen, beobachte ich mich beim Holzhacken. Dabei lässt meine Bewegungskoordination nach, und ich arbeite in Zeitlupe. Dieser entrückte Zustand ist angenehm. Doch es folgen Zittern und Schwindel. Lähmende Schwäche und Konzentrationsmangel machen sich im Körper breit. Bevor ich ins Koma falle, zwinge ich mich mit aller Gewalt und letztem Willen zum Zuckermessen. Der Wert liegt am untersten Limit. Um das Bewusstsein nicht zu verlieren, hilft nur viel Traubenzucker. So gut ich kann, würge ich die trockenen Plättchen schnell hinunter. Die Wirkung beginnt nach einer Viertelstunde, und der Wert schleicht sich wieder in den Normalbereich zurück. Dann ist der Rausch vorbei; und die innere Leere füllt sich langsam wieder.

Zurzeit sind Unterzuckerungen an der Tagesordnung. Daher schmilzt mein Traubenzuckervorrat schneller als geplant.

Als Ersatz backt Heti Plätzchen aus Weizenmehl. Aufgrund meiner vielen Unterzuckerungen ist nun auch das Weizenmehl zu Ende. Auch andere Grundnahrungsmittel nehmen erschreckend schnell ab. Heti sitzt in der Klemme und muss den Proviant strecken.

Unser Gemüsegarten gedeiht. Endlich ernten wir die ersten Tomaten und Karotten. Auch der Feldsalat schafft es am Ende noch. Das alles sind für uns

Delikatessen. Aber gegen Unterzuckerung helfen sie leider nicht. Auch die Natur liefert uns keine Kohlenhydrate.

Pilze wachsen in allen Farben und Größen. Sie können jedoch gefährlich, sogar tödlich sein. Nachdem ich den ersten Sack gesammelt habe, leere ich die wunderbaren Pilze auf unseren Freisitztisch aus. Uns läuft das Wasser im Mund zusammen. Heute Abend gibt es mal wieder Abwechslung auf unserer Speisekarte. Aber vor dem Festmahl prüfen wir, ob die Pilze auch essbar sind. Denn eine Pilzvergiftung ist das allerletzte, was wir hier gebrauchen können.

Unabhängig voneinander prüfen wir mithilfe des Pilzbestimmungsbuches alle Pilze. Eine Konzentrationsarbeit, bei der wir keinen Fehler machen dürfen. Um ganz sicher zu sein, untersuchen wir die essbaren Pilze ein zweites Mal gemeinsam, bevor sie im Kochtopf landen. Von den drei Säcken, die ich mühsam gesammelt habe, sind nur vier Pilze eindeutig ungiftig, zwei davon haben Würmer und sind angefault. Die zwei Verbleibenden reichen gerade für eine magere Pilzsuppe – ein Genuss und gleichzeitig eine riesige Enttäuschung. Denn leckere Pilzgerichte waren in unserer Ernährung fest eingeplant. Der Speisezettel wird immer bescheidener und kürzer.

Ende August fallen die Temperaturen auf erträgliche 20 °C, und der Wind kommt zurück. Das ist gut so. Denn die Stechmücken, die nichts mehr hassen als Wind, ziehen sich zurück, und unsere Lebensqualität steigt extrem. Dafür tauchen plötzlich andere kleine Tierchen auf. Der Wind wirbelt das Wasser durcheinander und spült massenhaft millimetergroße Krebstierchen und Algen in die Bucht. Heti ist entsetzt. Nun ist Schluss mit glasklarem Baikalwasser!

»Das ist doch super«, necke ich sie. »Ohne Arbeit bekommen wir jetzt Fleisch und Grünzeug in die Suppe.« Diesen Spaß findet sie überhaupt nicht lustig.

Mit Mühe, viel Aufwand und einem kleinen Teefilter reinigt sie unser gesamtes Trink- und Kochwasser. Aber dank dieser Ruderfüßler, die Heti gerade aus dem Wasser filtert, hat der Baikal Trinkwasserqualität. Diese etwa einen Millimeter großen Krebstierchen lieben die Kälte und leben in allen Wasserschichten des Sees. Sie fressen nicht nur das ganze pflanzliche

Plankton, sondern auch Bakterien. Sogar Cholerabakterien vernichten sie und schützen den See das ganze Jahr vor Verunreinigungen.

Ein weiterer Grund für das glasklare Wasser mit einer Sichtweite bis zu 40 Metern Tiefe ist die geringe Besiedlung. Nur 40 Dörfer und vier Städte liegen am Baikal. Seine Oberfläche ist so groß wie Belgien und wird von einer 2000 Kilometer langen Uferlinie gesäumt. Aber das größte Phänomen ist sein Bodenrelief. Der See besteht aus drei tiefen Becken, wobei das mittlere mit 1637 Metern das tiefste ist. Die Ränder der gigantischen Becken reichen bis auf 100 Meter unter die Wasseroberfläche. Deshalb hat jedes Becken seinen eigenen Kreislauf, der nur wenig Wasser über die Ränder in das nächste Becken spült.

Ein Wassertropfen, der im Norden mit einem der 350 Zuflüsse in den Baikal fließt, braucht 400 Jahre, bis er ihn über den einzigen Abfluss, die Angara im Süden, wieder verlässt. In dieser langen Zeit setzt sich garantiert jede Verunreinigung auf dem Baikalgrund ab. Zudem hat das Wasser ab 50 Metern Tiefe eine konstante Temperatur von 3,5 °C, die jedes Algenwachstum verhindert.

Alle Flüsse und Rinnsale dieser Erde bräuchten zusammen ein Jahr, um den Baikal zu befüllen. Im tiefsten Brunnen der Welt liegt ein Drittel des gesamten Süßwassers dieser Erde in bester Trinkwasserqualität. Das ist ein unbezahlbarer Schatz, wenn in Zukunft Kriege vielleicht nicht mehr um Erdöl, sondern um Trinkwasser geführt werden.

Ähnlich wie der Atlantik soll auch der Baikal entstanden sein. Er wächst konstant jährlich etwa zwei Zentimeter in alle Richtungen. Wissenschaftler vermuten, dass hier die Geburtsstätte eines neuen Ozeans liegt, der in Millionen Jahren Russland teilen wird.

Den ganzen Sommer über hat unser Donnerbalken beste Dienste geleistet. Doch jetzt wird es kalt am Hintern, und wir brauchen ein Toilettenhäuschen.

In gebührendem Abstand zur Jurte grabe ich im Wald ein hüfttiefes Loch. Birkenstämme sind das Fundament, das die Seitenwände des Plumpsklos trägt. Als Regenschutz ziehe ich auf das schräge Dach eine Plastikfolie.

Nach zwei Tagen steht unser Toilettenhäuschen zur Einweihung bereit. Heti ist nach der ersten Sitzung sehr zufrieden. Die Konstruktion hat für sie jedoch einen gravierenden Nachteil: Ihr fehlt der Rundumblick. So kann sie von hinten angreifende Bären nicht rechtzeitig sehen. Das mag sie überhaupt nicht.

Sie wagt sich alleine noch immer nicht weiter in den Wald als bis zur Toilette. Die täglichen Bärenspuren am Strand zeigen nach wie vor ihre Wirkung.

Der wunderbare Sommer geht mit sinkenden Temperaturen zu Ende. Auch unsere Stimmung sinkt. Hetis Abschied rückt unaufhaltsam näher. In vier Wochen wird sie mich verlassen. Höchste Zeit für einen Crashkurs in Hauswirtschaft und Kochen. Bisher beschränkten sich meine Künste auf Rührei. Darüber hinaus verstehe ich vom Kochen so viel wie ein Elefant vom Fliegen.

Nur ungern übernehme ich den gehassten Platz am Herd. Mein Start hat denkbar schlechte Voraussetzungen. Zwiebeln, Weizenmehl, Margarine und Zucker fehlen zwischenzeitlich ganz oder werden so rationiert, dass sie zum Kochergebnis nur unwesentlich beitragen. Zum Glück liebe ich Herausforderungen und beginne in den Kochniederungen mit Nudel- und Kartoffelgerichten, entwickle mein Können über Knoblauchspaghetti in ungeahnte Kochhöhen bis zu Fischgulasch weiter.

Jeden Arbeitsschritt will ich ausführlich erklärt haben. Die Angabe »eine Prise« nützt mir nichts, dazu müsste ich erst einmal wissen, wie viel das sein soll. Ich brauche technisch verwertbare Angaben wie Gramm, Milliliter und Minuten. Mit Engelsgeduld bringt mir Heti alles bei und schreibt haargenau auf, wie man Sauerkraut kocht, Brot backt, Wäsche vorsortiert und wäscht und viele andere Tipps, die mir das Überleben erleichtern sollen. Akribisch ist alles in einem kleinen dünnen Heftchen festgehalten. Es wird meine Überlebensbibel.

Bisher teilten wir uns die ganze Arbeit. Bei Heti sieht alles so einfach aus. Ich kann mir nicht vorstellen, wie ich das bewältigen soll. Holz kann ich erst wieder hacken, wenn ich Heti zum Flughafen nach Irkutsk gebracht habe. Denn erst dort kann ich mir ein neues, großes Beil kaufen. Für mein kleines Handbeil sind die meisten der dicken Holzstücke viel zu groß. Hoffentlich werde ich vor dem Wintereinbruch mit dem Holzhacken fertig.

Der erste Herbststurm peitscht über den Baikal und wirbelt den ganzen See durcheinander, sodass in unserer Badebucht nur noch Kühlschranktemperaturen herrschen. Wir haben uns inzwischen an ein tägliches Baikalbad gewöhnt und wollen wissen, wie lange wir das kalte Wasser aushalten. Allmählich wird unser Bad so kurz, dass eine sinnvolle Körperpflege unmöglich ist.

Eine Sauna muss her, ein unvorstellbarer Luxus für uns. Aber genau dafür habe ich das ganze Jahr über einige Bretter aufgespart. Kolja stellte uns einen kleinen Saunaofen als Abschiedsgeschenk auf den Hänger und sagte:

»Niemand überlebt den sibirischen Winter ohne Sauna!«

Ihr Standort soll kurz vor der Treppe am Hang und möglichst nah am Wasser sein. Jeden Abend tüftle ich an neuen Saunaplänen, aber die Bretter reichen leider nur für eine winzige Sitzsauna. Das bedeutet nicht Stehen, nicht Liegen, sondern nur in Büßerstellung sitzen.

Genau nach Plan hoble und säge ich unsere letzten Bretter. Doch irgendetwas stimmt nicht! Ich habe falsch gemessen und sie zu kurz abgesägt. Aus der Traum von schönen Saunaabenden! Eine Hundehütte könnte ich daraus noch bauen, doch die nutzt mir nichts.

Heti behauptet, meine größte Stärke sei, niemals aufzugeben. Also mache ich mich auf Brettersuche, denn der Baikal treibt immer mal wieder altes Schwemmholz an. Mit viel Geduld finde ich tatsächlich einige Bretter, zwar krumm und bucklig, aber mein Hobel bringt sie wieder in Form. Nach weiteren zwei Tagen Arbeit steht die kleine, aber feine Sitzsauna. Wenn wir die Beine anziehen und uns auf die Bank quetschen, haben wir sogar beide Platz.

Wir freuen uns auf den ersten Saunagang. Heti hat Birkenzweige zu Büscheln gebunden. Das gehört unbedingt zur russischen Sauna. Ich heize kräftig ein. Beim russischen Saunaofen sind die Außenwände doppelt. Den Zwischenraum füllen wir mit Wasser, das schnell blubbert und kocht. Dampf zieht durch die Sauna. Das Ofenrohr dröhnt und der Ofen bullert. Er zieht gut, sodass ein Höllenfeuer darin brennt, und das ohne Rauchentwicklung. Im großen Alutopf kocht Wasser zum »Duschen« hinterher. Wir freuen uns auf die Abwechslung.

Eng aneinandergedrückt schwitzen wir vor uns hin. Nur der Thermostat funktioniert nicht richtig. Wenn ich zu viel Holz schüre, wird es in dem kleinen Raum so heiß, dass wir keine Luft mehr bekommen. Da hilft es, nur kurz die Tür aufzureißen. Lege ich zu wenig Holz nach, fällt die Temperatur zu schnell ab.

Beim dritten Saunagang funktioniert der Thermostat bereits besser. Aber das Höchste ist die eiskalte Abkühlung im purpurrot schimmernden Baikal vor grandiosem Sonnenuntergang.

Abschied in der Finsternis

Friedhofstimmung – die Kerze flackert und Schatten huschen über den Jurtenhimmel. Ein gepackter Rucksack liegt auf dem Bett. Heti stopft ihre letzten Kleidungsstücke in die knallrote Packtasche. Schnell raus, ich will nicht sehen, will nicht begreifen, dass sie morgen die Bucht verlässt. Bis Irkutsk werde ich sie noch begleiten. Doch wenn ich zurückkomme, wird nichts mehr so sein, wie es war. Dann wird es noch einsamer. In 30 Jahren waren wir nie länger als zwei Wochen getrennt. Ich kann verstehen, dass Heti zur Geburt unseres ersten Enkels lieber daheim sein möchte. Zwar beabsichtige auch ich, zur Geburt kurz nach Hause zu fliegen, aber ich will unter keinen Umständen nach der vielen Schufterei alles in der Omulbucht stehen und liegen lassen. Für mich ist das Experiment: »Ist weniger mehr?« noch nicht beendet.

Am nächsten Morgen beim letzten gemeinsamen Netzentwirren sinkt die Stimmung auf den absoluten Nullpunkt – tiefer geht es nicht. Jeder ist in sich gekehrt, zurückgezogen und mit seinen Gedanken beschäftigt. Heti durchbricht unser hilfloses Schweigen und erzählt von ihrer Angst vor Unfall, Krankheit und Hunger, aber auch von der Angst, ob wir beide so lange alleine auskommen; von der Angst vor Ungewissem und der Gefahr der Wildnis; von der Sorge um unsere Kinder, aber auch von dem tiefen Frieden und der nie erlebten Ruhe; von der Freude über unendliche Landschaften und grandiose Natur, von ihren unbekannten Fähigkeiten und Talenten; von ihrem Mut, mit Mäusen und Bären zu leben und von der großen Zufriedenheit, dass unser Zusammensein trotz Isolation, Einsamkeit und vieler Grenzerfahrungen so gut funktionierte.

Doch die Omulbucht ist kein Schlaraffenland, wo frisch gebackene Brötchen auf den Bäumen wachsen und in den Bächen Milch und Honig fließen. Dieser wunderbare Ort musste mit viel Arbeit und Mut erobert werden. Dennoch ist Heti traurig. Zwei Herzen schlagen in ihrer Brust. Zum einen möchte sie hier bei mir bleiben, zum anderen will sie unbedingt zur unserer schwangeren Tochter. Eine schwere Entscheidung, mit der sie lange gerungen hat.

Nach dem letzten Netzentwirren ist noch immer kein Schiff in Sicht. Hat Kolja uns vergessen? Dicke graue Wolken drücken in die Bucht, der erste Regen seit Wochen. Wie bei der Sintflut setzt er alles unter Wasser. Es ist nass und kalt. Trostlos. Abends sitzen wir nach wie vor auf dem Gepäck. Wir sind irritiert. Kolja war bisher äußerst zuverlässig.

Ein mondloser Nachthimmel liegt über der Bucht. Ich blase die Kerze aus, und besorgt gehen wir ins Bett. Ist das Schiff kaputt? Gab es ein Missverständnis?

Mitten in der Nacht zerreißt das Heulen einer Schiffssirene die Stille. Damals, als wir uns vom Schiff hier in der Wildnis aussetzen ließen, erzeugte dieses Geräusch eine Gänsehaut, jetzt heißen wir es willkommen. Blitzschnell stehen wir angekleidet und mit der Taschenlampe am Strand. Das Schiff sendet Licht- und Sirenensignale. Es findet uns nicht. Heti zeichnet Kreise mit der Taschenlampe, während ich ein Feuer anzünde. Daraufhin ändert das Schiff den Kurs. Nach dem Rattern der Ankerkette kommen Paddelschläge näher und ein Ruderboot taucht im Lichtkegel auf. Zwei vermummte Männer sitzen im Boot. Die Bootspitze pflügt in den Sandstrand.

Höre ich richtig? Da miaut eine Katze. Wirklich, im hintersten Bootswinkel kauert ein ängstliches Kätzchen. Kolja springt ans Ufer und stellt uns Ivgenj vor. Er wird während unserer Abwesenheit die Jurte bewachen. Das Kätzchen gehört Ivgenj, damit er nicht ganz alleine ist.

»Wir müssen sofort aufbrechen.« Kolja drängt, denn schon morgen wartet ein neuer Auftrag auf das Schiff.

Hektisch, ganz anders als geplant, erklären wir unserem Jurtenbewacher alles Notwendige. Ivgenj ist ein arbeitsloser, junger Mann aus Ust Barguzin. Seine Mutter ist gezwungen, fünf Kinder, von denen er das älteste ist, allein aufzuziehen. Sein Vater hat die Familie schon lange verlassen. Deshalb herrscht chronischer Geldmangel, und Ivgenj unterstützt seine Mutter so gut er kann.

Kolja hat auf unsere Kosten Verpflegung für ihn gekauft. Seine wenigen Habseligkeiten, ein Schlafsack, ein Beil und sein Netz, sind rasch in der Jurte verstaut. Im Telegrafenstil erklären wir ihm, wo er alles findet und worauf er bei der Jurte zu achten hat. Seine einzige Aufgabe ist, die Jurte während der einwöchigen Abwesenheit zu verteidigen. Unbewohnt würden die hungrigen Bären auf Suche nach Fressbarem die Jurte in kürzester Zeit plattmachen.

Kolja prüft meinen Holzvorrat:

»Viel zu wenig, Ende Januar wirst du frieren!« Das schlägt wie eine Bombe ein! Wann um alles in der Welt soll ich noch mehr Holz machen? Der Winter steht schon vor der Tür.

Mit feuchten Augen schweifen Hetis Blicke ein letztes Mal durch die Jurte. Kolja drängt, er ist unter Zeitdruck. Wir müssen los und rudern in stockfinstere Nacht hinaus. Das kleine Licht der PJETROFF ist die einzige Orientierung. Für Heti ein Abschied ohne Wiederkehr.

Nach dem obligatorischen Willkommenswodka beginnt der Motor zu stampfen, und das Schiff setzt sich in Bewegung. Im Morgengrauen legen wir in Manachowa an. Sofort fahren wir mit Koljas UAZ weiter nach Ust Barguzin. Mein erster Weg führt zu unserem Auto im Garten. Wird der Landcruiser nach so langer Zeit anspringen? Eine kleine Bewegung des Zündschlüssels genügt. Der alte Knabe bläst eine dicke, schwarze Rauchwolke hinaus und schnurrt wie gewohnt.

Der zweite Weg führt uns in einen Produkti-Laden. Wir brauchen Lebensmittel. Vor überfüllten Regalen schaltet das Gehirn blitzartig um. Sofort steht Konsum wieder ganz oben. Meine Gedanken kreisen um Wollen, Brauchen und Haben. In der Omulbucht fehlte uns nichts von all dem. Okay, Heti träumte ab und zu bei extremer Hitze von einem riesigen Eisbecher mit viel Sahne und noch mehr Eierlikör. Die Qual der Wahl blieb uns im letzten Halbjahr erspart. Bevor die Schlange hinter uns noch länger wird, greifen wir zu.

Am Abend im Landcruiser genießen wir ausgiebig die Segnungen der Zivilisation mit Bier und Wodka – vielleicht etwas zu ausgiebig.

Viele Russen dachten, dass wir zwei deutschen Wohlstandsweicheier dort draußen untergehen und sie uns nie wiedersehen würden. Deshalb war die Rückkehrparty umso feuchtfröhlicher.

Mit schwerem Kopf stehen wir am nächsten Morgen zeitig auf und starten Richtung Ulan Ude. Natürlich ist die Piste noch genauso schlecht, und wir erreichen am späten Abend den Parkplatz vor Alexejs Reisebüro RIM, wo wir übernachten.

Alexej, Xenia und Natalia sind außer sich vor Freude, dass alles geklappt hat und wir gesund zurück sind. Wir müssen erzählen und nochmals erzählen.

Aber die Zeit sitzt uns im Nacken. Wir haben noch viel zu erledigen. Ich brauche ein oder besser zwei gute, große Äxte und Proviant für das Winterhalbjahr!

Die Erfahrung des letzten halben Jahres sitzt tief. Kein Wunder, dass ich beim Einkaufen übertreibe und hamstere. Ein gebranntes Kind scheut das Feuer, und ich scheue Hunger.

Ulan Ude ist keine Millionenstadt, und das Leben der Menschen ist gemächlich. Doch für uns bedeutet es Lärm, Hektik und Stress. Der Wechsel zwischen den Welten ist anstrengend. Wir sind froh, als wir am Abend die Landcruiser-Türe hinter uns zuziehen und das pulsierende Leben draußen lassen.

Heti hat einen großen Wunsch. Zur Erinnerung an unsere schöne Zeit in der Omulbucht soll ich im Frühjahr die Jurte mit nach Hause bringen. Das Teil wiegt immerhin 400 Kilogramm. Eine Spedition ist unbezahlbar. Ergo muss ich die Jurte 9000 Kilometer über schlechte Straßen nach Hause schleppen. Wieder so eine Idee, die von Weitem nach Arbeit und Ärger riecht. Auch Alexej runzelt über mein Vorhaben bedenklich die Stirn. Denn für den Transport brauche ich einen Anhänger, den ich als Ausländer nicht zulassen kann, und eine Anhängerkupplung, die zu Hause liegt. Hinzu kommen Steuer- und Zollformalitäten, die für einen Ausländer mit großen Problemen verbunden sind. Und alles unter Zeitdruck. Soll ich mir das antun?

Auf der anderen Seite würde ich für Heti die Jurte zu gern mit nach Hause nehmen.

Am nächsten Tag sprechen wir nochmals mit Alexej. Er sieht noch immer unüberwindbare Probleme, aber wir sollen unser Glück versuchen. Mit seinem Fahrer Oleg schickt er uns los.

Tatsächlich finden wir in Ulan Ude einen Anhänger, aber keine geeignete Anhängerkupplung. Somit muss die Jurte in Sibirien bleiben, und meine Frau wird traurig sein.

Auf dem Rückweg telefoniert Oleg ständig. Er wird immer hektischer und verursacht beinahe einen Auffahrunfall. Danach verkündet er strahlend:

»Es gibt die Möglichkeit, eine Anhängerkupplung speziell für euren Landcruiser zu schweißen. Ihr könnt das Auto in meinem Hof parken, ein Freund wird die Arbeit in zwei bis drei Tagen durchführen. Währenddessen kann Werner mit dem Zug in die Mongolei fahren und sich einen neuen Einreisestempel beschaffen.«

Und da ist sie, die russische Seele, hilfsbereit, unkonventionell und herzlich. Oleg übertrifft sich noch und macht den Vorschlag, den Anhänger auf seinen Namen zu kaufen. Dann könnte Oleg ihn zulassen und ich damit anschließend nach Barguzin fahren.

Wenn ich im Frühjahr mit der Jurte wieder nach Ulan Ude komme, meldet er den Anhänger ab und verkauft ihn mir pro forma. Danach besorgt er mir ein Transitkennzeichen, und ich kann, sobald ich den russischen Zoll bezahlt habe, samt Hänger und Jurte ausreisen.

Unglaublich, unvorstellbar und unfassbar! Erst seit heute Morgen kennen wir diesen Menschen. Uneigennützig und unaufgefordert hilft uns Oleg und lässt unsere ganzen Probleme wie eine Seifenblase platzen. Wir sind beschämt. Würden wir das auch tun?

Sofort kaufen wir den Anhänger Marke UAZ aus russischer Produktion. Er ist stabil mit großen Rädern und für die löchrigen russischen Straßen gebaut.

Heti hat so lange in der kleinen Welt unserer Enklave gelebt. Zum Abschied möchte ich, dass sie die Größe des Baikals erfasst. Das ist jedoch nur vom Flugzeug aus möglich. Ich überrasche sie mit einem Flug über den Baikal an die Nordspitze des heiligen Meeres der Russen, zur Heldenstadt Severobaikalsk. Heti jubelt, und wir kaufen die Tickets. Nachdem unser Landcruiser samt Anhänger in Olegs Hof geparkt ist, fährt er uns zum Flughafen.

Die alte russische Propellermaschine, ein Vorkriegsmodell, brummt und vibriert, als würde sie sich jeden Moment in ihre Einzelteile auflösen. Trotz des Lärms sinken die Passagiere nach kurzer Zeit, wie von der Schlafkrankheit erfasst, in einen röchelnden Tiefschlaf, während wir unsere Nasen an den milchigen Kunststofffenstern platt drücken.

Durch Wolkenfetzen zeigt sich kurz das Baikalostufer mit dem Barguzingebirge. Direkt über der Tschivirkujbucht reißen die Wolken auf. Wir entdecken die wunderschöne Omulbucht, in der ein weißer Punkt strahlt – unsere Jurte. Fasziniert realisieren wir die Weite dieses Ortes, der dort eingeschlossen von Bergen, Wäldern und Wasser in der Einsamkeit liegt. Unbeschreiblich, hätte ich beinahe geschrieben. Es ist ein Traum! Ein für uns in diesem Sommer Wirklichkeit gewordener Traum.

Die Landeklappen dröhnen laut, und die meisten Passagiere wachen auf. Die letzten werden von der harten Landung aus dem Schlaf gerissen. Endlich haben wir sicheren Boden unter den Füßen.

Im BAM-Museum erklärt uns Olga: Severobaikalsk wurde 1974 als Stützpunkt für den Bau der legendären **B**aikal-**A**mur-**M**agistrale in kürzester Zeit aus dem Boden gestampft. Stolz, als hätte sie diese 3000 Kilometer lange Zugstrecke alleine gebaut, erzählt sie von dem größten Bauprojekt des 20. Jahrhunderts. Von Pioniergeist beseelt, zog es 30 000 Abenteurer, Arbeiter und Fachleute in das unwirtliche Sibirien. Aber die linientreue Olga erzählt uns nur die halbe Wahrheit. Denn bereits zu Beginn der BAM-Planung in den 1930er-Jahren wurde als Erstes Swobodny gegründet. Direkt an der Transsibirischen Eisenbahn gelegen, war es als Hauptsitz gut zu erreichen. Später erlangte die Stadt als BAMlag – als größtes Gulagstraflager – eine traurige Berühmtheit. Dort wurden politische Gegner und Kriegsgefangene durch Zwangsarbeit unterdrückt. Sie mussten über 2000 Brücken und unzählige Tunnel auf der Trasse, die viermal so lang ist wie Deutschland, in den Permafrostboden sprengen. Unvorstellbare Arbeitsbedingungen und unmenschliche Knochenarbeit forderten alles – von manchen zu viel.

Bis zu 100 000 Menschen schufteten in unzugänglicher Wildnis im Erdbebengebiet am sowjetischen Zukunftstraum. Aber dann kamen Glasnost und Perestroika. Das Wunderwerk wurde zum technischen und wirtschaftlichen Fiasko mit nur 30 % Auslastung.

Auch uns fallen die wenigen Züge im Bahnhof auf, die teilweise nur mit Baumstämmen beladen sind.

Nach zwei interessanten Tagen überrascht uns der erste Schnee, und wir fliegen an der Westküste entlang über die Insel Olchon nach Irkutsk. Dort mieten wir uns in einer Privatpension ein kleines Zimmer. Heti sorgt bis zur letzten Sekunde für mich. Fein säuberlich packt sie meine beiden Rucksäcke mit Ausrüstungsgegenständen und Utensilien, die wir nur in Irkutsk kaufen konnten.

In dem kleinen Zimmerchen trennt sich unser gemeinsam begonnener Weg.

Die letzte Nacht – die letzte Umarmung – der letzte Kuss – der letzte Blick zurück.

Heti kämpft mit den Tränen. Ich muss los. Der Zug in die Mongolei wartet nicht. Schwer beladen, einen Rucksack vorn und einen hinten, wende ich mich Richtung Trambahn ab.

Alexej wird später Heti abholen und sie zum Flughafen fahren.

Mein Ziel ist Suchbaator, der erste Bahnhof in der Mongolei. Dort kehre ich um und bin nach drei Tagen und etwa 1000 Kilometern mit einem neuen Einreisestempel wieder in Ulan Ude. Und das alles für eine neue Eintrittskarte, die wieder nur sechs Monate gilt.

In Olegs Hof wartet mein Landcruiser mit einem perfekten Anhänger, der an einer noch perfekteren Anhängerkupplung hängt. Sofort breche ich auf und erreiche nach zwölf Stunden Ust Barguzin. Dort ist es kalt und bewölkt.

Kolja und ich starten noch am selben Abend mit seinem UAZ und erreichen spät in der Nacht Manachowa. Wir übernachten auf dem Schiff. Im Morgengrauen knarren die Ankerketten, und ich bin froh, als ich wieder in der Omulbucht stehe. Sie sieht noch schöner aus. Der erste Frost hat die Bucht in ein Farbenmeer verwandelt. Jedes Blatt, jede Baumnadel leuchtet in der tiefen Herbstsonne in einem anderen Farbton: von strahlendem Gelb über Braun bis Rot vor stahlblauem Himmel und dazwischen als Kontrast die weiße Jurte. Indian Summer in der sibirischen Taiga. Unwirklich, kitschig, aber märchenhaft schön.

Doch wo viel Licht ist, da ist auch viel Schatten – der Schatten des Alleinseins!

Allein

»Nein, nein, sie bleibt«, überschreit Ivgenj die Brandung.
»Wieso bleibt sie?«
»Weil sie jetzt dir gehört! Ich schenke sie dir. Du wirst noch froh über sie sein, nicht nur wegen der Mäuse!«

Ivgenj hängt sich mit voller Kraft in die Ruder und kämpft gegen die Brandung, während ich das Kätzchen in den Händen halte. Mein neuer Freund zittert.

»Keine Angst, jetzt sind wir zu zweit.« Wen tröste ich da?

Nachdem der mitgebrachte Proviant und die Ausrüstung in der Jurte aufgeräumt sind, nehme ich das kleine, ängstliche Knäuel auf den Arm und kraule es am Kopf. Das Zittern wird zum genüsslichen Schnurren. Zärtlich reibt der kleine Max sein Köpfchen an meiner Hand. Ja, Max, das ist der richtige Name. Er passt zu ihm. Schwarz wie die Nacht, weißer Schnurrbart, weiße Pfoten und hellgrüne Augen. Ein schöner Kater, der sich schnell in mein Herz geschlichen hat.

Heute Abend ist Kochpremiere. Ich will nicht angeben, aber die Nudelsuppe schmeckt ausgezeichnet – kein schlechter Start. Max und ich haben den gleichen Geschmack. Genüsslich leckt der Kater seine Schnauze ab, nachdem er einen halben Fressnapf mit Nudelsuppe verschlungen hat.

Es dauert, bis er akzeptiert, dass ich allein im Bett schlafe und er allein auf seinem Kissen am Ofen.

Der erste Morgen ohne Heti ist ungewohnt und ruhig. Keine Unterhaltung außer mit Max, und der antwortet nicht. Den eingespielten Ablauf am Morgen gibt es nicht mehr. Um Feuer zu machen, Tee zu kochen, Frühstück vorzubereiten, mich zu waschen und Zähne zu putzen brauche ich einen neuen Rhythmus.

Außer Tee bekommt Max das gleiche Frühstück wie ich. Marmeladenbrot ist nicht seine Leibspeise. Er benutzt es als Spielzeug und miaut fordernd.

Ich spendiere ein Stück duftenden Räucherfisch. Der ist in null Komma nix verputzt und die Fressdose glänzt wie neu.

Stolz bewundere ich das neue Beil. Ohne Holzscheite, die in das Ofenloch passen, gibt es keine Wärme und kein Essen. Ein primitives Beil entscheidet über Leben und Tod.

Zum Glück konnten wir im Sommer draußen am offenen Feuer leben. Die fünf Monate ohne ein richtig großes Beil waren ein Debakel. Deshalb ist die neue Axt nicht aus russischer, sondern aus schwedischer Produktion.

Seit das große Beil zerbrochen ist, ist die Jurte von ungehackten Holzbergen umzingelt. 25 Raummeter Holz wollen noch vor dem Wintereinbruch gehackt sein.

Es ist ein gutes Gefühl, wenn ein schneller, kräftiger Schlag die Stammstücke sprengt, dass sie ächzen. Es macht Spaß, wenn Holzscheite durch die Luft wirbeln. Max wird verrückt. Todesmutig stürzt sich der Spinner auf jedes Scheit, das vom Hackstock springt. Ich habe Angst, dass den Kleinen ein Holzstück erschlägt. Deshalb sperre ich ihn in die Jurte. Dagegen protestiert er herzerweichend.

Dank Muskelkater und Kreuzschmerzen fühle ich mich abends nicht mehr ganz so stark und jung. Dennoch bin ich mit meiner Leistung zufrieden. Die Axt hat ausgezeichnete Arbeit geleistet. Ich habe mehr geschafft als gehofft. Das freut mich, denn ich muss zusätzlich unbedingt noch einige Bäume fällen, bevor der Wald im Schnee versinkt. Koljas Abschiedsworte »Ab Januar wirst du frieren«, haben mir Angst gemacht. Müde steige ich ins Bett.

Seit Tagen fehlt Fisch auf dem Tisch. Bei Sturm, Brandung und hohen Wellen war es unmöglich, das Netz auszulegen. Heute ist der Baikal endlich etwas zahmer. Ich nutze meine Chance.

Während ich das Boot ins Wasser schiebe, entreißt ein Brecher es mir, wirft es um und will es am Ufer zerschmettern. In letzter Sekunde rette ich die alte Schaluppe auf den Strand.

So geht es nicht!

Ich habe die Naturgewalten unterschätzt. Wie komme ich nur durch diesen Brandungsgürtel? Denn weiter draußen ist das Wasser ruhiger. Wenn überhaupt, dann schaffe ich es nur zwischen zwei Brechern. Dabei muss die Bootsspitze wie ein scharfes Messer die Gischt teilen. Bei der kleinsten Kursabweichung wird es Angriffsfläche bieten und von der Brandung überrollt werden.

Der zweite Versuch.

Die Welle läuft aus. Schnell stoße ich das Boot ins brodelnde Wasser, springe hinein und rudere mit aller Kraft dem nächsten Brecher entgegen.

Das Boot dreht, ich korrigiere, zu spät! Ein Schlag, dann Gurgeln, ich tauche auf, und die Schaluppe schießt kieloben im Rücksog auf mich zu. Ich werfe mich zur Seite und krabble ans Ufer. Mit einem lauten Krachen schleudert ein gewaltiger Brecher das Boot an Land. Sofort untersuche ich es. Nichts ist kaputt! Aber wo sind Netz und Ruder? Nach einer Weile rückt die Brandung auch sie heraus. Ja, hat mich der Teufel geritten? Ohne Not setzte ich mein einziges Boot und mein einziges Netz aufs Spiel. Ich bin glücklich, dass ich ohne Verlust durch diese Dummheit gekommen bin. Nass, kalt und um eine Erfahrung reicher ziehe ich mich in die Jurte zurück.

Ohrenbetäubender Krach reißt mich aus dem Schlaf. Ich bin irritiert. Es hört sich an, als würde ein Eisbrecher das Eis unter sich zermahlen. Der Lärm kommt vom Ufer. Was ist da los? Nach kurzer Zeit stehe ich unten. Brecher zerschlagen dünnes Eis und werfen es an den Strand. Ein hoher Wall aus Eisplatten baut sich am Ufer auf. Mit lautem, schrillem Kratzen und Quietschen rutschen die Platten zurück, um sofort wieder ans Ufer geschleudert zu werden.

Wegen der unruhigen See ist Fisch zurzeit von der Speisekarte gestrichen. Max und ich essen Knoblauchspaghetti. Mein Nachtgebet ist kurz: »Morgen bitte keinen Wind und keine Wellen!«

Am nächsten Tag betrete ich eine andere Welt. Noch gestern dominierten warme Brauntöne und Herbstfarben, heute ist alles in Weiß getaucht. Über Nacht verzauberte Raureif die Omulbucht in eine funkelnde Kristalllandschaft. Nach weiteren zwei Tagen ist die Bucht zugefroren. So früh habe ich damit nicht gerechnet.

Laut Kolja friert der Baikal nie vor Mitte November zu. Jetzt ist es Ende Oktober! Eine Katastrophe! Wie soll ich bei Eis Fische fangen? Wie soll ich bei Eis zur Geburt meines Enkels von hier wegkommen? Denn bei dieser Eisdicke können Schiffe nicht mehr und Autos noch nicht darauf fahren.

Dieser äußerst prekäre Umstand dauert gewöhnlich sechs Wochen. In dieser Zeit bin ich gefangen und unerreichbar.

Das Schicksal hat Mitleid. Überraschend wird es über Nacht warm. Wie nach einem Spuk ist die Bucht am Morgen eisfrei. Vielleicht die letzte Chance zum Netz auslegen.

Es geschehen Zeichen und Wunder. Zum ersten Mal lege ich das Netz aus, ohne Wasser zu schöpfen. Das Boot ist dicht. Die durchlässigen Ritzen sind zugefroren.

Am nächsten Morgen wartet eine Überraschung. Wegen des jetzt kalten Wassers hängen neben Barsch und Hecht auch Karius und Omul in den Maschen. Endlich verdient die Omulbucht ihren Namen. Mit reicher Beute rudere ich zurück.

Viel Fisch bedeutet viel Arbeit: Ausnehmen, Putzen, Einsalzen, Trocknen und Räuchern ist mit kalten Fingern bei Minustemperaturen eine Sträflingsarbeit. Jedoch ist der leckerste Räucherfisch der Welt diesen hohen Preis wert.

Es ist zum Davonlaufen, nachts hat es geschneit. Die Bäume, die ich noch fällen will, stehen 20 Zentimeter tief im Pulverschnee. Und das auch noch oben am Hang im steilen Gelände!

Schlechte Erfahrungen machen mich beim Fällen äußerst vorsichtig, vor allem im Schnee. Erschöpft setze ich die Motorsäge am siebten und letzten Baum an. Jetzt ist Schluss. Mehr schaffe ich nicht.

Max hält nichts mehr in der Jurte. Sein erster Schnee fasziniert ihn. Nach einigen euphorischen Sprüngen und Überschlägen im Pulverschnee zieht er die Pfoten hoch, um möglichst wenig Schnee zu berühren. Seine Freude war kurz. Unter einem sibirischen Kater habe ich mir etwas anderes vorgestellt.

Nachts schneit es wieder, und am anderen Tag liegt der Schnee stiefelhoch. Schneeräumen wird zur täglichen Arbeit. Beim Holzschleppen am Hang geht der Spaßfaktor Richtung null.

Auf den letzten Stamm wartet eine Spezialbehandlung. Ich will seinen Skalp. Wie ein Indianer die Kopfhaut, ziehe ich die Birkenhaut vom Stamm. Erst jetzt lässt sich die Rinde abziehen, weil sich der Saft in den Stamm zurückgezogen hat. Das kostet Zeit, ist aber die Mühe wert. Danach stehen zwei Säcke randvoll mit Birkenrinde zum Trocknen in der Jurte. Ich hoffe, das reicht durch den Winter, denn Birkenrinde ist der beste Feueranzünder. Sie hat viel Teer und brennt sogar nass.

Als hätte ich den Schnee gerochen, habe ich in der Jurte Holz bis unters Dach gebunkert. Denn beim täglichen Holzreintragen würde mein Heim jedes Mal auskühlen.

Das Holz erfüllt die Jurte mit würzigem Aroma, als würden tausend Duftbäumchen am Jurtenhimmel hängen. Ich fühle mich in meiner rustikalen Behausung sehr wohl. Nur eines macht mir Sorge: Werde ich hier draußen allein im Nirgendwo wunderlich? Denn jeden Abend höre ich Menschenstimmen, Melodien und sogar Opern. Langsam zweifle ich an meinem Geisteszustand. Hier ist todsicher keiner außer mir, schon gar kein Orchester! Die Zweifel mehren sich, bis ich feststelle, dass ich diese fragwürdigen Geräusche tatsächlich höre. Das Feuer, der Ofen, die Töpfe sowie der Baikal erzeugen eine rätselhafte Geräuschkulisse. Im Moment macht der Teetopf jaulende Geräusche, als würde Jimmy Hendrix seine E-Gitarre quälen.

Im Kerzenschein schreibe ich Tagebuch. Max schnurrt auf meinem Schoß. Ohne Vorwarnung katapultiert sich der kleine Kater von meinem Schoß zur Jurtenwand, als stünde er unter Strom. Und weg ist er. Kurzes Poltern, dann Stille. Geduckt wie ein Jaguar lugt er mit einer riesigen Maus im Maul hinter der Proviantkiste hervor. In gebührendem Abstand schleicht er vorbei und lässt mich nicht aus den Augen. Ich will ihn loben und streicheln. Feindseliges Knurren und Fauchen schlägt mir entgegen. Beim Fressen hört die Freundschaft auf. Keine Sorge, Max, ich bin kein Futterkonkurrent. Mäuse sind nicht meine Leibspeise.

Eine Maus, länger als sein Kopf breit, hängt links und rechts aus seinem Maul. Der kleine Kater schleift das Tier hinter den Ofen. Während sein Opfer ums Überleben kämpft, lässt Max die Maus auf den Boden fallen und schützt sie mit seinem Körper vor mir. Die Maus rennt weg, wird aber sofort wieder gekrallt. Der Kater wirbelt sie mit den Pfoten durch die Luft, stößt sie wie einen Fußball hin und her, um sie erneut am Genick zu packen. Diese grausame Tragödie wiederholt sich, bis das arme Wesen tot am Boden liegt. Das Spiel ist aus.

Mit Schmatzen und Knochenknacken verschlingt der kleine Kater die große Maus am Stück. Nur der lange Schwanz macht Probleme. Er will nicht enden.

Wie es sich gehört, putzt sich Max hinterher feinsäuberlich Schnauze und Pfoten und springt auf meinen Schoß, als wäre nichts gewesen.

Die letzte Chance

Noch nie habe ich solche gewaltigen Spuren gesehen. Groß wie Saurierabdrücke sind sie und führen direkt zur Jurte. Welche Bestie wagt sich so nahe an mein Heim? Beinahe wäre der Koloss drüber gestolpert. Warum hat er angehalten? Was hat ihn gestört? Denn abrupt ändern die Fußstapfen die Richtung runter zum Baikal. Mein Geruch muss ihn gestoppt haben. Panisch scheint das Vieh in langen Sprüngen einen weiten Bogen um die Jurte gemacht zu haben. Im Pulverschnee sind die riesigen Abdrücke tief und undeutlich und der Abstand auf dem Weg zum Ufer wird größer und größer. Ich stehe vor einem Rätsel.

Am flachen Strand finde ich die Lösung. Der »Herr der Taiga« hinterließ einen deutlichen und imposanten Prankenabdruck im Neuschnee. Die Spuren sind frisch. Denn als ich am frühen Morgen vor die Tür schaute, schneite es noch kräftig. Der Muskelprotz kam erst vor Kurzem an meiner Jurte vorbei.

Ein kräftiger Hieb von Meister Petz, und die Jurte würde fallen.

Groß soll er sein, der Sibirische Braunbär. Aber so groß?

Glaube ich den Einheimischen, dann leben hier die größten und gefährlichsten Bären weltweit. Der nordamerikanische Grizzly ist dagegen ein Teddybär.

Warum schleicht er hier noch herum und macht die Gegend unsicher? Längst sollte er in seiner Höhle schlafen! Hat er versäumt, sich einen dicken Winterspeck anzufressen? Bären, die wegen fehlender Fettreserven während des Winterschlafs hungrig aufwachen, sind lebensgefährlich und fressen alles, was ihnen vor die Nase kommt. Ich wünsche Väterchen Medwed eine dicke Fettschicht, eine warme Höhle und einen tiefen Schlaf, damit wir uns hoffentlich im Winter nie begegnen.

Rund um die Jurte geht es nachts zu wie auf dem Stachus. Elch-, Hirsch-, Reh- und Hasenspuren kreuzen. Sogar der extrem scheue, vorsichtige Zobel hinterlässt seine kleinen Abdrücke.

Gejagt wegen seines wertvollen Fells, galt er 1910 als ausgestorben. Bereits römische Kaiser schmückten sich mit Barguzin-Zobel. Der Zar persönlich stellte das Tier unter Naturschutz, und die Population erholte sich so gut, dass der Zobel heute vereinzelt wieder gejagt wird. Der Zobel, der zu den blutrünstigen Mardern gehört, ist nachtaktiv und nur sehr selten zu sehen.

Menschenscheu wie ein unsichtbares Phantom jagt er Eichhörnchen und Pfeifhasen. Das aggressive Tier kann einen Hund mit einem einzigen Biss töten.

Zurück in der Jurte wartet der kleine Kater ungeduldig auf seinen Spielgefährten. Sein Lieblingsspielzeug sind Kiefernzapfen. Max schießt sie mit den Pfoten durch die Jurte, hetzt ihnen nach, überschlägt sich und landet wieder auf allen vieren. Der Kleine macht mir Freude und sorgt während der langen Abende für Kurzweil. Aber leider auch nachts, wenn er auf Mäusejagd durch die Jurte poltert.

Durch einen kräftigen Schlag mit meiner Hand springt die festgefrorene Jurtentüre auf. Nasskalter Graupel prasselt in mein Gesicht. Mir graust! Trotzdem raffe ich mich zu meinem täglichen Inspektionsgang auf. Jeden Morgen kontrolliere ich das Ufer nach neuen Spuren. Ich will wissen, wer sich nachts an der Jurte rumtreibt.

Heute stimmt etwas nicht! Nur was?

Egal, der tägliche Morgensport ruft – Schneeräumen. Während ich arbeite, fallen mir die vielen kleinen Punkte in der Nähe der Kormoraninsel auf. Es sieht aus, als ob über Nacht ein Inselarchipel entstanden ist. Ein Blick durchs Fernglas macht mich auch nicht schlauer. Also schaufle ich weiter. Erstaunlich, der Archipel kommt näher.

Nein, es sind keine Inseln, es sind Nerpas! Die äußerst menschenscheuen Baikalrobben treiben direkt in meine Bucht. Es ist ein großes Rudel: Etwa 40 Tiere liegen faul auf einer dünnen Eisinsel mit Kurs Richtung Landzunge am Buchtende.

Wie elektrisiert renne ich zurück in die Jurte, schnalle die Schneeschuhe an, packe die Filmkamera in den Rucksack und laufe, so gut es in Schneeschuhen geht, zur Landzunge. Schaffe ich es vor ihnen? Die letzten Meter pirsche ich leise durch den Taigawald. Auf keinen Fall dürfen mich die schüchternen Baikalbewohner hören. Erregt und außer Atem komme ich an der etwa zehn Meter hohen Steilküste an. In letzter Minute grabe ich ein Schneeloch, baue Stativ, Kamera und Mikrofon auf und verstecke mich in der Kuhle. Schon treiben die seltenen Robben vor die Kameralinse. Doch sie sind nervös, unruhig und heben prüfend die Schnauze. Im Zoom beobachte ich schwarze, suchende Knopfaugen. Sehen oder riechen sie mich? Ich bin äußerst vorsichtig, denn der kleinste Laut, und schwupp gehen alle gemeinsam auf Tauchstation. Dann wäre die einmalige Gelegenheit vertan, diese seltenen Süßwasserrobben hautnah zu filmen.

Die Baikalrobbe gehört zu den großen Rätseln des Baikals. Ihre nächsten Salzwasserverwandten leben 6000 Kilometer entfernt im Polarmeer.

Wie kamen die Nerpas in den Baikal? Bis heute eine ungeklärte Frage. Zoologen vermuten, dass der Baikal in der Urzeit eine Verbindung zum Polarmeer hatte. Ihren Annahmen zufolge verirrten sich damals die neugierigen Salzwasserrobben in den See. Durch Erdverschiebungen wurde ihnen der Rückweg versperrt. Seitdem sind sie Gefangene des Baikals und wurden gezwungen, sich an das Süßwasser anzupassen. Dafür sind sie heute die einzigen Süßwasserrobben der Erde.

Obwohl eine dicke Fettschicht sie gegen Kälte schützt, halten die Nerpas nur minimalen Kontakt zum Eis. Deshalb strecken sie den Kopf und die Schwanzflosse in die Höhe und berühren das Eis nur mit dem Bauch. Krumm wie eine Banane balancieren sie so über die Eisfläche. Immer wieder brechen die schwersten der etwa eineinhalb Meter langen Fettwanste durchs dünne Eis. Mühsam kämpfen sie sich zurück, scheitern aber an der Eiskante, die ständig unter der Last bricht.

Neben dem Menschen kennen die Nerpas nur zwei natürliche Feinde, Wölfe und Raben. Diese fressen mit Vorliebe die jungen Heuler, die im April ungeschützt auf dem Eis zur Welt kommen.

Um an ihre Lieblingsspeise, den Fettfisch, zu kommen, müssen die Robben bis zu 25 Minuten, 200 Meter tief tauchen. Auch die Nerpas vor mir tauchen ab, als die filigrane Eisinsel an der Steilküste zerschellt.

Die Show ist vorbei und mir ist eiskalt. Über eine Stunde habe ich regungslos diese interessanten, außergewöhnlichen Tiere von meinem nasskalten

Schneeloch aus gefilmt und beobachtet. Nachdem meine steif gefrorenen Knochen wieder beweglich sind, stapfe ich bibbernd, aber zufrieden zurück. Ein heißer Tee in der Jurte wärmt mich auf.

Diese Überraschung war mein Abschiedsgeschenk, denn morgen wird mich Kolja mit dem Schiff abholen. So ist es abgesprochen. Denn ich möchte unbedingt zur Geburt meines ersten Enkels zu Hause sein.

Abends bringe ich die Jurte in Ordnung. Ivgenj soll sich wohlfühlen. Er wird mein Hab und Gut während meines Heimaturlaubs einmal mehr gegen die hungrigen Bären verteidigen, die noch herumlungern.

Hoffentlich gibt das heute keine Probleme, ist mein erster Gedanke im Bett. In der Jurte ist es viel dunkler als sonst. Zum ersten Mal ist der Schnee auf dem Fenster im Jurtenrad nicht geschmolzen.

Mit Mühe drücke ich die Jurtentüre auf und schiebe die Schneemassen zur Seite. Schnee, Schnee und nochmals Schnee! Das macht mir Sorgen.

Wird Kolja in diesem Chaos auf schlechter Piste Manachowa erreichen, wo das Schiff auf ihn wartet?

Was ist das für ein Geräusch? Es hört sich an, als würde Holz splittern. Ich gehe dem Knacken nach. Es wird immer lauter. Das filigrane Holzscherengitter der Jurtenwand ist kurz vor dem Bersten. Ich packe Max. Nichts wie raus.

Ein Dreiviertelmeter Schnee liegt auf dem Dach. Der muss sofort weg, bevor er die Jurte erdrückt. Eilig schiebe ich mit der Schaufel den Schnee herunter. Das war Rettung in letzter Minute. Nun liegt der Schnee bis zum Dach und isoliert zusätzlich.

Wenn das so weitergeht, weiß ich bald nicht mehr, wohin mit der »weißen Pracht«. Max bibbert vor Kälte, und wir ziehen uns wieder in die Jurte zurück.

Alles steht für den Aufbruch bereit. Mein Kater kuschelt sich fest in meinen Schoß. Fühlt er, dass ich gehe?

Immer wieder suche ich den Horizont ab. Nichts! Der Abend kommt, aber kein Schiff. Beunruhigt schlüpfe ich ins Bett, denn bereits in vier Tagen startet mein Flugzeug in Ulan Ude.

Dem Himmel sei Dank! Nachts hört es auf zu schneien. Heute ist meine letzte Chance, sonst verpasse ich die Geburt und sitze stattdessen in der Omulbucht.

Endlich gegen Mittag bewegt sich ein Punkt am Horizont. Ja! Es ist die PJETROFF. Aber kein Kolja winkt vom Schiff.

Das vereiste Beiboot platscht ins Wasser, und zwei Schiffsjungen rudern zu mir herüber.

»Wo sind Kolja und Ivgenj«, frage ich erstaunt.

Die beiden haben aufgrund des vielen Neuschnees nicht rechtzeitig das Schiff erreicht. Aber die Crew hat nicht länger warten können, denn in Manachowa gefriert es bereits. Außerdem ist der Fährdienst über den Fluss Barguzin eingestellt worden, und deshalb muss Kolja bei diesem Tiefschnee einen Umweg von 200 Kilometern zur nächsten Brücke fahren. Wann und ob er kommt, wissen sie nicht.

Ich versorge Max noch mit Fressen für mehrere Tage. Ein letzter Blick auf die Jurte, und wir rudern zum Schiff zurück.

Kaum hat die PJETROFF die Bucht verlassen, trommelt Treibeis gegen die Stahlplanken. Eisschollen gefrieren zu einer geschlossenen Eisdecke. Der Schiffsbug durchbricht mit lautem Krachen das Eis und teilt es. Das ganze Schiff vibriert. Wie ein Eisbrecher hinterlässt die PJETROFF eine eisfreie Schneise.

Der Kapitän wird nervöser, das Eis dicker und das Schiff langsamer. Jetzt verstehe ich, wieso sie nicht länger warten konnten. Die PJETROFF ist nicht eistauglich!

In Manachowa erwarten mich weder Kolja noch Ivgenj. Die Crew bringt mich zu Alexandra und Istvan, einem alten Ehepaar, das in einem noch älteren Haus in Manachowa lebt. Dort soll ich auf Kolja und Ivgenj warten. Werden sie rechtzeitig kommen? Morgen muss ich am Flughafen sein!

Nach bangem Warten höre ich Schritte und dumpfes Klopfen. Endlich, Kolja und Ivgenj sind da. Sie sehen müde aus nach der anstrengenden Fahrt: Kein Schlaf, schlechte Straßen und viel Schnee. Sofort brechen wir auf.

Ivgenj bringen wir vorher zum Schiff, wo die Crew ungeduldig wartet.

Sie müssen ihn zur Omulbucht bringen, bevor die eisfreie Bresche wieder zufriert.

Das ist garantiert die letzte Fahrt der PJETROFF in dieser Saison.

Kolja fährt querfeldein durch den Taigawald. Das hügelige und unebene Gelände fordert vom UAZ alles und von seinen Passagieren noch mehr. Ich kann mich kaum auf dem Sitz halten. Vor einem Loch sitze ich auf der rechten Seite, dann schlägt mein Kopf ans Autodach, und nach dem Loch sitze ich auf der linken Seite. Der Bus schlägt Kapriolen und kommt in extreme Schräglage.

»Warum diese Tortur«, frage ich Kolja.

»Keine Zeit«, ist die knappe Antwort. »200 Kilometer Umweg, und morgen startet dein Flugzeug in Ulan Ude.«

Spät in der Nacht erreichen wir Ust Barguzin. Es war eine Höllenfahrt. Kolja saß 24 Stunden ohne Unterbrechung am Lenkrad.

In Koljas Haus verbringe ich die Nacht. Sie ist kurz. Schon um sechs Uhr in der Früh sitzen wir wieder im Auto Richtung Ulan Ude.

Knapper geht es nicht! In letzter Minute erreichen wir den Flughafen. Ich verabschiede mich dankbar von einem Freund, der kein Wenn und Aber kennt.

Nach den stressigen Tagen bin ich froh, im Flugzeug zu sitzen, und freue mich nur noch auf meine Familie und meinen ungeborenen Enkel, der nächste Woche Termin hat!

Teufelsritt

Seidene, rosafarbene Haut, eine kleine Stupsnase, ein süßer Mund, dunkle Haare und geschlossene Augen. Wenn sein Köpfchen in meiner Hand liegt, hat der kleine Knirps bequem auf meinem Unterarm Platz.

Mein Enkel Toni hielt nichts von Pünktlichkeit. Er ließ sich Zeit bis zu seinem großen Auftritt. Zeit, die ich nicht habe. Deshalb bleibt uns beiden gemeinsam nur noch eine Woche, dann muss ich los und Ivgenj in der Jurte ablösen. Er will vor Weihnachten unbedingt bei seiner Familie sein.

Die verbleibenden Tage genieße ich ausgiebig mit Toni und meiner Familie. Mein Enkel sieht aus wie ein schlafender Engel, der seine Augen immer geschlossen hat. Ich habe ihn noch nie mit offenen Augen gesehen.

Je näher der Abschied kommt, desto bedrückender ist die Stimmung. Heti packt meinen Rucksack. Morgen wird es ernst. Nicht mal zum Abschied gönnt mir Toni einen Blick in seine Augen.

Die Fahrt zum Flughafen ist traurig und der Schmerz groß. Zwei Abschiedsbilder nehme ich mit: das meines schlafenden Enkels und das einer traurigen Heti.

So kurz vor Weihnachten war die Trennung von meiner Familie hart.

Durchs Flugzeugfenster bestaune ich die sibirische Schneewüste bis zum Horizont. Gewaltige Taigaströme, zu Eis erstarrt, durchschneiden die Ebene.

Mich erwarten ein unbekannter sibirischer Winter und Ust Barguzin mit –25 °C. Dort sitze ich in Koljas Küche am großen gemauerten russischen Ofen. Er knistert und strahlt eine angenehme Wärme aus.

Während Tamara Salzfisch, Salzgurken und Kartoffeln auf den Tisch stellt, erklärt mir Kolja die Sachlage:

Ivgenj verließ bereits die Jurte. Es war ihm zu einsam. Er ging nach Manachowa, denn bis vorgestern war die Tschivirkujbucht zugefroren und begehbar.

Dann zerstörte ein gewaltiger Sturm das Eis.

Deshalb habe ich nur noch eine Möglichkeit, die Jurte zu erreichen, und zwar mit den Skiern über die Berge. Kolja wird mich mit dem Snowmobil so weit wie möglich an den Südrand der Tschivirkujbucht bringen, bis die Berge beginnen. Von dort kann ich in zwei Tagen die Jurte erreichen. Da ich die gesamte Ausrüstung nicht auf einmal tragen kann, werde ich auf halber Strecke ein Biwak einrichten und dann in zwei bis drei Märschen meine Ausrüstung zur Jurte tragen.

Das sind die Fakten, und morgen geht es los. Der Gedanke, in dieser Kälte ein Biwaklager aufzubauen und das Gepäck in mehreren Tagesmärschen auf Skiern zur Jurte zu tragen, bedrückt mich. Es wird eine Schinderei. Aber was soll's? Niemand zwingt mich dazu.

In weiser Voraussicht habe ich für diesen Fall bereits im Sommer einen alten Ewenkenweg ausgekundschaftet und neu markiert. Er soll mich zur Jurte zurückführen.

Am nächsten Morgen will Kolja das Schneemobil holen, kommt aber zu Fuß zurück, denn es ist kaputt und springt nicht an. Vielleicht morgen. Also warten und hoffen.

Tatsächlich, am nächsten Morgen steht ein altes, knatterndes Snowmobil samt Chauffeur vor Koljas Haus. Immer wieder stirbt der Motor ab und tut sich bei erneutem Start äußerst schwer. Ich bin gespannt, wie weit wir damit kommen.

Ungeachtet der Motorprobleme beladen wir den Anhänger. Der rechteckige Holzkasten sieht aus wie ein Sarg auf Kufen. Außer dem Gepäck müssen auch Kolja und ich in der Kiste Platz finden. Kolja ist Sibiriake und setzt sein Gesicht dem kalten Fahrtwind aus. Ich werde geschont und quetsche mich mit dem Rücken zur Fahrtrichtung neben ihn. Stanislaw, unseren Fahrer, schützt eine Hundefellmütze, hinter der nur noch die Augen hervorschauen. Dicke Pelzfäustlinge reichen bis an seine Ellenbogen. Der Rest der Kleidung besteht aus Leder und Fell.

Lange quält Stanislaw die Batterie, bis der Motor anspringt, und dann düst er bei beißendem Gegenwind los. Die holprige Fahrt führt über Hügel und durch Wald. Dabei schlägt der hüpfende Anhänger immer wieder hart auf den Boden. Jeder Schlag erschüttert Mark und Bein. Pulverschnee wirbelt durch die Luft und hüllt uns ein. Das Snowmobil quietscht und heult auf. Es bleibt stehen. Verflixt, die Kette ist festgefroren.

Während die beiden mit der Kette kämpfen, bemerke ich, wie meine Füße vor Kälte schmerzen. Ohne Bewegung friere ich im ungeschützten Sarg jämmerlich. Ich steige aus, hüpfe und stampfe mit den Füßen und kreise mit den Armen.

Es geht wieder weiter.

Koljas Gesicht ist vor Kälte blaurot. Zum Schutz gegen den schneidenden Fahrtwind hält er die Hand vors Gesicht und lacht dennoch. Nur ein echter Sibiriake lacht bei Gegenwind und –25 °C.

Entgegen der Absprache fährt Stanislaw mutig raus aufs dünne Eis, hält an und stößt mit einem Eisstecher ein Loch in die Eisdecke. Mir stockt der Atem! Das Eis ist maximal fünf Zentimeter dick. Viel zu dünn für das schwere Snowmobil samt Anhänger.

Eine kurze Diskussion zwischen den beiden, und dann »Dawei« – weiter.

Ein Wahnsinn! Hoffentlich wissen die beiden, was sie tun! Mit Schaudern höre ich trotz Motorenlärm das Krachen und Klirren der dünnen Eisdecke unter uns. Auch Stanislaw hört es und steuert direkt ans rettende Ufer.

Ein erneuter Test.

Ich erstarre! Das Eis unter unseren Stiefeln ist noch dünner. Es kann jede Sekunde brechen. Dann sind wir alle verloren.

Jetzt ist endgültig Schluss! Ich will nur noch auf die Skier und nicht so enden wie viele Russen, die jeden Winter mit dem Auto auf Nimmerwiedersehen im Baikal verschwinden. Niemand weiß, wie viele Fahrzeuge auf dem Baikalgrund liegen. Niemand zählt die Toten, die meist aus Leichtsinn oder nach Alkoholgenuss unter zu dünnem Eis ihr kaltes Grab gefunden haben.

»Dawei, dawei«, rufen sie wieder und winken ungeduldig. Keine Chance, sie lassen mich nicht auf meine Skier. Werden wir so die Omulbucht jemals erreichen?

Auf keinen Fall anhalten, immer weiter, immer weiter ist ihre Devise. Wie im Tiefflug preschen wir mit Vollgas über das Eis Richtung Jurte. Eisrisse eilen uns voraus. Wir müssen unbedingt einen Tick schneller als die bedrohlichen Risse sein. Das Eis kann jeden Augenblick aufbrechen. Eine festgefrorene Kette oder ein aussetzender Motor wäre unser sicheres Ende. Dieser verflixte russische Stolz kann uns den Tod bringen.

Nach über einer Stunde qualvoller Angst erreichen wir endlich die Omulbucht. Und alle sind froh, hier zu stehen. Auf dieser Höllenfahrt hätte ich beinahe in die Hosen gemacht. Das ist die Wahrheit.

Steif vor Kälte klettere ich aus dem Sarg. Mein Hinterteil schmerzt von den wilden Stößen. Ich bin erleichtert, glücklich und froh, dass wir alle heil die Omulbucht erreicht haben.

In der Jurte herrscht arktisches Klima. Eilig mache ich Feuer und stelle Nudelwasser auf den Ofen. Die Wärme lässt auf sich warten.

»Wo ist mein Max?«

»Tot«, bemerkt Kolja beiläufig.

»Wieso tot?«

»Ivgenj räumte Holz in die Jurte, der Holzstoß fiel um und erschlug Max.«

Ich bin entsetzt. Mein kleiner Kater wird mir nie wieder Gesellschaft leisten. So sehr habe ich mich auf das quirlige, verspielte Tier gefreut.

Stanislaw und Kolja essen die Nudelsuppe mit Genuss. Mir hat der Tod von Max den Appetit verschlagen. Zum Abschied holen die beiden eine Flasche Wodka heraus. Dann kommt der obligatorische Trinkspruch: »Sa Baikal!«, doch mir bleibt der Abschiedstrunk im Hals stecken.

Die beiden drängen zum Aufbruch, sie müssen zurück. Gegen 16 Uhr wird es dunkel.

Kolja wird mich Ende März, wenn der Baikal noch befahrbar ist, abholen. Das ist unsere letzte Absprache.

Ich kann diesen Hasardeuren nur eine sichere Rückfahrt wünschen. Während der herzlichen Verabschiedung plagt mich das schlechte Gewissen. Nur wegen mir setzen sie sich einem solchen unkalkulierbaren Risiko aus.

So sind sie, die Sibiriaken – hart und gut. Sie brachten es nicht übers Herz, mich mit den Skiern auszusetzen. Das ist russischer Stolz und Charakter.

Der Motor heult kurz auf, dann Totenstille. Auch das noch! Das Snowmobil springt nicht an. Beim zweiten Versuch das Gleiche! Kolja runzelt die Stirn und Stanislaw macht sich am Motor zu schaffen. Nach einer Weile versuchen sie es erneut.

»Bitte spring an!« Mein Flehen wird erhört. Eine Rauchwolke hüllt Kolja, der bereits im Sarg sitzt, ein, doch der Motor knattert, ohne abzusterben. Bevor er es sich anders überlegt, fahren sie schnell los. Ein letzter Gruß, das Snowmobil wirbelt eine Schneewolke auf und verschwindet in Richtung der tief stehenden Wintersonne. In der Ferne verliert sich der Motorenlärm, und absolute Ruhe kehrt zurück. Der Preis für diese Stille ist hoch. Er heißt: Alleine sein! Allmählich gewöhne ich mich an dieses zwiespältige Gefühl der Freiheit und Verlorenheit. Ich beginne, es zu genießen, wäre da nicht ein Wermutstropfen – Heti fehlt. Zu zweit sind Erlebnisse doppelt so viel wert, und die Freude ist doppelt so groß. Die Verlassenheit ist fremd und sehr gewöhnungsbedürftig. Genauso wie die Kälte.

Auf dem Weg zur Jurte frieren meine Nasenlöcher zusammen. Als ich die Jurtentüre öffne, schlägt mir wohlige Wärme entgegen. Das kleine Kissen am Ofen ist leer. Ich vermisse Max.

Es wird dunkel, Zeit für Kerzenlicht. O nein! Das darf nicht wahr sein. In nur vier Wochen hat Ivgenj die Hälfte der Kerzen vergeudet, die mir fünf Monate reichen müssen. Ich wette, er hat täglich eine pompöse Festbeleuchtung abgebrannt. Das bedeutet haushalten, damit ich mitten im Winter nicht im Dunkeln sitze.

Heute möchte ich zum Abendessen Fischspaghetti. Frischfisch habe ich nicht, aber dafür genügend Thunfischdosen. Der Blick in die Proviantkiste offenbart die nächste Enttäuschung. Ivgenj hat alle Thunfischdosen verputzt, obwohl ihn Kolja auf unsere Kosten mit genügend Proviant versorgt hat. Eine einzige Dose ließ er übrig! Und es kommt noch schlimmer. Die Kekse, meine wichtigen Notbroteinheiten sowie alle Heringsdosen und die Hälfte des Milchpulvers fehlen. Ivgenj hat einen Großteil meines Vorrates gegessen, ohne daran zu denken, dass ich hier keinen Nachschub kaufen kann.

Wieder ist Schmalhans Küchenmeister, und die altbewährten Knoblauchspaghetti sind mein Abendessen. Beim Kochen bahnen sich Schweißströme ihren Weg von der Glatze über das Gesicht zum Oberkörper. Ich habe zu viel Holz nachgelegt. Unerträgliche Hitze strahlt der Ofen ab. Panik und fehlender Sauerstoff treiben mich schweißtriefend vor die Jurte. Sollen die Spaghetti doch machen, was sie wollen.

Ich öffne die Türe und renne gegen eine Wand aus Kälte. –25 °C zeigt das Thermometer draußen. Drinnen in Kopfhöhe ist es auf +45 °C geklettert. Doch der Kälteschock bringt Erlösung und frischen Sauerstoff.

Erst jetzt sehe ich, wie im Vollmond die Winterlandschaft in zartem, kaltem Blau strahlt. Das Ofenrohr hinter mir dröhnt und speit leuchtende Funken in den Nachthimmel wie eine Rakete kurz vor dem Abheben.

Schnell treibt mich die Kälte zurück in die Jurte zu verbrannten Nudeln. In letzter Minute rette ich die oberste Schicht. Na ja, heute schmecken die Knoblauchspaghetti eben leicht verkohlt, aber sie machen satt.

Zum ersten Mal offenbart mir die Jurte ihren größten Nachteil. Es fehlen Fenster, und im Dachspitz gibt es nur eine einzige, kleine Entlüftungsöffnung. Deswegen fehlt jegliche Luftumwälzung. Das bedeutet, die ganze Hitze sammelt sich unter dem Dach, dafür bleibt es am Boden kalt. Somit schwitzt mein Kopf im tropischen Urwald, während meine Füße in sibirischem Winter frieren.

Jetzt verstehe ich auch, warum der Chef des Nationalparks unbedingt, außer auf einem Satellitentelefon, auf einem isolierten Bretterboden bestanden hat. Wohlweislich habe ich die Liegehöhe des Bettes auf 80 Zentimeter Höhe gelegt, möglichst weit weg vom kalten Boden.

Spannend wird es bei Außentemperaturen unter –40 °C werden.

Heiligabend – zum Davonlaufen

Eiseskälte kriecht von den Füßen in die Beine und erobert zielstrebig den gesamten Körper. Ich kann nicht aufstehen, kann kein Feuer machen. Überall Frost, Eiszapfen und peitschender Schneesturm. Mit starren Augen und vereistem Bart liege ich stocksteif auf einem durchsichtigen Eisbett.

Lautes Scharren und Kratzen reißen mich aus dem eiskalten Albtraum. Ich friere am ganzen Körper. Fahrig und nervös suche ich die Taschenlampe, kann aber nichts Außergewöhnliches sehen. In diesem Moment verstummt das Geräusch. Ein Hirngespinst? Böse Träume und Unterzucker sind die ideale Kombination für Sinnestäuschungen. Also Zucker messen. Doch da ist es wieder. Gierig schabt und kratzt ein Eindringling am Bretterboden unter der schweren Kiste.

Die Kiste ließ ich auf einer früheren Reise in Kairo anfertigen. Sie ist aus Blech und schützt den begehrten Proviant gegen kleine und große Nager.

Der Gierhals unter den Brettern will unbedingt an meine Essensvorräte. Wütend nagt und beißt er ins Holz, gibt dann aber auf.

Schwach und zittrig lese ich auf dem Zuckermessgerät: »45 mg/dl«, Unterzucker! Und das mitten in der Nacht. Vier Plättchen des ungeliebten Traubenzuckers würge ich hinunter. Das sollte reichen.

Mein Atem gefriert auf dem Kissen zu Reif. Zum ersten Mal habe ich Minustemperaturen in der Jurte. Zu schnell kühlte der Ofen in der Nacht aus. Morgen muss ich länger schüren und einige Wassertöpfe als Wärmespeicher auf den Blechofen stellen.

Ich krame meinen eiskalten Schlafsack heraus und schlüpfe mit ihm unter die Bettdecke. Langsam wird er warm, und ich falle in wohligen Schlaf ohne Albträume oder sonstige Störungen.

Gegen acht Uhr wache ich auf. In der Jurte ist es kalt und dunkel wie in einer Eishöhle. Nichts bringt mich aus meinem kuschelig warmen Bett, und ich verabschiede mich wieder ins Reich der Träume.

Beim zweiten Anlauf ist es zumindest hell in der Jurte, sodass ich ohne Kerzenlicht zurechtkomme. Die Sonne scheint durchs Jurtenradfenster direkt auf mein Bett. Nun schnell anziehen und noch schneller Feuer machen. Dabei stütze ich mich am Jurtenpfosten ab. Der kippt zur Seite, und wir beide fallen ins Leere. Blitzschnell ziehe ich das Genick ein. Gleich wird das Dach einstürzen und mich begraben.

Es bewegt sich keinen Millimeter und steht, als wäre nichts passiert! Ich rapple mich auf und drücke vorsichtig gegen die zweite Stütze. Das Gleiche. Auch sie kippt. Offensichtlich sind sie überflüssig. Wie ist das möglich? Ist das Zauberei wie bei Uri Geller oder gar Hexerei? Die beiden Stützen tragen doch die ganze Dachlast. Ich stehe vor einem Rätsel und traue dem Spuk nicht. Eilig stelle ich die Stützen wieder an ihre Position und klopfe einen Keil zwischen sie und den Boden. Gefahr gebannt, jetzt kann ich in aller Ruhe dem Phänomen auf die Spur gehen.

Ein Eisring ist des Rätsels Lösung.

In der Jurtenspitze sammelt sich Wärme. Der Schnee auf dem Dach schmilzt. Am Jurtenrand ist es kälter. Dort gefriert das Wasser zu einem dicken, schweren Ring aus Eis. Der drückt auf die Jurtenwand und entlastet dabei wie ein langer Hebel die Dachmitte. Somit sind die Stützen überflüssig. Aber da oben tickt eine Zeitbombe. Das Eis wird immer schwerer und schwerer. Irgendwann knickt die filigrane Seitenwand ein, und die Last der Jurte erdrückt alles unter sich. Ich schlage das Eis ab. Dabei reiße ich große Löcher in die Dachhaut, denn das Eis ist tief in den Stoff des Jurtendachs gefroren.

Das Problem wird zunächst vertagt, denn heute ist Heiligabend – und ich will keinen Weihnachtsstress.

In aller Ruhe schmücke ich die große Kiefer neben der Jurte mit Glanzpapiersternen und Lametta. Der größte Stern bekommt den schönsten Platz in der Jurte, im Jurtenrad. Zu Mittag esse ich nur Margarinebrot, denn heute Abend zieht der Koch alle Register seines Könnens. Dabei wäre fangfrischer, leckerer Omul das Tüpfelchen auf dem i.

Bewaffnet mit Eisbohrer und Angel wage ich mich behutsam auf das Eis. Schon nach einigen Metern knistert es, und Risse zischen durch die Bucht. Schnell ziehe ich mich wieder ans sichere Ufer zurück. Der Koch wird enttäuscht sein, wenn aus dem frischen Omulfilet eine Thunfischkonserve wird.

Den Heiligen Abend möchte ich mit einem Saunagang einleiten. Zurzeit dient die Sauna als Gefrierschrank, zudem schützt sie Brot und Räucherfisch vor den hungrigen Nachbarn. Als Erstes muss ich ausräumen, dann Feuer im Saunaofen entfachen, den Wassertopf fürs warme Duschwasser aufsetzen, ein Abkühlloch ins Baikaleis schlagen und zum Schluss Birkenzweige zur Durchblutungssteigerung vorbereiten.

Nach etwa einer Stunde dampft die Sauna aus jeder Ritze und der Saunaofen dröhnt, als würde er das Schwitzhäuschen jeden Augenblick in die Luft jagen. Ich kenne dieses Spektakel. Denn mindestens zweimal pro Woche gönne ich mir den größten Luxus in meiner kleinen Enklave. Dampfwolken signalisieren: Temperatur erreicht! Bitte eintreten und genießen! Mit angezogenen Beinen quetsche ich mich auf die schmale Bank. Als Thermostat dient die Tür. Bei unerträglicher Hitze öffne ich sie, bis die Temperatur in angenehmere Regionen fällt.

Nach einer Viertelstunde ist mein Körper extrem aufgeheizt. Schnell runter zum Baikal und abkühlen. Der Sprung ins eisige Wasserloch gleicht einem Stromschlag und aktiviert jeden Nerv. Die anschließende Warmwasserdusche vor der Saunatür ist dagegen eine Wohltat. Aber jetzt ab ins warme Bett. Nach zehn Minuten Ruhepause wird es Zeit für den zweiten Durchgang.

Nachdem ich erneut aufgeheizt bin, ruft der Baikal zur nächsten Abkühlung. In Plastikschlappen trete ich vor die Sauna. Als würde mir der Boden unter den Füßen weggerissen, fliegen beide Beine senkrecht in die Luft. Mit Hinterteil, Rücken und Kopf knalle ich aufs harte Eis. Das Duschwasser vor der Sauna ist gefroren und hat alles spiegelglatt gemacht. Ich sehe Sternchen und bleibe benommen liegen. Hoffentlich ist nichts gebrochen. Langsam rapple ich mich auf und setze mich in die Sauna. Kopf und Rücken tun weh, aber alle Glieder funktionieren. Glück gehabt. Das hätte ins Auge gehen können.

Der Sturz zeigt mir, egal, was ich mache, ich muss noch vorsichtiger und kontrollierter sein. Froh, dass nichts Schlimmes passiert ist, lege ich mich ins Bett.

Dieses perfekte Kontrastprogramm aus Hitze, Kälte und Eis weckt die letzten Lebensgeister, reinigt die tiefste Pore und lädt den Seelenakku auf.

Nach erholsamem Tiefschlaf wache ich im Dunkeln auf und zünde eine Kerze an. Mein Körper funktioniert wieder einigermaßen. Außer Rückenschmerzen und Kopfweh ist alles okay.

Weit und breit ist keine Spur vom Koch zu sehen. Da bleibt mir nur eines: die Küchenschürze selbst umzubinden.

Das Heiligabend-Menü à la carte:

Starter:
Eisgekühlter Schumakwodka mit geräucherten Omulhäppchen
Vorspeise:
Schokopudding im Wodkasee
Hauptgericht:
Verlorener Omul an letzter Thunfischdose gereicht auf russischen Makkaroni, feines Erbsengemüse natur, deftiger Krautsalat mit Trockenkarotten
Nachtisch:
Schaumcreme Bianca und Florian, ein Travellunch Überraschungssorbet oder so ähnlich

Es gibt viel zu tun, packen wir es an. Mir fehlt jede zeitliche Koordination der unzähligen Arbeitsabläufe sowie Geschirr und Kochfläche. Die Puddingmilch kocht über, das Nudelwasser dagegen überhaupt nicht. Während der Thunfisch samt Zwiebeln und Knoblauch noch Rauchzeichen gibt, sind die Erbsen so schwarz, dass ich sie im düsteren Kerzenlicht nur schwer in der Pfanne finde. Das Chaos greift um sich, aber niemand soll sagen, ich hätte mich nicht bemüht.

In der Ruhe liegt die Kraft. Entscheidungen stehen an. Vorspeise und Nachtisch werden auf morgen vertagt. Die Schaumcreme Bianca und Florian wird an Silvester zu Mitternacht gereicht – und alles ist wieder unter Kontrolle.

Die Thunfischsoße ist etwas dunkel, aber dafür umso würziger. Das

Erbsengemüse ist nicht ganz so fein, wie es auf der Dose steht. Der Krautsalat ist bissfest, vielleicht eine Nuance zu viel Kümmel. Nur die Trockenkarotten treffen nicht meinen Geschmack – ungenießbar.

Das Geschirrregal ist leer gefegt und die schmutzigen Töpfe und Teller warten auf den Abwasch. Aber bitte nicht heute! Es ist Zeit, zum gemütlichen Teil mit Wodka und Hetis selbst gebackenen Plätzchen überzugehen. Ständig lockte diese für mich gefährliche, süße Verführung, jedoch ich blieb stark!

Obwohl ich pappsatt bin, genieße ich die seltenen Köstlichkeiten. Der Alkohol macht mich melancholisch. Am liebsten würde ich vor diesem Tag davonlaufen. Das ist vielleicht der Grund, weshalb ich ihn mit Aktionen vollgestopft habe. Viel Arbeit lässt keine Zeit zum Nachdenken. Doch nun sitze ich mit dieser vielen Zeit am Tisch. Alleine feiern funktioniert überhaupt nicht. Es wird zum Nachdenken, wieso, warum, weshalb? Wieso sitze ich alleine in der Omulbucht? Warum setze ich mich diesen Gefahren aus? Weshalb die ganzen Strapazen?

Im Stimmungstief bleiben mir nur die Bilder meiner Lieben. Viele Tausend Kilometer trennen uns. Ich möchte ihnen nahe sein. Deshalb versuche ich, mich an alle Weihnachtsabende zu erinnern, seit Heti und ich verheiratet sind. Am ersten gemeinsamen Weihnachten gab es nur uns beide, beim zweiten war Melanie fast drei Monate alt und freute sich an den vielen Lichtern. Dann kam Ingo, und wir starteten das Projekt: selbst gebaute Weihnachtskrippe. Der Stall, die Krippe, Maria und Josef forderten uns das erste Jahr. Jedes Jahr formten wir ein paar weitere Figuren und Tiere aus Ton und bemalten sie. Die Krippe wuchs von Jahr zu Jahr.

Zwar kann ich mich nicht an alle Weihnachtsfeste erinnern, aber ich bin mit schönen Gedanken beschäftigt.

Nun ist es kurz vor zwei Uhr nachts, höchste Zeit für mein Weihnachtsgeschenk. Aufgrund der sieben Stunden Zeitverschiebung ist zu Hause gerade Bescherung. Zu Weihnachten schenke ich mir einen Anruf per Satellitentelefon nach Hause.

Draußen heult ein Schneesturm um die Jurte. Damit das notebookgroße Satellitentelefon nicht nass wird, packe ich es in eine Proviantkiste und schütze es mit einem Handtuch. Auf dem Weg zum Ufer kämpfe ich im Sturm mit dem Regenschirm. Leider habe ich nur am baumlosen Strand ausreichend Satellitenempfang.

Auf dem kleinen Tischchen suche ich durch Drehen der Antenne maximalen Empfang. Jedoch das Display zeigt »no satellite«. Ständig ändere ich die Position und den Winkel der Antenne, doch überall »no satellite«. Der Sturm bläst Schnee auf die Tastatur. Ich breche ab, bevor er schmilzt; sonst geht das Telefon kaputt.

Zurück in der Jurte lässt sich das Mistding nicht mehr ausschalten. Was tun? Ist bereits Feuchtigkeit eingedrungen? Ich ziehe den Akku raus. Endlich gehen die Lichter aus und das Satellitentelefon fährt danach sogar wieder hoch. Also noch einmal runter zum Strand. Dasselbe Spiel »no satellite«. Entweder kam Nässe in das empfindliche Gerät, oder der starke Schneefall verhindert eine Satellitenverbindung.

Zwischenzeitlich blinkt die Akkuanzeige – nur noch 30 Prozent Kapazität! Sofort breche ich ab und eile zurück in die Jurte. Mir bleibt noch ein Versuch, eine letzte Chance, danach ist die Batterie leer.

Zum Aufladen der Akkus brauche ich die Sonnenkollektoren, und die funktionieren nur untertags. Ich stelle das feuchte Gerät zum Trocknen an den Ofen.

Nach zwei langen Stunden mache ich mich erneut auf den Weg zum letzten Versuch. Die Bescherung daheim ist inzwischen bestimmt gelaufen. Ohne Satellitenempfang ist mir Weihnachten verdorben. Ohne Nachricht von mir rechnet meine Familie mit dem Schlimmsten. Davon abgesehen hätte ich im Notfall keine Verbindung zur Außenwelt.

Der letzte Versuch. Es muss klappen! Deshalb stelle ich etwa 20 Meter weiter südlich am Ufer, wo die Bäume nicht ganz so hoch sind, meinen Jurtentisch auf.

Neue Position – neues Glück! So gut ich kann, schütze ich das Telefon mit Körper und Schirm gegen das Schneetreiben. Obwohl ich die Antenne ununterbrochen drehe, erscheint unbarmherzig »no satellite«. Ich stelle sie einige Grade flacher, und die Anzeige springt tatsächlich in den Satellitenempfangsmodus. Drei Satelliten werden recht und schlecht empfangen. Noch ein wenig drehen – »satellite found«. Das war's! Geschafft!

Die Verbindung knackt und rauscht. Der Weg durchs Weltall ist weit!

»Hallo, Becky«, höre ich am anderen Ende. Ich bin sprachlos. Es ist so schön, diese Stimme zu hören. Ich weiß nicht, was ich sagen soll.

»Hallo, hallo, Becky, bist du es?«

»Ja, Heti, wie geht es dir ...?«

Zu Hause ist alles in Ordnung. Ich kann mit jedem Familienmitglied ein paar Worte wechseln. Dann nur noch Stille, der Akku ist leer. Egal! Das war das schönste Weihnachtsgeschenk, das ich mir vorstellen kann. Aber irgendwie war es doch komisch. Gespannt auf Hetis Stimme, wollte ich so viel fragen und sagen. Doch dann Sprachlosigkeit auf der Suche nach passenden Worten. Halbe Sätze, jeder wollte von sich erzählen und gleichzeitig zuhören, bis der leere Akku das Gespräch unterbrach.

Wir vermissen uns. Wir schätzen uns mehr, wenn wir nicht rund um die Uhr zusammen sind.

Und an Silvester hält sich die Unterhaltung auch in Grenzen. Bei der Ein-Mann-Mitternachtsparty bleibt mir der restliche Wodka allein.

Weihnachten und Silvester gehören nicht zu meinen besten Erfahrungen in der Omulbucht.

Gefährliches Eis

Dumpfes Krachen hallt durch die Bucht. Eissplitter spritzen ins Gesicht und der Atem gefriert zur Rauchsäule. Es dauert, bis der Eiszuwachs einer Nacht neben dem Wasserloch liegt, sodass es seinen Namen wieder verdient. Die Temperaturen stürzen in freiem Fall. Das Eis wird dicker und dicker. Endlich kann ich meinen Aktionsradius vergrößern, ohne mich im Wald durch hüfthohen Schnee quälen zu müssen.

Ich will raus!

Raus zur etwa einen Tagesmarsch entfernten Kormoraninsel. Ein Eiland halb so groß wie ein Fußballplatz. Kormorane gibt es dort schon lange nicht mehr. Dafür brüten in den Felsen während des Sommers Tausende von Möwen, deren gieriges Schreien oft bis zu mir herüberdrang.

Ein Blick von der Beobachtungsplattform zeigt: Die ganze Tschivirkujbucht ist mit Eis bedeckt. Meiner ersten Eisexkursion steht nichts mehr im Weg. Aber Vorsicht! Auch bei plötzlichem Nebel oder Schneetreiben muss ich den Weg zurück finden. Ein Blick auf die Karte kann nie schaden.

Warm angezogen, schultere ich meinen Eisstecher und marschiere bei herrlichem Sonnenschein und mit bester Laune dem Horizont entgegen.

Gratsch, gratsch, gratsch, das Knarren und Quietschen unter den Walinkisohlen breitet sich im ganzen Körper aus. Ich liebe dieses Geräusch extremer Kälte. Es passt in diese sibirische Weite. Das monotone Gehen ist wie eine Meditation und fängt meine Gedanken ein. Es ist Januar und lausig kalt. Zum ersten Mal –35 °C.

Während ich übers Eis gehe, denke ich daran, wie ich diese warmen Walinkis gekauft habe.

Dass es extrem kalt wird, wusste die Walinkiverkäuferin in Ulan Ude damals auch. Sie musterte nur kurz meine Füße und schleppte ein Paar riesige, braune Meilenstiefel aus dickem Filz an.

»Walinkis fehlen in keinem sibirischen Haushalt und sind noch immer der beste Schutz gegen extreme Kälte.« Entsetzt fragte ich nach der Größe: »49!«, war die Antwort.

»Aber die sind viel zu groß!«

Mit einem Redeschwall, rollenden Augen und einem erhobenen Zeigefinger verneinte sie diktatorisch.

»Das ist genau Ihre Größe«, bestimmte sie wie ein Feldwebel. »Walinkis laufen bei Nässe ein, außerdem braucht der Fuß bei –40 °C einige Lagen dicker Wollstrümpfe und trotzdem noch Bewegungsfreiheit!«

Ich war verdutzt und offensichtlich ohne Wahl! Wobei die Größe die einzige Wahlmöglichkeit gewesen wäre. Denn die Walinkis in den Regalen sahen sonst völlig gleich aus.

Ich stieg in die viel zu großen Stiefel, deren Schaft bis an meine Knie reichte. Laufen war nicht wirklich möglich, so schleppte und schob ich die Ungetüme durch den Laden. Dabei redete der Feldwebel mit ständigen Belehrungen wohlwollend auf mich ein. Das alles war mir unangenehm. Umso unglaublicher war es, dass ich diese Stiefel kaufte.

Sechs Monate später: Auf dem Baikal bekommt die resolute Dame recht und den wärmsten Dank von meinen Füßen. Bei bitterer Kälte herrschen in meinen Walinkis tropische Temperaturen.

In der windgeschützten Omulbucht ist das Eis homogen und eben. Doch draußen überraschen mich völlig unterschiedliche Eisstrukturen: kreuz und quer ineinander verkeilte Eisplatten, Eis bedeckt mit Altschnee und breite, dunkle, wieder zugefrorene Risse. Ich habe ein mulmiges Gefühl im Magen und schlage mit dem Eisstecher ein Loch ins Eis. Es ist etwa 25 Zentimeter dick. Ich bin beruhigt.

Dann stehe ich plötzlich vor einem breiten, schwarzen, blanken Eisfeld. Keine einzige Flocke liegt auf dem Eis, obwohl es zum letzten Mal erst vor zwei Tagen schneite. Mit Wucht stoße ich den Eisstecher in die dunkle Fläche. Ohne Widerstand durchschlägt er das hauchdünne Eis und verschwindet beinahe auf Nimmerwiedersehen im See. Ich bin schockiert.

Äußerst vorsichtig mache ich mich auf den Rückweg. Dabei meide ich blanke Eisfelder wie Minen. Dünnes Eis treibt mich auf gefährliche Umwege. Zudem beginnt es, zu schneien. Nordwind zieht auf. Er entwickelt sich zum Sturm und schneidet ins Gesicht. Das Eis unter meinen Füßen zittert und arbeitet. Der Schneesturm nimmt an Gewalt zu. Donner dröhnt. Dieses markerschütternde Donnern ist das Eis unter meinen Füßen. Zuerst Haarrisse, dann brechen Spalten auf, und das rettende Ufer ist noch über einen Kilometer entfernt. Verzweifelt renne ich um mein Leben. Ich schaffe es nicht. Wenn überhaupt, rettet mich nur der direkte Weg. Aber der ist gefährlich. Ich stürze. Je weiter die Eisspalten auseinanderklaffen, desto mehr Gewalt und Wucht entwickeln die Wellen darunter. Das Eis zerbricht zu immer kleineren Schollen. Jeder Sprung jagt den Adrenalinspiegel ins Unerträgliche. Trägt die Scholle? Bricht sie? Kippt sie? Der Fall ins eiskalte Wasser wäre mein sicheres Ende.

In allerletzter Sekunde springe ich ans rettende Ufer und dem Tod von der Schippe.

Ich bebe vor Angst und falle ausgelaugt in den Tiefschnee. Was mache ich Narr hier am Ende der Welt? Freiwillig, allein in Kälte, Eis und Schnee. Riskiere ich mein Leben, nur um Erfahrungen zu sammeln und Grenzen auszuloten? Sind das die geistigen und seelischen Grenzbereiche? Wenn ja, fühle ich mich dabei ganz schön beschissen und klein. Die Beinahekatastrophe sitzt tief. Ich bin geschockt und mental am Ende.

Allein und ohne Ansprache wälzen sich immer die gleichen Geschichten endlos durch mein Gehirn. Was wäre passiert, wenn mich das dünne Eis nicht plötzlich zur Umkehr getrieben hätte. Vom Baikal verschluckt, wäre ich unbemerkt von dieser Welt verschwunden; nie hätte meine Familie erfahren, wie und wo. Die Jurte wäre einfach leer geblieben.

Doch das Leben geht weiter, und zwar hier und jetzt, denn mittlerweile zittere ich vor Kälte. Dummerweise bin ich etwa drei Kilometer nördlich von meiner Jurte. Der direkte Weg über den Baikal ist mir versperrt. Es bleibt nur der Rückweg über die tief verschneite Bergtaiga. Zudem ist es schon Nachmittag. Die Zeit drängt. Ich muss den Weg durch das steile Gelände schaffen, bevor mich die Nacht einholt.

Schon die erste Steigung bringt mich an meine physische Grenze. Ohne Schneeschuhe versinke ich bis zur Hüfte im Schnee. Mit großer Anstrengung arbeite ich mich vorwärts. Sobald ich Platz für den nächsten Schritt gewühlt habe, zieht mich die Schwerkraft wieder zurück. Eine Plagerei ohne Ende! Ich bin viel zu langsam!

Auf dem Baikal war meine Kleidung gegen Kälte und Eis optimal, aber bei dieser Schinderei schwitze ich im dicken Daunenparka, als würde ich durch die Hölle gehen. Dabei saugen die Kleidung und der Parka den Schweiß auf. Durch ihn wird die nasse Kleidung beim Abstieg kalt und klamm. Dann klappern die Zähne bis zur nächsten Steigung, und alles geht wieder von vorn los. Ich kämpfe mit der Orientierung, denn mein Kompass ist die Sonne. Und die versteckt sich hinter dicken, grauen Wolken. Somit ist die Wegsuche in der dichten Taiga ein Glücksspiel.

Wiederholt stoße ich auf Elchpfade. Leider führen sie meist in die falsche Richtung. Wenn immer möglich, nutze ich die festgetretenen Spuren. Dort zu laufen ist bei Weitem nicht so kräftezehrend, als wenn ich mir den Weg durch den Tiefschnee selbst bahnen muss.

Es ist so weit. Die Dunkelheit verschluckt alles. Ich irre ziellos durch den Wald. Erst später werde ich feststellen, dass ich die Jurte nur um einige Hundert Meter verfehlt habe.

Körperlich am Ende, weiß ich nicht mehr, wo ich bin. Verzweifelt entscheide ich mich für eine Richtung, werde schnell unsicher und stapfe entmutigt in eine andere. Die Erholungspausen sind kurz, denn die Kälte treibt mich an. Da hilft nur laufen, damit ich nicht erfriere, und ich zwinge mich weiter. Im Mondlicht stolpere ich in eine alte Schneeschuhspur von mir. Das ist meine Rettung. Die Spur mobilisiert meine letzte Kraft. Tatsächlich erreiche ich in später Nacht die Jurte. Erschöpft falle ich ins Bett und bin nur noch froh, dass dieser Ausflug, der so harmlos begann, nicht in eine Katastrophe geführt hat.

Der nächste Morgen zeigt das Chaos in seiner ganzen schrecklichen Dimension. Die breite Tschivirkujbucht ist mit unzähligen kleinen Eisschollen übersät. Ich kann es nicht glauben und bin nur noch dankbar, dass ich mich aus diesem Eisinferno retten konnte. Denn aufgrund meiner Isolation habe ich keinerlei Informationen über die Eis-, Schnee- und Windverhältnisse draußen auf dem Baikal. Deshalb weiß ich nicht, wieso das Eis so plötzlich und ohne Vorwarnung unter meinen Füßen explodiert ist. Ich spekuliere: Der See war noch nicht ganz zugefroren. Ein plötzlicher Sturm presste riesige Wassermengen in die Tschivirkujbucht. Der ungeheure Wasserdruck brachte das Eis zum Explodieren. Aber all das sind nur Vermutungen!

Vor solchen anfangs harmlosen Situationen fürchte ich mich am meisten: Wenn dickes Eis, strahlend blauer Himmel und beste Laune keinen Anlass zur Sorge geben; wenn kein Anzeichen auf eine bevorstehende Katastrophe hindeutet; wenn eine scheinbar heile Welt blitzschnell in ein gefährliches oder gar tödliches Desaster kippt.

Im Voraus erkannte Probleme sind kalkulierbar. Unerkannte Gefahren dagegen ängstigen mich, denn ich kann sie nicht einschätzen. Schicksal und Naturgewalten schlagen dann gnadenlos zu und zeigen mir, wie klein und machtlos ich bin.

Eiskalt erwischt

Im Licht der Lampe stehen die Zeiger der Uhr auf halb sieben. Ich überlege, ob ich heute zu einer alten Ewenkenbehausung, einem Tschum, aufbrechen soll. Alles hängt vom Wetter ab. Seit Tagen blockieren extremer Schneefall und Wind mein Vorhaben. Doch die eisige Kälte in der Jurte verspricht Hochdruckwetter mit klaren, aber kalten Tagen.

Ich habe mich entschieden, heute werde ich aufbrechen!

Dann mein tägliches Ritual: Raus aus dem warmen Bett und rein in den sibirischen Kühlschrank. Zunächst muss ich die Kerze anzünden und mich dann ganz schnell anziehen, bevor die Kälte in die Knochen dringt.

Feuer machen ist jeden Tag die erste Aktion. Heute nicht. Heute gibt es etwas Wichtigeres: das Wetter. Kein Schneefall, kein Wind, aber dicke, graue Wolken türmen sich im Halbdunkel. Eine mystische, unwirkliche Stimmung beherrscht die Omulbucht. Ich wanke, aber die Entscheidung steht.

Zwei Dinge treiben mich auf den alten Ewenkenweg hinauf in die Bergtaiga: zum einen der Ausrüstungstest vor der geplanten Baikalüberquerung und zum anderen der Wintertschum der Waldnomaden. Er soll nur etwa einen Tagesmarsch von der Jurte entfernt stehen.

Bei einem Wintertschum wurden massive Baumstämme in einem Quadrat übereinandergeschichtet wie beim Blockhaus. Die Ecken jedoch waren schräg und trafen sich vergleichbar einer Pyramide an der Spitze. Zur Isolation warfen die Ewenken zusätzlich große Bären-, Elch- und Hirschfelle auf die schrägen Wände. Der rechteckige Eingang und der Rauchabzug in der Spitze waren die einzigen Öffnungen.

Die äußerst geschickten Jäger und Fischer lebten ausschließlich in der Bergtaiga. Zahme Rentiere schleppten den gesamten Nomadenhaushalt der Sippe von einem Lager zum anderen. Auch ihr Tschum wurde auf die Tiere gepackt. Im Gegensatz zum stationären Wintertschum war der mobile Sommertschum leicht und dem Tipi der nordamerikanischen Indianer ähnlich. Stangen, spitz aneinander gestellt und bedeckt mit perfekt vernähter Birkenrinde, machten es wasser- und winddicht.

Iwan, ein Ranger, den ich im Sommer in Ust Barguzin kennenlernte, schwärmte von den Ewenken und vor allem von der herrlichen Landschaft, in welcher der alte Wintertschum steht. Diese Ureinwohner sind ein besonderes Volk, das seine Lagerplätze nicht nach praktischen, sondern in erster Linie nach ästhetischen Gesichtspunkten wählte. Aus demselben Grund baute Iwan dort vor 20 Jahren seine erste Jagdhütte. Obwohl zwischenzeitlich ebenfalls zerfallen, markierte er sie in meiner Karte als Orientierungspunkt für die Suche. Mal sehen, ob ich sie finde.

Der andere Grund für die Tour sind –30 °C, ideale Bedingungen für einen Ausrüstungstest vor der geplanten Baikalüberquerung. Dort erwarten mich bei starkem Sturm Temperaturen bis –40 °C. Beides zusammen ist eine tödliche Kombination. Da muss ich mich auf meine Ausrüstung hundertprozentig verlassen können.

Alexej traute meiner Ausrüstung noch nie. Schon damals in seinem Büro warnte er: »Für solche Extremtouren brauchst du auch eine entsprechende Ausrüstung. Du wärst nicht der Erste, der dort draußen den Eistod stirbt«, beschwört er mich und bestellt in Moskau während meiner Enkelpause eine Ausrüstung, die den Anforderungen des winterlichen Baikal standhalten soll. Sie besteht aus einem sehr guten Daunenschlafsack, einem umschaltbaren Gas-Kerosin-Kocher, einer Daunenweste und einem kleinen, drei Kilogramm leichten Zelt. Mein großes Hilleberg Tunnelzelt ist zu schwer und viel zu sturmanfällig. Die neuen, hochwertigen Ausrüstungsgegenstände reißen ein tiefes Loch ins knappe Budget. Aber Alexej ist hier zu Hause und hat Erfahrung. Ich spüre seine Sorgen. Immer wieder betont er, wie gefährlich der Baikal im Winter ist – vor allem alleine!

Jetzt, sechs Monate später, stehe ich einsam im sibirischen Winter mit neuer Ausrüstung, aber ohne Erfahrung mit einem Biwak auf Eistouren. Unsicherheit plagt mich. Das Wichtigste ist, die Ausrüstung zu testen und dabei Erfahrung zu sammeln, um draußen auf dem Baikal zu überleben. Denn ein schneller Rückzug ist bei Gefahr in der schutzlosen Eiswüste unmöglich.

Deshalb starte ich in der frostigen Taiga einen Härtetest für mich und die Ausrüstung!

Alles kommt mit: Zelt, Schlafsack, Isomatte, Kerosinkocher und Lebensmittel für drei Tage – ein Tag Sicherheit ist eingeplant.

Seit Tagen denke ich darüber nach, die geplante Baikalüberquerung auf Film und Fotos festzuhalten. Ich zweifle, ob zehn Kilogramm mehr das höhere Risiko und die zusätzliche Schinderei rechtfertigen. Soll ich nur für ein paar Bilder und Filmszenen die zusätzliche Ausrüstung über den Baikal schleppen? Eine Schnapsidee! Und das Aberwitzige: Der Arbeitsbereich der hochempfindlichen Geräte ist nur von 0 bis +40 °C angegeben. Ich erwarte aber –40 °C! Nur ein Test kann zeigen, ob die Ausrüstung bei diesen Temperaturen noch arbeitet.

Filmen und Fotografieren sind meine große Leidenschaft. Also stopfe ich Kamera, Mikrofon, Stativ, Licht, Kabel, Fotoapparat und viele, viele Akkus in den eigentlich vollen, 80 Liter fassenden Rucksack. Jetzt wiegt er 25 bis 30 kg und ist eigentlich viel zu schwer, um damit auf kippeligen Schneeschuhen durch die tief verschneite Bergtaiga zu stapfen.

Am Morgen meines Aufbruchs zeigt das Jurtenthermometer –30 °C. Bisher war die Jurte ständig beheizt und mein Kellerloch ist noch nie bis auf den Grund durchgefroren. Aber was geschieht, wenn in der Jurte längere Zeit nicht geheizt wird? Mein Insulin darf auf keinen Fall gefrieren. Also lege ich es ganz nach unten in den Keller und decke es sorgfältig mit Styropor zu. Gefriert es, ist das nicht nur das Ende eines Abenteuers, sondern auch meines. Außerdem hoffe ich, die Bären schlafen gut, während ich unterwegs bin. Wenn nicht, machen sie die Jurte auf der Suche nach Fressbarem platt.

Schluss mit dem sinnlosen Spiel: Was wäre wenn? Ich genieße das Frühstück, die Wärme und den Schutz meiner Jurte.

Endlich startklar! Draußen wird es hell. Die ersten Sonnenstrahlen blinzeln vorsichtig durch die Wolkenfetzen. Der Wettergott lässt bei dieser Kälte alle Optionen offen. Ein letzter Blick zur Jurte, Schneeschuhe anschnallen, Rucksack auf die Schultern zerren und los geht's!

Gleich beim ersten Anstieg werden meine Befürchtungen wahr und decken den Konflikt zwischen Gewicht und Balance auf. Im tiefen Pulverschnee stechen die Stöcke ins Leere, und die Schneeschuhe versinken. Ich bin zu schwer beladen. Mit kippeligen Schritten verliere ich das Gleichgewicht und falle samt Rucksack, verhedderten Schneeschuhen und Stöcken in den Tiefschnee. Dort zapple ich wie ein Maikäfer auf dem Rücken und versuche, aufzustehen. Keine Chance: Ich muss Schneeschuhe und Rucksack ausziehen, alles neu ordnen, dann die Schneeschuhe wieder anschnallen, den Rucksack stemmen, die Stöcke greifen und bitte nicht wieder fallen – doch die Bitte bleibt ungehört.

Nach jedem Sturz das gleiche Prozedere. Das fordert Zeit und viel Kraft.

Wackelig quäle ich mich in Serpentinen den Hang hoch. Der direkte Weg ist zu steil. Mein Puls rast. Überhitzt wie ein heiß gelaufener Motor komme ich oben an. Elchspuren, so tief, dass der Bauch im Schnee schleift, verraten, dass ich hier nicht als Einziger kämpfe.

Endlich geht es abwärts. Jedoch die Freude ist kurz. Von nun an schiebt das Gewicht, und die Schneeschuhe finden schlecht Halt. Wieder sind Stürze vorprogrammiert.

Unten in der Krutajabucht suche ich die alten Baummarkierungen des Ewenkenpfades. Es dauert, bis ich an einer dicken Birke die erste, vernarbte Einschlagkerbe finde. Zu gern würde ich wissen, wie derjenige aussah, der sie vor langer Zeit in den Baum schlug. Woher kam er, und wohin ging er? Oder noch wichtiger: In welchen Baum hat er die nächste Markierung geschlagen?

Suchend irre ich erfolglos von Baum zu Baum. Die Zeit hat die Spuren der Vergangenheit verwischt. Wegen Altersschwäche oder Sturm liegen viele Bäume am Boden und verfaulen samt Markierungen. Es ist wie bei Hänsel und Gretel mit der Suche nach den Brotkrumen. Nach langem Kreuz-und-Quer-Laufen entdecke ich eine weitere Schlagnarbe. Zwei Markierungen bestimmen die Richtung und die Suche wird einfacher.

Noch vor 60 Jahren zogen Ewenken traditionell auf solchen Pfaden durch die Taiga. Dann kamen der russische Sozialismus und die Zwangsansiedlung.

Die Wildnis eroberte die vergessenen Taigastraßen zurück. Nur vereinzelt wurden sie noch von Jägern und Fallenstellern auf der Jagd nach dem begehrten Zobel begangen.

Nach der Gründung des Sabaikal Nationalparks war die Jagd generell verboten. Die letzten Pfade überwucherten und waren verloren.

2003 kam dann die Wende.

Damals gründeten ein paar einheimische, naturverbundene Burjaten das Projekt »Great Baikal Trail«. Die vergessenen Pfade wurden mit viel Mühe der Natur entrissen, erneuert und markiert. Das euphorische Ziel, einen 1800 Kilometer langen Trail rund um den Baikal zu bauen, wurde aufgegeben. Unrealisierbar! Vor allem in der steilen Bergtaiga. Trotzdem reaktivierten die fleißigen Helfer bisher 400 Kilometer Wanderwege am Baikal. Viele naturverbundene Menschen, meist Jugendliche aus der ganzen Welt, reisen jedes Jahr in den Sommermonaten freiwillig zum Helfen in die Baikalcamps. Dort wird Völkerverständigung gelebt, während Wanderwege gebaut werden. Doch anscheinend steht mein Ewenkenpfad noch auf der Warteliste.

Eigentlich vereinfacht der Winter mein Vorankommen. Denn hoher Schnee begräbt das Gestrüpp unter einer dicken Schneedecke, auf der ich gut vorwärtskomme. Allerdings hat das auch List und Tücke! Ohne Vorwarnung krache ich wie ein Rammbock durchs Geäst. Zweige peitschen ins Gesicht. Schlagartig stoppt der Sturz, und meine Füße sind eingeklemmt. Stechende Fußschmerzen treiben mir den Schweiß auf die Stirn. Hilflos wie ein Tier in der Falle hänge ich in den Ästen. Durch das Schneeloch über mir leuchtet der azurblaue Himmel, während der Schnee im Nacken langsam schmilzt und seinen Weg sucht. Ein umgefallener Baumriese versteckt sich unter der Schneedecke, und seine Krone ist mein Verhängnis. Dicke Äste klemmen mich ein. Ich kann den Rucksackverschluss nicht greifen. Die Hilflosigkeit macht mich nervös. Im Halbdunkel ist die Platzangst unerträglich. Ich versuche, den Oberkörper zu drehen. Ein Ast bricht – der Arm wird frei, ein leises Klick, und der Rucksackverschluss springt auf.

Geschafft! Mit Zerren und Schieben kann ich die Schneeschuhschnalle greifen. Aber sie springt nicht auf. Ich beiße die Zähne zusammen und drücke nochmals mit aller Kraft. Verdammt – es geht nicht!

Mein Gewicht blockiert die Kunststoffschnalle. Ich wollte, ich wäre der Lügenbaron Münchhausen und könnte mich selbst am Schopf aus dem Schlamassel ziehen.

In den verdrehten Füßen und Gelenken brennt der Schmerz. Blitzschnell dringt Kälte durch die nass geschwitzte Kleidung in den Körper. Wütend schlage ich mit hilflosen Befreiungsversuchen um mich und rutsche immer tiefer in die Baumkrone. Die Füße verdrehen noch mehr. Der Schmerz in den Beinen wird unerträglich. Endlich ist der Verschluss spannungsfrei und schnappt auf. Nichts wie raus aus dem Loch.

Zurück am Tageslicht, genießen vor allem meine schmerzenden Füße ihre Freiheit.

»Diese Schneeschuhe aus Kunststoff sind bis –40 °C getestet und superleicht«, versprach der Verkäufer in Deutschland. Schon damals hatte ich ein ungutes Gefühl – alles Plastik!

Sind sie gebrochen, komme ich nicht weiter. Aber ich habe Glück.

Eiskalt pfeift der Wind und jagt die letzte Wärme aus den Kleidern. Also schnell aufstehen und weiterlaufen, bevor ich hier anfriere. Nur Bewegung treibt die Kälte aus dem Körper. Ich fühle mich wie Clemens Forell – der Held aus dem Abenteuerroman *So weit die Füße tragen*. Er durchquerte ganz Sibirien zu Fuß, aber ohne Schneeschuhe! Wie muss sich dieser Mann geplagt haben?

Mein Atem stockt! Eine Lichtung gibt den Blick auf das Barguzingebirge frei. Wild und doch unendlich friedlich streckt es sich vor mir aus und reißt mich aus meinen Tagträumen. Bis auf 2500 Meter schnellt das Gebirge aus der Krutajabucht, um sich dann über das Steilufer direkt wieder auf den Grund des tiefsten Sees der Erde zu stürzen, auf 1637 Meter. Dabei durchstößt es das schneeweiße Leichentuch der Wintertaiga. Über allem herrschen eisige Kälte und Friedhofsstille – kein Laut – nichts! In der Gefriertruhe Sibirien erstarrt jedes Leben.

Die 300 Kilometer lange Gebirgsbarriere ist gespickt mit vielen namenlosen Gipfeln. Unwirtlich und abweisend verteidigt das Barguzingebirge das kalte Herz Sibiriens gegen die Menschen Richtung Osten. Richtung Westen schützen unzugängliche Steilufer die Wildnis für Zobel, Moschustiere, Wölfe, Bären und die einzigartige Fauna.

Mein Keuchen stört. Es ist ein Fremdkörper in dieser Stille und Monotonie. Verschnaufpausen sind selten und kurz. Es ist zu kalt.

Endlich bin ich an dem Ort, den Iwan auf der Karte markierte: »100 Meter den Hang hoch zur Jagdhütte, dann ist rechts der Tschum«, habe ich damals auf die Karte gekritzelt. Aber hier gibt es viele Hänge! Welchen meint er?

Zweimal erspähe ich tatsächlich etwas Hüttenähnliches. Und jedes Mal treibe ich meinen ausgelaugten Körper den Hang hoch. Und jedes Mal für die Katz!

Es ist schon spät. Meine kraftlosen Beine, die brennenden Schulter- und Beckenknochen wollen nicht mehr weiter. Der schwere Rucksack hat ganze Arbeit geleistet. Enttäuscht gebe ich die Suche auf. Dunkelgraue Wolken treiben die Dämmerung schnell voran. Ich brauche einen Lagerplatz. Die Lichtung vor mir, etwa 30 Meter breit und windgeschützt, ist optimal. Viele mannshohe, abgestorbene, knochentrockene Kiefern versprechen schnelles Brennholz für einen ausgemergelten Trekkinggeher, der nur noch an eines denkt: Essen und Schlafen!

Als Erstes werfe ich den Rucksack in den Schnee und fühle mich leicht wie eine Feder. Doch Feierabend habe ich noch lange nicht.

Zu meinem Testprogramm gehört Filmen vom Stativ mit tief gefrorener Ausrüstung und wechselnden Einstellungen. Ist dies als Einmannfilmteam bei –30 °C machbar? Das ist die große Frage. Mir graust! Doch ich werde den Lageraufbau filmen. Widerwillig baue ich im Tiefschnee Stativ, Kamera, Mikrofon und Licht auf.

In der Kälte ist alles klamm und die Kabel sind hart gefroren. Der Aufbau der Filmausrüstung dauert, und die Finger werden schnell gefühllos.

Bei –30 °C sind die filigranen Einstellarbeiten für Weißabgleich, Tonpegel, Blende und Fokus eine Folter, da sie nur mit bloßen Fingern durchgeführt werden können. Diese müssen immer wieder in die Fäustlinge zum Aufwärmen. Nach jeder Szene wird die Kamera neu platziert und justiert, eine erbärmliche Tortur. Aber nicht nur für mich. Auch die Filmkamera quietscht und jault, als würde sie jeden Moment aufgeben. Unglaublich, obwohl sie nur für einen Arbeitsbereich zwischen 0 und +40 °C konstruiert ist, liefert sie pixelfreie HDV-Aufnahmen.

Hinterher trete ich Schnee nieder und hacke Feuerholz. Ruck, zuck brennt ein kleines Lagerfeuer. Von den Rentiernomaden in Lappland habe ich gelernt, wie man im Schnee Feuer machen kann: Rentierflechten und die teerhaltige Birkenrinde sind das Geheimnis und der beste Anzünder. Es funktioniert immer – sogar im Pulverschnee! Und der fällt jetzt bei stürmischem Wetter aus dicken, grauen Wolken. Unter diesen Bedingungen das Zelt aufzubauen, ist das Allerletzte! Ständig weht Pulverschnee ins Innere. Ich habe keine Chance, den Schnee ganz rauszufegen. Der Wind ist immer schneller. Sinnlose Arbeit! Also bleibt er drin. Bei diesen Temperaturen schmilzt er nachts sicher nicht.

Als das Lager endlich steht, ist es dunkel. Filmen kostet Zeit, und ich habe noch immer nichts Warmes im Magen. »Linseneintopf nach Hausfrauenart« krame ich genüsslich aus dem Rucksack. Und auch das noch: Der Kerosinkocher funktioniert nicht. Frustriert gebe ich nach fünf Zündversuchen auf. Beim Test vor zwei Tagen brannte er noch wie ein Flammenwerfer und heute – nichts! Stinksauer werfe ich das Hightech-Edelstahlprachtexemplar »Made in Korea« in den Rucksack. Wehmütig denke ich an daheim, an Heizung, elektrisches Licht, Wasser aus dem Hahn und vor allem an den bequemen Drehknopf am Elektroherd.

So schön könnte ich es zu Hause bei meinen Lieben haben. Aber nein! Ich muss nach Sibirien, und zwar im Winter und dann auch noch bei extremen Temperaturen, um die Ausrüstung zu testen. Zum Glück sieht niemand, wie ich mich plage.

Mein Magen knurrt immer energischer und bettelt vehement um eine warme Mahlzeit. Ich pfeife auf Hightech und koche wie in der Steinzeit auf dem Lagerfeuer. Einfach, billig und 100 Prozent zuverlässig. Holz gibt es hier genug. Anders wird es bei der geplanten Baikalüberquerung sein. Vielleicht wachsen dort Eisblumen, aber bestimmt kein einziger Baum für Feuerholz.

Vor lauter Hektik habe ich vergessen, das Stirnband, das untertags ausreichte, gegen die Fellmütze zu tauschen. Als ich es wechsle, fühlt sich meine Glatze rau und hart wie ein Waschbrett an. Geschmolzener Schnee und Schweiß haben die zehn Quadratzentimeter nackte Haut auf meinem Kopf mit einem starren Eispanzer überzogen. Haare wären mir lieber!
Zum Glück ist das Feuerholz so trocken, dass es auch bei Schnee von oben und unten brennt. Mittlerweile schmilzt nicht nur der Schnee im Topf, sondern auch der unter dem Lagerfeuer und versenkt es bis auf die gewachsene Erde. Ein perfekter Windschutz, aber unbequem tief zum Kochen. Nur im Knien kann ich Eintopf und Nudeln einrühren. Obwohl angebrannt, verschlinge ich das Mahl mit Genuss. Heißhunger macht das bescheidenste Essen zur Delikatesse.

Ich vermute, dass der verlockende Duft aus dem Rucksack hungrige Nager anlocken könnte, die in meinen Rucksack Löcher beißen. Deshalb schiebe ich ihn so weit wie möglich unters Außenzelt.

Das letzte Flackern des Lagerfeuers zeigt mir den Weg ins Zelt. Dann verschlingt die Nacht das Lager. Ein verlorener Ort in der menschenleeren Taiga.

Als ich die Stirnlampe ausdrehe, zeigt das Thermometer –31 °C. Wie überstehe ich wohl die eiskalte Nacht im neuen russischen Zelt und Schlafsack? Das sind meine letzten Gedanken. Tee und Kekse bleiben unberührt, denn ich falle sofort in einen traumlosen Schlaf.

Rücksichtslos wecken mich stechende Wadenkrämpfe und ein unangenehmer Blasendruck. Es ist zwei Uhr in der Nacht, und ich soll raus in die Kälte. Sobald ich die Zeltwand berühre, rieselt mir Schnee aufs Gesicht. Mein gefrierender Atem hat das Zeltbiwak in eine abweisende Eishöhle verwandelt. Vehement drängt die prall gefüllte Blase nach Entleerung. Als ich den Schlafsack öffnen will, reißt die Zuglasche des Reißverschlusses. Verdammt, schon wieder Ärger mit der Technik! Trotz Zerren und Ziehen bewegt sich der Reißverschluss keinen Millimeter. Gefangen wie eine ägyptische Mumie hilft nur noch rohe Gewalt.

Doch ich zögere, denn das Thermometer zeigt –34 °C. Wenn ich den Reißverschluss gewaltsam öffne und er bricht, bin ich für den Rest der Nacht der

Kälte ausgesetzt. Meine Blase interessiert das in keinster Weise. Also ziehe ich die beiden Schlafsackteile am Reißverschluss auseinander. Endlich: Er springt auf, doch klemmt nach 20 Zentimetern sofort wieder. Aber das reicht. Ich kann mich mühsam herausschälen.

Zähneklappernd und zugleich erleichtert stehe ich in der Kälte. Zurück im Schlafsack dauert es, bis der Kälteschock überwunden ist. Langsam kommen Wärme und Schlaf zurück.

Ein Schuss, ich schnelle hoch. Bis ich begreife, wo ich bin, knallt der zweite durch die Nacht. Dann Stille, als wäre nichts gewesen. Wilderer? In dieser Einsamkeit? Bei Morgendämmerung? Das kann gefährlich werden. Während ich den Atem anhalte, jagen Koljas Worte durch meinen Kopf: »Purer Hunger treibt die Menschen zum Wildern in die Taiga.« Alle meine Sinne sind angespannt. Nichts passiert, kein Laut. Zum Nachsehen bin ich zu feige. Ich verhalte mich ganz ruhig und hoffe, nicht entdeckt zu werden.

Gefroren habe ich nur während der nächtlichen Blasenentleerung. Das russische Zelt samt Schlafsack hat sich bewährt, bis auf den Reißverschluss. Für dieses Problem wie auch für den Kocher brauche ich vor der Baikalüberquerung unbedingt noch eine Lösung.

Obwohl sich der gelbe Planet um acht Uhr noch hinterm Horizont versteckt, leuchtet der Taigahimmel von Dunkelblau über Purpur, Rot, Orange bis Gelb. In der bitterkalten Nacht sind die Stiefel hart wie Stein gefroren. Der Kunststoff gibt keinen Millimeter nach. Keine Chance, hineinzuschlüpfen. Vielleicht klappt es barfuß. Ich halte die Luft an und zwänge die nackten Füße in die eiskalten Stiefel.

Damit die Durchblutung nicht zusammenbricht, hüpfe ich wie ein Indianer beim Kriegstanz durch den Wald und suche Brennholz. Dennoch bleibt das dumpfe Pochen und Ziehen. So müssen sich Polarforscher gefühlt haben, bevor ihre Füße erfroren sind.

So weit wird es bei mir nicht kommen, denn nun brennt das Feuer. Als Erstes halte ich die eiskalten Füße über die Flammen und stelle die Stiefel ans Lagerfeuer. Sie werden weich und die Füße rutschen mitsamt Strümpfen endlich hinein. Dabei beobachte ich mit einem Auge ständig den Waldrand. Denn die Schüsse beschäftigen mich noch immer.

Lagerfeuer und heißer Tee bringen mich langsam wieder auf Betriebstemperatur.

Ein Schuss – noch lauter, noch näher, und gleich ein zweiter. Ich werfe mich in den Schnee. Voller Angst suche ich am Waldrand Wilderer und bin auf alles gefasst. Ein weiterer Schuss pfeift über die Lichtung. Zeitgleich fällt ein dicker Ast von einer Birke. Der klirrende Frost sprengt Äste von den Bäumen. Das sind die Schüsse, vor denen ich Angst hatte. Es ist zum Lachen: alle Aufregung umsonst!

Die langen Morgenschatten werden kürzer. Es ist bereits zehn Uhr. Will ich heute noch die Jurte wieder erreichen, ist es höchste Zeit zum Aufbruch. Der gestrige Gewaltmarsch hat mehr gefordert als gedacht. Nachts Wadenkrämpfe und jetzt ein malträtierter, schwacher Körper. Für den Weg zurück über die Berge fehlt mir die Kraft. Laut Karte bin ich etwa zwei Kilometer vom Baikal entfernt, und so nehme ich den einfachen Rückweg über den flachen See.

Trotz Tiefschnee und Kälte entschädigt mich die verschlafene und funkelnde Schneelandschaft in der weichen Morgensonne für jede Tortur. Ein Gefühl von unendlicher Freiheit überkommt mich. Trotzdem bin ich froh, als ich endlich den Baikal erreiche. Denn jetzt geht es nur noch über eine hindernislose Ebene weiter.

Eiskalter Baikalwind pfeift mir ins Gesicht. Die Nase läuft. Bei dieser Kälte ist es äußerst unangenehm, die Nase zu putzen: Jedes Mal muss ich anhalten, Handschuhe ausziehen und das Taschentuch herauswühlen. Beim Schnäuzen zucke ich erschrocken zusammen. Meine Nase ist total gefühllos, als würde sie einem Fremden gehören. Im Taschentuch liegt ein zwei Zentimeter langer Rotzstalaktit. Der schneidende Wind hat unbemerkt meine Nasenspitze erfroren. Ich habe die Kälte total unterschätzt. Hektisch und beunruhigt zerre ich meine Gesichtsmaske aus dem Rucksack. Jetzt sind nur noch die Augen der beißenden Kälte ausgesetzt. Der Atem unter der Maske taut die Nase langsam auf – das Gefühl kommt wieder zurück.

Vollkommen ausgelaugt stolpere ich bei Dämmerung in die Jurte. Ein Zündholz zischt, und schon knistert das Feuer im Ofen. Bereits vor dem Aufbruch hatte ich vorgesorgt und Kleinholz sowie Birkenrinde ins Ofenloch gelegt.

Wie wohlig ist es im warmen Jurtenpalast im Gegensatz zum kalten Biwak im Schnee. Wärme, eine selbstverständliche Annehmlichkeit, wird zum unvorstellbaren Luxus. Zur Feier des Tages belohne ich mich mit einer Tasse Nescafé – Hochgenuss pur.

Mein Resümee über das Biwak im Baikalwinter ist zwiespältig: Zwar konnte ich alle Herausforderungen meistern, aber mir ist auch klar, dass die kleinsten unvorhergesehenen Schwierigkeiten – wie falsches Schuhwerk, ein nicht funktionierender Kocher oder nur ein kaputter Reißverschluss – ganz schnell in die Katastrophe führen können.

Das Auge Sibiriens

Der Docht zischt, und die Flamme erstickt zwischen den nassen Fingern. Durch die Ritzen der Ofenringe züngeln und flackern Lichtgestalten am Jurtenhimmel. Der wabernde Hexentanz beginnt. Das Holz jault und heult in der Glut, als würde es Höllenqualen leiden. Das Feuerschauspiel fasziniert mich. Es weckt die Sehnsucht, eins mit der Natur zu sein, aus der wir kommen. Der tägliche Umgang mit der Naturgewalt Feuer garantiert mir Wärme und Überleben.

Nur zwei Zentimeter Jurtenfilz weiter draußen herrscht tödlich vernichtende Kälte. Feuer beruhigt die Seele. Ein archaisches Gefühl, das auch der moderne Mensch empfindet, wenn er seinen klimatisierten Raum verlässt und sich im Wald vor ein loderndes Lagerfeuer setzt. Etwas in uns wird wach, als würde sich unsere Seele erinnern. Erinnern an längst vergessene Zeiten.

Auch die Erinnerung an schmackhaften Baikalfisch wird bei mir wach. Seit der geschlossenen Eisschicht ist Fisch von der Speisekarte gestrichen.

»Nichts ist einfacher als Netzfischen im Winter«, sagen die Einheimischen.

Ich brauche nur alle eineinhalb Meter ein Loch ins Eis bohren, dann mit einem langen, krummen Ast die Netzleine von einem Loch zum nächsten bugsieren. Mit dieser Leine kann ich das Netz unters Eis ziehen und wieder einholen.

Für einen Versuch ist das Eis dick genug. Ich packe Eisbohrer, Eisstecher, Netz, Steine zum Beschweren sowie einen Ast auf meinen kleinen Schlitten und ziehe los. Schnee und ineinander verkeiltes Brucheis werfen den kleinen Schlitten ständig um. Das Vorwärtskommen ist schwierig und dauert. Endlich finde ich ein größeres Stück ebenes Eis. Immer tiefer frisst sich der Bohrer ins Eis und zwingt mich zum Knien. In dieser Stellung ist die Arbeit noch anstrengender.

Ein letzter Ruck, endlich sprudelt Wasser. Unvorstellbar, das Eis ist über einen Meter dick. Jetzt stehe ich hilflos und dumm mit meinem mickrigen Ast vor dem tiefen Loch. So geht es sicher nicht! Irgendetwas muss ich falsch verstanden haben. Aber was? Wie bringe ich nur das zehn Meter lange Netz unters Eis?

Ich möchte endlich wieder Fisch, da bleibt mir nur der Griff zur Eisangel. Ruckartiges Auf und Ab mit der Kunststofffliege soll die Fische anlocken. Aber vergebens!

Heute ist offensichtlich nicht mein Tag. Mit kalten Füßen ziehe ich nach einer Stunde wieder ab. Der Fisch bleibt im See und von der Speisekarte gestrichen.

Große Fischotterspuren kreuzen meinen Rückweg. Schleifspuren verraten, wie mühsam das Tier seine Beute geschleppt hat. Ohne Schlitten folge ich der Fährte bis in die Nachbarbucht. Dort überrascht mich ein überwältigendes Naturkunstwerk, wie ich es noch nie sah. Der Baikal hat an die Steilküste einen wunderschönen Eiswald gezaubert. Gischt und Brandung haben Wasser an die Steilwand gespritzt, das dort gefroren ist. Funkelnde weiße Tannenbäume wachsen nun aus dem Uferschnee. Darüber stehen blauweiße milchige Eisberge vor der dunklen Granitwand. Im Vordergrund entdecke ich eine Eishöhle mit riesigen Eiszapfen am Eingang. Genau in diesen Raubtierschlund führt die Fischotterspur. Vorsichtig pirsche ich mich an. Nichts, die Höhle ist leer, nur ein paar Hechtschuppen liegen auf dem Boden. Erst hier im eisigen Schutz verschlang der geschickte Fischjäger den Hecht.

Länger werdende Schatten und unangenehme Kälte treiben mich nach Hause. Inzwischen ist der halbe Feuerball hinter den Bergen verschwunden. Obwohl mich die Gesichtsmaske gegen Kälte schützt, pocht meine angefrorene Nasenspitze vor Schmerz. Wie lange wird es dauern, bis die zerplatzten Blutgefäße wieder ihren Weg finden und sich beruhigen?

Als ich an der Jurte ankomme, ist die Sonne verschwunden. Allerdings ist es nicht dunkel, weil ein seltsames Licht die Bucht erhellt, sodass ich die feine Holzmaserung am Freisitztisch erkenne. Zum ersten Mal zeigt sich mir das Auge Sibiriens. Riesig strahlt der Vollmond wie eine leuchtende Pupille vom Nachthimmel. Umschlossen von einem Lichtkreis blickt das imaginäre Auge auf die verzauberte Taiga.

Unwirkliches Licht liegt über der Omulbucht, und dunkelblaue Schatten steigen am Waldrand auf, während Eis und Schnee in zartem Hellblau schimmern.

Der heutige Angel-Misserfolg lässt mir am Abend keine Ruhe. Ich brauche doch nur eine Konstruktion, mit der ich die blöde Netzleine unterm Eis von einem Loch zum nächsten bringe.

Hinter meinem Bett finde ich zwei kurze Drähte, die ich miteinander verbinde und zu einem Halbkreis biege. Damit müsste ich das nächste Loch finden. Hunger auf Fisch macht erfinderisch.

Bevor ich ins Bett gehe, stopfe ich das Ofenloch randvoll mit Holz und schließe die Luftzufuhr, damit der Ofen länger wärmt.

Wie immer, gilt morgens mein erster Blick dem Wetter. Aber die Jurtentür bewegt sich nicht. Was ist jetzt wieder los? Ein kräftiger Ruck, nichts!

Schmelzwasser vom Jurtendach hat Tür und Rahmen zusammengefroren. Da helfen nur Hammer, Meißel und Anlauf. Die Jurte wackelt, doch die Tür bleibt zu. Ich bin gefangen in meinem eigenen Heim. Vielleicht hilft heißes Wasser? Eine ganze Teekanne fließt in die Ritzen. Ich warte und nehme erneut Anlauf. Keine Chance, die Tür bleibt standhaft.

Nach zwei Heißwasserduschen springt die Tür endlich auf. Das Wasser friert am Jurtenboden fest. Und wieder empfängt mich wolkenloser, strahlend blauer Himmel.

Mit dem vorbereiteten Draht mache ich mich auf den Weg zum nächsten Versuch.

Als Erstes bohre ich das alte Loch auf, dann eineinhalb Meter weiter das nächste. Danach kommt die Stunde der Wahrheit und die lautet: Der Draht ist zu kurz!

Doch dann habe ich eine Idee, als ich im Schnee einen Stein entdecke: Ich befestige ihn an einem Ende der Netzleine, lege den Eisstecher übers Loch und binde daran die Leine so fest, dass der Stein im Wasser baumelt. An das Drahtende biege ich einen Fanghaken und versuche damit vom zweiten Loch aus, die Leine oberhalb des Steines zu angeln. Immer und immer wieder fische ich ins Leere. Doch dann spüre ich Widerstand, und die Leine am Eisstecher wackelt. Jetzt ganz vorsichtig. Langsam ziehe ich mit dem Drahthaken den Stein samt Leine aus dem Loch.

Perfekt, das war's!

Nach weiteren fünf Löchern ist mir heiß, und zehn Meter Netzleine liegen unterm Eis. Nun binde ich die Leine ans Netz und ziehe es behutsam durchs Eisloch unters Wasser.

Kleine Metallringe an der Netzunterkante, mehrere Korkschwimmer an der Oberkante sowie zwei Beschwerungssteine an jedem Ende ziehen das Netz auf den Baikalgrund. Da steht es jetzt – hoffentlich senkrecht – und wartet auf vorbeischwimmende Fische.

Es ist tatsächlich viel einfacher als im Sommer, auf dem unruhigen Baikal vom Boot aus mühsam das Netz auszulegen.

Jetzt kann ich durch Hin- und Herziehen der Leine das Netz bequem auslegen und wieder einholen. Das gefällt mir. Nun heißt es warten bis morgen.

Die Wasserkübel sind wieder mal leer. Das bedeutet Arbeit. Heute wahrscheinlich viel Arbeit, denn vor drei Tagen habe ich das Wasserloch zum letzten Mal aufgeschlagen. Bei dieser Kälte wird es tief zugefroren sein.

Doch es kommt noch schlimmer! Das Eis ist wieder bis auf den Grund gefroren. Zum dritten Mal muss ich noch weiter draußen ein neues Loch schlagen. Dabei entschädigt mich ein brillanter Sonnenuntergang über der Tschivirkujbucht für die schweißtreibende Arbeit. Dieses Schauspiel übertrumpft sich jeden Tag. Fasziniert von dem Spektakel, achte ich nicht auf meinen Weg und stolpere. Dabei knallen Kunststoff- und Blecheimer aufs harte Eis. Der Kunststoffkübel zerspringt. Auch das noch! Ein schmerzlicher Verlust. Jetzt weiß ich, weshalb die Russen im Winter Metallkübel verwenden. Plastik bricht bei diesen Temperaturen wie Glas.

Abends lese ich den Bestseller *Walden oder Leben in den Wäldern* von Henry Thoreau. Der Landvermesser aus Massachusetts lebte 1845 für zwei Jahre allein an einem Waldsee in einem selbst gezimmerten Blockhaus. Dort wollte er herausfinden: Wie soll und will ich leben?

20 Mücken, die Pest der Taiga.

21 Die Schaluppe ist endlich dicht, und das erste Netzauslegen bringt reichlich Beute.

22 Vor dem Räuchern sind Schmeißfliegen die größte Gefahr. Ihre Eier zerstören den Fisch.

20

21

22

23

23 Eigentlich sollten Pilze unsere Ernährung ergänzen, doch leider sind alle, die wir finden, giftig oder ungenießbar.

24 Unser Paradies im Sibirian Summer.

25 Unsere kleine Sitzsauna, links, war die letzte Aktion vor dem Wintereinbruch. Endlich ist das komplette Lager fertig.

26 Der erste Herbststurm wirbelt den Baikal durcheinander.

27 Eine Katastrophe! Völlig unerwartet fällt Ende Oktober der erste Schnee, und der Baikal friert zu.

24

25

26

27

28 Ganz allein bin ich nach Hetis Abreise doch nicht. Max, mein neuer kleiner Freund, leistet mir Gesellschaft.

29 Die wichtigste Jurteneinrichtung. Bei extremer Kälte darf der Ofen auch nachts nicht ausgehen.

30 Trotz Sonnenschein messe ich – 40 °C.

29

28

30

31

32

33

31 Ich hasse Eisangeln! Ohne Bewegung friere ich trotz dicker Filzstiefel bei der arktischen Kälte.

32 Ein Sputnik, er zieht die Netzleine unter dem Eis von einem Loch zum nächsten.

33 In dieser Fischkolchose komme ich der russischen Seele näher.

34

35

34 Aufbruch ins Ungewisse.

35 Keiner weiß, wann und wo: Plötzlich brechen meterdicke Eisspalten auf.

36 Die Baikalübernachtung in dieser Fischerhütte bleibt mir wegen eines nächtlichen Besuchs und einem verbrannten Gesicht unvergessen.

37 Aufgrund großer Eisaufwürfe und Brucheisfelder werden die Umwege zum Westufer immer länger.

36

37

38

38 Nein, das ist keine Glaskugel für Wahrsager, sondern ein Messgerät auf der Wetterstation Solnetschnaja. Es misst die tägliche Sonnenscheindauer.

39 Das letzte Biwak vor dem großen Brucheisfeld.

40 Nach 12 Tagen und 130 Kilometern ist der Baikal überquert. Das war die letzte Herausforderung in einem spannenden Jahr.

39

40

Bereits er machte die Erfahrung, dass sich beim Alleinsein die Gedanken reinigen, sich der Blick aufs Wesentliche fokussiert und sich die Alltagsängste und Sorgen relativieren und auflösen. Das Leben reduziert sich auf die einfache und elementare Realität.

Seine Erfahrung ist über 150 Jahre alt und gilt für mich noch heute.

Das übersteigerte Bedürfnis nach Sicherheit sowie der Wille, alles im Griff zu haben, und das Streben, jede Gegebenheit zu unserem Vorteil zu wenden, vernebeln den Blick auf das Wesentliche und die Realität. Dabei entsteht diese unbegründete Angst vor allem und nichts. Wir sichern uns immer mehr ab, bis wir so sicher sind, wie der Vogel im goldenen Käfig, und dabei vergessen wir die Freiheit des Adlers.

Die Kerze ist abgebrannt, und ich freue mich auf das nächste Kapitel.

Ausgeschlafen schaufle ich durch den Neuschnee einen Weg zum Toilettenhäuschen. Zurzeit ist das Maß aller Dinge: ein Meter. Der Schnee liegt einen Meter hoch. Das Eis ist einen Meter dick. Die braunen Stalaktiten im Plumpsklo sind einen Meter hoch und gefährlich nah an meinem Hinterteil. Keine Sekunde länger als notwendig sitze ich auf dem glitzernden Thron im vor Kälte klirrenden Eispalast.

Ich will raus zum Netz und bin gespannt: Werde ich heute endlich Beute machen? Draußen sind alle Löcher zugefroren. Aufbohren geht nicht, das würde die Leinen zerstören. Vorsichtig schlage ich das Eis auf. Nach 20 Zentimetern sprudelt Wasser. Die Netzleine schwimmt frei im Eisloch, aber ich kann sie nicht herausziehen. Sie hängt fest. Ich stoße weiter und ziehe gleichzeitig an der Leine. Ein Ruck, und ich sitze mit einem abgerissenen Seil in der Hand auf meinem Hosenboden.

Ich könnte weinen und mich ohrfeigen: Ich Narr habe die Netzleine angeschlagen. Die ganze Arbeit der letzten Tage war für die Katz. Etwa ellbogentief im Wasser sehe ich das andere Ende. Das Eis hat die Leine auch unten fest gefroren. Was nun?

Ich muss ins Wasser greifen. Der Gedanke erzeugt Gänsehaut. Also Handschuhe ausziehen und tief Luft holen! Ich kann die Leine greifen, jedoch nicht losschlagen. Meine Hand ist gefühllos. Sofort ziehe ich sie aus dem Wasser. In der bitterkalten Luft ist der Schmerz noch unerträglicher. Die nasse Hand ist feuerrot. Sie braucht unbedingt einen warmen Ort, und der einzige ist in der Unterhose. Die Finger werden warm, und in der Hose wird es kalt. Aber ich kann wieder klare Gedanken fassen.

Ich muss die beiden Enden da unten zusammenknoten. Dann kann ich die Leine spannen und habe genug Zeit und Platz, um sie vorsichtig loszuschlagen. So könnte es klappen.

Aus der Jurte hole ich ein Handtuch und nehme in meinen Filzstiefeln warme Kieselsteine mit.

Mit Grausen mache ich mich ans kalte Werk. Viel Zeit habe ich da unten im Eiswasser nicht. Der erste Versuch scheitert in dem engen Loch. Nachdem die Hände dank Handtuch und warmer Steine wieder trocken und warm sind, wage ich einen zweiten Versuch. Doch erst beim dritten Mal gelingt es mir, irgendwie da unten einen Knoten zusammenzuwurschteln. Jetzt aber aufgepasst! Ich darf die Netzleine nicht noch einmal verletzen.

Äußerst vorsichtig mache ich mich mit flauem Magen an die Arbeit. Und dann ist die Netzleine frei.

Juuuhuuu, geschafft!

Doch das war nur die halbe Miete. Es gibt noch ein zweites Loch. Jetzt aber Vorsicht! Behutsam schlage ich die Netzleine frei. Alles geht gut.

Zu meinem Glück fehlt jetzt nur noch ein Netz voll leckerer Fische. Vorsichtig ziehe ich das Netz aufs Eis. Schon zappelt der erste große Omul im Netz und leider auch der letzte. Für die viele Arbeit eine magere Ausbeute, dafür schockgefroren frisch. Noch ein paar Schläge mit dem Schwanz, und der Fisch erstarrt.

Blitzschnell gefriert das nasse Netz auf dem Eis zu einem chaotischen Knäuel. Nach viel Entwirren, Zerren und Ziehen liegt es endlich wieder auf dem Baikalgrund und wartet auf neue Beute.

Ich freue mich über meinen Omul und genieße am Abend das lang vermisste Fischgulasch.

Ein Tag mit Spannung, Schmerz und Erfolg geht zu Ende. Das sind Tage, wie ich sie liebe, voll Herausforderung und anschließender Zufriedenheit.

Das Omen

Wie schütze ich das Insulin vor dem Einfrieren?
Zerstören schlaflose Bären, hungrige Wölfe oder neugierige Elche die Jurte?

Wie sind die Witterungsverhältnisse draußen in der Eiswüste?

Reicht meine Kraft für die Baikalüberquerung?

Immer wieder plagen mich diese Fragen, auf die es keine Antwort gibt. Angst steht dahinter.

Kolja erzählte von einer kleinen Hütte am Südende der Tschivirkujbucht. Sie ist einen Tagesmarsch von der Jurte entfernt und für Notfälle immer offen. Das wäre eine weitere Möglichkeit, meine Kondition zu testen, nachdem ich bei dem Trip zum Tschum in Schwierigkeiten geraten bin.

Die gesamte Ausrüstung und Verpflegung für eine längere Tour kann ich unmöglich im Rucksack tragen. Damit habe ich genügend negative Erfahrungen gesammelt. Deshalb möchte ich die schwersten Ausrüstungsgegenstände auf meinem kleinen Schlitten transportieren. Für einen ersten Test binde ich den halb beladenen Schlitten mit zwei Stricken an meinem Hosengürtel fest. Dann habe ich die Hände für die Skistöcke frei.

Die Kufen versinken beim Ziehen tief im Schnee. So funktioniert es nicht. Im Tiefschnee ist der Schlitten nutzlos.

Fieberhaft suche ich nach einer Lösung. Den Schlitten umbauen? Eine Plane hinter mir herziehen? Oder, oder ...?

Die Tage vergehen, und mein Traum rückt in die Ferne.

Eines Nachts stolpere ich über eine Vorratskiste und schimpfe wie ein Rohrspatz über mein Missgeschick. Aber das war kein Missgeschick, sondern die Lösung. Die Kiste ist aus Kunststoff, stabil, rechteckig. Das Entscheidende ist, sie hat einen breiten, ebenen Boden, der nicht im Schnee versinkt. Ideal!

Hektisch befestige ich zwei Zugleinen an der Vorratskiste. Doch auch dieser Test ist eine weitere Enttäuschung. Auch die Kunststoffkiste gräbt sich beladen langsam immer tiefer in den Pulverschnee. Dabei schiebt sie einen Schneewall auf. Das bedeutet, ein Schneeabweiser ist notwendig. Ein Brett, schräg nach oben vor die Kiste geschraubt, soll den Schnee niederdrücken.

Ein neuer Test.

Mein Traum steigt auf wie Phönix aus der Asche und erstrahlt in neuem Glanz. Es funktioniert. Morgen werde ich losziehen.

Doch wohin während meiner Abwesenheit mit dem Insulin? Ich denke an die Einheimischen. Sie versenken ihre Kartoffeln unter dem Eis, unerreichbar für den Frost. Das sollte auch für mein Insulin gelten. Die Ampullen stecke ich in eine große Kunststoffdose, fülle mit Wasser auf, schließe den Deckel, binde einen Draht fest, gehe hinunter zum Baikal und schlage ein Loch ins Eis. Das Drahtende verankere ich mit einem Nagel im Eis. Anschließend lasse ich die Kunststoffdose mit ihrem kostbaren Inhalt ins Wasser hinabgleiten. Mit mulmigem Gefühl stapfe ich zurück und stelle mir vor, wie die neugierigen Nerpas mit meinem Lebenselixier Wasserball spielen.

Als ich sorgfältig die Jurtentüre mit einem Vorhängeschloss absperre, schmunzle ich – ein altes Ritual der Gewohnheit. Wer sollte hier einbrechen? Zweibeinige Einbrecher sind weit weg und vierbeinige zerstören die Jurte mit und ohne Vorhängeschloss.

Ein großer toter Rabe versperrt den Weg auf der Treppe. Mit gespreizten Flügeln, angezogenen Krallen und offenen Augen liegt er auf dem Rücken, als wollte er sagen: Bis hierher und nicht weiter!

Ein Omen?

Nachdenklich und ungewohnt dünnhäutig trage ich das erstarrte Tier in den Wald.

Damit ich auch auf Spiegeleis vorwärtskomme, müssen Felle auf die Skier gezogen werden. Während ich die Spannöse über die Skispitze ziehe, macht es »Flopp«, und die Öse reißt aus der Kunststoffhalterung. Ein Superstart.

Diese verfluchte Kälte ist für Kunststoff ein Todesurteil.

Nach langem Improvisieren kann ich den Spanner durch Draht ersetzen. Als ich endlich wieder in Gang komme, steht die Sonne bereits hoch, fast zu hoch. Entschlossen zerre ich den Anhänger über eine Eisscholle. Als hätte jemand die Zugleinen durchgeschnitten, knalle ich vornüber in das Eis- und Schneechaos. Gott sei Dank springt die Bindung auf, sodass nur die Knie schmerzen.

Der Zuggürtel samt Leine liegt neben mir. Der Schnallenfinger ist gebrochen und unauffindbar im Schnee versunken. Kostbare Zeit vergeht. Der Gürtel ist kaputt. Wo befestige ich jetzt die beiden Zugstricke? Vielleicht am großen Rucksack? Der müsste doch die Spannung aushalten.

Äußerst widerwillig packe ich den kleinen Rucksack mit der empfindlichen Film- und Fotoausrüstung vom Rücken in den ruckelnden Anhänger und den großen auf meinen Rücken.

Nachdem ich die Stricke festgebunden habe, geht es weiter, aber nur kurz. Schlagartig werde ich gebremst und versinke samt Skiern und Anhänger tief im Weichschnee, der fein wie Staub ist. Nichts geht mehr. Diese Situation kenne ich aus Afrika. Damals in der Ténéré-Wüste im Niger versank unser Toyota Landcruiser ohne Vorwarnung bis zu den Achsen im Sandstaub. Dort halfen Sandbleche. Hier hilft nur Muskelkraft.

Die Skier sind im Schneestaub nicht mehr zu sehen und die Kiste ist bis zur Hälfte versunken. Sie muss leichter werden. Das bedeutet für mich, den kleinen Rucksack mit der Filmausrüstung jetzt zusätzlich vorn auf der Brust zu tragen. Damit habe ich mein zulässiges Gesamtgewicht weit überschritten. Doch dafür ist der Anhänger leichter und lässt sich wieder bewegen.

Meter für Meter ackere ich mich durch den Pulverschnee.

Rechts vor mir taucht die winzige Kormoraninsel mit nur 50 Metern Durchmesser auf. Ihre zackigen Steilklippen ragen wie eine graue Krone aus dem leuchtenden Schnee, sie werfen nur einen kurzen Schatten in der Mittagssonne. Es ist »High Noon« und ich habe noch kein Drittel der Strecke bewältigt. In diesem Schneckentempo erreiche ich heute die Schutzhütte niemals. Jetzt könnte ich noch umkehren, in ein oder zwei Stunden ist es zu spät. Was dann? Es ist sicher kein Honigschlecken, bei –30 °C ohne Zelt auf dem Baikal zu übernachten.

War der schwarze Rabe ein schlechtes Omen?

Obwohl ich im Fernglas nur monotone weiße Wüste erkenne, wage ich einen Kompromiss. Ich gebe mir noch eine Stunde. Wird der Schnee nicht besser, kehre ich ohne Wenn und Aber um. Garantiert! Ab sofort sind Erholungspausen ersatzlos gestrichen. Die Insulinpumpe ist abgeschaltet. Trockenfrüchte aus der Hosentasche versorgen mich mit Energie.

Wie ein Traktor pflüge ich eine kerzengerade Furche Richtung Süden. Dabei plagt mich nicht die Kälte, sondern der Schweiß. Urplötzlich stehe ich in einer anderen Welt: Hier wurde der Schnee vom Wind hart planiert. Endlich gleiten Ski und Anhänger optimal, und mein Zeitlimit ist noch nicht abgelaufen. Also weiter. Erleichtert spanne ich den Filmrucksack zurück auf den Anhänger. Flott und gleichmäßig zischen die Felle über den Hartschnee. Nur Fliegen ist schöner!

Auf Höhe der Baklanij-Insel liegt die Hälfte der Route hinter mir. Immer wieder bremsen mich Schneestaubfelder aus. Sie sind nicht sehr groß, aber zehren an meinen Kraftreserven.

Kurz vor Sonnenuntergang erreiche ich das Südostufer der Tschivirkujbucht. Hier sollte die Hütte stehen. Obwohl ich den Waldrand akribisch mit dem Fernglas absuche – nichts! Bald wird es dunkel, höchste Zeit, um die Unterkunft zu finden.

Ich verlasse den See und folge am Waldrand der Uferlinie Richtung Südufer. Dort komme ich an, ohne dass ich die Hütte gefunden habe. Jetzt wird es eng!

Wo ist diese verdammte Schutzhütte?

Hoffentlich habe ich nichts falsch verstanden?

Die Füße, die Beine und der Rücken sind sich einig. Es reicht! Der Magen schließt sich der Rebellion an. Er bekam zu wenig Versorgungspausen. Die Kälte schlüpft unter die Kleidung, und die Dunkelheit sitzt im Nacken. Ich brauche jetzt unbedingt diese Hütte. Irgendwo muss sie sein.

Wieder hänge ich mich ins Geschirr und schinde mich durch den Wald.

Entmutigt und kraftlos irre ich durch das Unterholz. Endlich lugt zwischen Ästen ein Fensterchen durch. Ich habe die Hütte gefunden! Sie war hinter tief hängenden Fichtenzweigen perfekt getarnt. Das Blockhaus liegt optimal verborgen hinter dem Waldsaum und ist vom See aus nicht zu sehen. Nie hätte ich geglaubt, wie viel Freude solch eine armselige Behausung einem bereiten kann.

Die gesamte Eingangsseite schützt ein breiter, nach vorn offener Vorbau mit Hackstock und trockenem Holz. Die Tür ist unverschlossen. Innen links ist das Herz der Hütte, ein massiv gemauerter russischer Ofen. Am Fenster stehen Eckbank und Tisch. Von der Wand lacht ein Weihnachtsmann mit Schlitten und Rentieren. Das Bild ist mit Glitzergirlanden geschmückt. Stieg hier eine Party? Eher nicht! Hier hauste schon länger kein Mensch mehr.

Im Inneren der Hütte herrscht Eiskellertemperatur. Holz hacken, Feuer machen, kochen und dann endlich Spaghetti essen, das ist die unumstößliche Reihenfolge. Die Kälte sitzt in jeder Ritze. Als ich vor dem Schlafengehen den Schlafsack auf der Bank ausrolle, ist endlich die Kälte aus der Hütte gejagt. Dafür dringt nun angenehmer Lavendel- und Kieferndυft durch den Raum. Das Feuerholz duftet wie ein Saunaaufguss, nur die Saunatemperaturen fehlen. Gemütlich kuschle ich mich in den warmen Schlafsack. Dort genieße ich das Knacken und Lodern der Flammen. In einsamer Natur bei Kerzenlicht fühle ich das Besondere am Alleinsein. Gedanken haben Zeit und nehmen Form an, ohne Druck und Manipulation anderer.

Tiefe Zufriedenheit und Stolz, den Tag gemeistert zu haben, machen sich in mir breit. Müde und gedankenverloren schlummere ich ein.

Sonnenstrahlen wecken mich durchs funkelnde Eisblumenfenster. Nach der Plagerei von gestern fühle ich mich unerwartet frisch und voller Tatendrang. Gut! Das gibt mir die Sicherheit, dass ich im Notfall die benötigte Leistung auf dem Baikal abrufen kann.

Ich werde noch einmal hier übernachten und morgen wieder nach Hause laufen.

Heute lasse ich es langsamer angehen. Ohne Anhänger, nur mit leichtem Tagesgepäck, breche ich zu einer Erkundungstour auf. Es ist ein Genuss, ohne Last zügig eine Spur in den unberührten Schnee zu ziehen.

Am Horizont steigt eine kerzengerade Rauchsäule in den Himmel auf.

Die Neugier treibt mich Richtung Rauch. Am Waldrand entdecke ich ein großes Blockhaus. Davor werkeln drei dick vermummte Männer auf dem Eis. Beim Näherkommen sehe ich, dass einer eine komische Apparatur in der Hand hat. Sie ist etwa ellbogenlang, sieht aus wie eine Rakete, hat jedoch vier Räder und ist aus Metall.

Ich begrüße die Männer. Nachdem auch sie sich vorgestellt haben, öffnet Nikolaj, der Jüngste der drei, den Bauchdeckel der Rakete und setzt Batterien ein. Die vier gezackten Räder drehen sich langsam. Im Inneren wimmelt es von Drähten.

»Sputnik, Sputnik«, erklären sie mir immer wieder und beginnen mir stolz zu zeigen, wofür das rätselhafte Geschoss auf Rädern taugt.

Am hinteren Ende des Sputniks ist eine Öse. An sie knüpft Nikolaj eine Netzleine. Wir stehen vor einem tiefen Eisloch, in das er das Unikum setzt. Mit den Rädern nach oben schiebt Nikolaj den Sputnik mit einem langen Stock unter das Eis. Durch den Auftrieb kratzen und mahlen die Metallzahnräder an der Eisunterseite. Das Vehikel verschwindet im Loch und zieht dabei die Netzleine langsam nach.

Unglaublich, was ich sehe. Ich denke an meinen krummen Ast und fasse es nicht, wie einfach es mit der richtigen Ausrüstung sein kann.

Während Nikolaj die Leine nachführt, ortet Nikita das Unterwasserfahrzeug durch Gehör. Nachdem 100 Meter Netzleine unter dem Eis sind, hält Nikolaj die Schnur fest. Nikita und Gregor schlagen hinter dem kratzenden Sputnik ein Eisloch und ziehen die Leine samt »Rakete« aus dem Loch. Der Rest ist bekannt.

Ich schätze, im Umkreis der Hütte lauern zehn bis fünfzehn Netze auf reiche Beute.

Zwischenzeitlich haben mehrere Trupps, die immer aus drei Männern bestehen, einige Netze eingeholt. Sie beladen einen Schlitten mit tiefgefrorenem Hecht, Omul, Barsch und Äschen.

Nikita lädt mich zum Tee ein. Das passt, denn meine Zehen frieren, und neugierig bin ich sowieso.

Wie vor jedem russischen Haus, wartet auch hier eine Zähne fletschende Hundemeute. Meine Begleiter werden von der Meute in Ruhe gelassen. Doch für mich ist es ein Spießrutenlaufen. Die Köter beginnen einen Wettstreit, wer am gefährlichsten bellt und mir am nächsten kommt. Ich bin ein Spielverderber und warte ab. Als der Mutigste keifend nach meinen Schuhen schnappt, bin ich an der Reihe. Er bekommt kräftig eins aufs Maul. Das Spiel ist aus. Mit Winseln und Jaulen verkriecht er sich hinter der Hütte. Sofort hat der Rest der Kläffer Respekt.

Schnell schlüpfe ich in die Hütte. Hinter der dicken, knarzenden Holztüre kämpfe ich mich durch den schweren Schutzvorhang und stehe im Vorraum. Zwei Trennwände sind im Blockhaus massiv gemauert. Sie reichen bis zur Decke und grenzen Vorraum und Küche gegen den dazwischen liegenden Barackenraum ab. In diese massiven Wände ist jeweils ein großer russischer Ofen gemauert. Beide sind kolossale Hitzespeicher und geben die Wärme während der Nacht langsam ab.

Ohne Zähne, dafür mit kritischem Blick, liegt ein alter Mann im Vorraum auf dem Bett. Er ist der »Hüter des Feuers«. Seine Aufgabe ist, Holz nachzulegen und das Blockhaus den ganzen Winter warm zu halten.

Hinter dem Vorraum erstreckt sich der lange Barackenraum. Wie in einem Lazarett sind an jeder Seite zehn quietschende Metallrohrbetten mit durchgelegenen Matratzen aufgereiht. Dazwischen stehen Kästchen für die persönlichen Habseligkeiten der Fischer. Ein großer Tisch mit Bänken beherrscht die Raummitte. Hier ist die Kommunikationszentrale.

Hinter der zweiten Ofenwand befindet sich die Küche mit dem Esstisch. Dort dampft und brodelt es auf dem riesigen Herd aus großen Alutöpfen. Am Tisch sitzen bereits einige Fischer. Sie johlen laut und winken uns zu.

Nikita stellt hauchdünn geschnittenen gefrorenen Fisch, Teesud und heißes Wasser auf den Tisch. Je nach Geschmack kann sich jeder den Sud mit mehr oder weniger heißem Wasser verdünnen.

Nikita fragt mich nach Frau, Kindern und Beruf. Sie wollen möglichst genau wissen, mit wem sie es zu tun haben. Ich berichte ausführlich, und alle sind sich einig. Mit Abstand bin ich der Ärmste am Tisch, und Nikolaj ist mit Abstand der Reichste. Er hat sieben Kinder mit verschiedenen Frauen. Ich dagegen nur zwei mit derselben Frau. Doch Nikita tröstet mich:

»Du bist noch jung und solltest dir mehr Mühe geben, dann bist du bestimmt auch bald reich.«

Nikolaj, mit schwarzen wallenden Haaren, strahlend blauen Augen und braun gebrannter Haut, vor 20 Jahren wahrscheinlich ein begehrter Frauenheld, schlägt auf den Tisch und brüllt vor Lachen.

Als sie erfahren, woher ich komme und dass ich in der Schutzhütte genächtigt habe, sind sie entsetzt. Ich soll unbedingt bei ihnen schlafen. Hier ist es warm und Essen gibt es genug. Gern nehme ich das Angebot an. Wie gesagt, ich bin neugierig, freue mich auf ihre Kochkunst und die warme Unterkunft. Am meisten genieße ich die lustige Männergesellschaft.

Die Tür springt auf, und Fedor, der kleine rundgesichtige Koch, schleppt einen meterlangen, mit Frost überzogenen Nalem an. Der Nalem, ähnlich unserer Aalrutte, ist am Baikal eine Spezialität. Nicht nur das Fleisch, vor allem seine außergewöhnlich große Leber wird geschätzt.

Fedors Pausbacken strahlen, und er knallt den Fisch mit Wucht auf den Küchentisch, dass es scheppert.

»Das Mittagessen«, ist sein trockener Kommentar. Der Koch wirft den Nalem in eine Wanne mit warmem Wasser und wartet, bis er auftaut. Immer mehr Fischer mit roten Backen und triefenden Nasen kommen vom Netz einholen zurück und drücken sich an den Tisch.

Fedor zieht die Haut vom aufgetauten Nalem. Schneller und sicherer als ein Chirurg öffnet er den Fisch. Als er die große Leber herausholt, raunen seine Zuschauer. Die restlichen Innereien fliegen in den Hundekübel und hinterlassen eine breite Blutspur. Fisch und Leber werden mit einem breiten Beil in mundgerechte Stücke zerhackt. Filetieren ist hier unbekannt, und Gräten gehören zum Fisch.

Der kahlköpfige Alexej hat zwischenzeitlich einen Berg Kartoffeln geschält und halbiert. Fisch, Leber, Kartoffeln, geschnittene Zwiebeln, einige Knoblauchzehen und ein wenig Salz landen im Topf mit Wasser. Er ist so schwer, dass sie ihn zu zweit auf den Ofen hieven.

Der letzte Trupp kommt vom Eis. Die Männer hängen Jacken, Handschuhe, Mützen und das obere Paar Strümpfe an die Ofenwand. Dort hat jeder Fischer seinen Haken. Auf einem kleinen Sockel darunter stehen die Schuhe. Diese Wand ist der wichtigste Platz in der ganzen Hütte. Bevor sie am Nachmittag erneut zum Netzeinholen gehen, ist die ganze Kleidung trocken und warm.

Alle sitzen in der Küche und freuen sich auf den Nalem und die noch köstlichere Leber. Vor jedem dampft eine große Schüssel Fischsuppe. Das allgemeine Schmatzen und Schlürfen wird entsetzt unterbrochen, als ich einen halben Esslöffel Salz in die Suppe schütte und anschließend den Koch lobe, wie hervorragend er Nalem und Leber gekocht hat.

Mit etwas zusätzlichem Salz schmeckt die Suppe wirklich ausgezeichnet. Der obligatorische Wodka bleibt aus. Die Fischer sind zum Geldverdienen hier. Sie müssen ihre Familien ernähren, von denen sie lange getrennt sind. Auch ohne Alkohol sind sie ein lustiger Haufen, und ich fühle mich unter ihnen sehr wohl.

Die Mittagspause ist beendet, und die Fischer müssen raus. Die Netze warten. Ich breche unter ohrenbetäubendem Hundegebell auf. Höchste Zeit, zur Schutzhütte zurückzulaufen, damit ich abends rechtzeitig wieder zurück bin.

Nach zwei Stunden ist sie erreicht. Schnell sind meine Siebensachen gepackt und die Hütte in Ordnung gebracht.

Ein interessanter Gedanke schießt mir durch den Kopf: Ich könnte doch auf die andere Seite der Bucht laufen und über Manachowa, Katun und Kurbulik zurück zur Omulbucht gehen.

Leider reichen meine Lebensmittel nur noch für einen Tag, und die Zuckermessstreifen sowie das Insulin werden ebenfalls knapp. Jedoch bei den Fischern spare ich einen Tag Verpflegung. In Manachowa werden mir Istvan und Alexandra vielleicht weiterhelfen. In Kurbulik muss dann mein vorhandenes Essen reichen. Der Weg wäre nur um ein Drittel länger, wenn ich die ganze Tschivirkujbucht umrunden würde. Das gefällt mir. Der Entschluss ist gefasst. Ich werde es wagen.

Auf dem Rückweg habe ich getrödelt und bin spät dran. Im Abendrot brennt der Himmel am Horizont. Sobald das Feuer erlischt, ist es stockfinster. Doch meine alte Spur führt mich sicher zurück.

Als ich an der Baracke ankomme, ist es Nacht. Die Meute bellt, knurrt und umkreist mich etwas respektvoller. Sie riecht meinen Proviant im Hänger. Das macht sie verrückt.

Als Erstes greife ich die Kiste und bringe sie in der Baracke in Sicherheit.

Die Fischer sitzen im schummrigen Licht der kleinen Petroleumlampe und schlürfen das Gleiche wie mittags. Dieses Mal ersetzt allerdings Dosenfleisch den Fisch.

Sofort wird Platz gemacht und eine volle Schüssel steht vor mir. Nikita lacht und stellt den Salztopf daneben. Die warme Suppe tut gut, und ich schließe mich genüsslich dem Schmatzen und Schlürfen an. Ohne scheinheilige Etikette herrscht hier das Minimalprinzip: Nicht jedes Mal müssen Tassen, Schüssel und Löffel penibel gespült werden. Abwischen reicht!

Nach dem Abendessen schnappt sich Nikolaj die Lampe, und wir folgen ihm wie die Mainzelmännchen an den großen Tisch im Schlafraum. Dort steht der einzige Luxus, ein kleines Batterieradio. Es ist noch nicht entschieden, ob wir Nachrichten oder Popmusik hören werden. Der Konflikt zwischen der jungen und der älteren Generation hält an. Nach mehrfachem Hin und Her siegt das Alter.

Während die Alten interessiert Nachrichten hören, haben die Jungen Spaß beim Kartenspiel.

Dann dreht Fedor die Lampe aus. Jeder sucht sich mit einem Zündholz sein Bett. Nur ich bin auf die plötzliche Finsternis nicht vorbereitet. Ich taste mich zu meinem Bett und in den Schlafsack und bin froh, als der Reißverschluss endlich zu ist. Nur schlafen kann ich nicht. Die vielen Eindrücke und Bilder, die bei diesen liebenswerten Menschen auf mich eindringen, lassen mich nicht los. Die Fischer schnarchen nach kurzer Zeit geschlossen die ganze Nacht hindurch, dass die Wände wackeln. Wer nicht mitmacht, hat verloren.

Noch in schwarzer Nacht zischt das erste Zündholz. Der Koch steht auf, während der Rest weiterschnarcht. In aller Frühe knallt und klopft Fedor laut in der Küche. Was macht er denn um diese Zeit für einen Lärm?

Der Weg nach Manachowa ist von hier so weit wie zurück zur Omulbucht. Deswegen will ich zeitig aufbrechen. Leise ziehe ich mich an und schleiche in die Küche. Im Kerzenschein kämpft Fedor mit einem großen Klumpen Teig. Daher der Radau.

Langsam schält sich einer nach dem anderen aus dem Bett. Jeder beginnt unter Husten den Tag mit einer Zigarette auf der Bettkante. Unter neugierigen Blicken packe ich Rucksack und Anhänger. Einerseits wird zwar der Zigarettendunst immer dicker, andererseits duftet es aus der Küche wie aus einer Konditorei. Der Koch backt in heißem Fett süße Krapfen. Gern warte ich, bis die Leckereien auf dem Tisch stehen. Mit Zucker und Tee genieße ich sie ausgiebig. Der gute Fedor hat bereits meine Thermoskanne gefüllt und fünf Stück Schmalzgebäck als Wegproviant verpackt. Der Abschied in der Küche ist herzlich. Vor lauter Umarmungen komme ich ins Schwitzen. Draußen stecke ich den Tee und drei Stück Schmalzgebäck in die Kiste, zwei verstaue ich als Notproviant im Rucksack.

Nun aber auf die Skier und los.

Warum ist die wilde Hundemeute so außergewöhnlich ruhig? Da stimmt doch etwas nicht. Wahrscheinlich sind die Hunde froh, dass ich gehe.

Schön war es in der lustigen und gutherzigen Männergesellschaft. Raue Burschen mit butterweichem Kern.

Hinterhältige Bestie

Das perfekte Eis und der stahlblaue Himmel stachelten meinen sportlichen Ehrgeiz an. Doch nun brennt die Lunge wie Feuer, mein Atem geht nur noch flach und kurz. Ich schnappe nach Luft. Mein Herz rast und kann nicht genügend Sauerstoff in die Zellen pumpen.

Stopp, ich brauche eine Pause, die erste seit mindestens zwei Stunden. Mit Bärenhunger freue ich mich auf das süße Schmalzgebäck von Fedor und greife nach der Tüte im Anhänger. Sie fehlt. Habe ich sie verloren? Unmöglich! Ich habe sie ganz sicher neben die Thermoskanne gesteckt.

Enttäuscht werfe ich alles aus der Kiste. Nirgends auch nur ein Krümel der Köstlichkeiten. Jetzt verstehe ich, warum die Hunde beim Abschied so zahm waren. Die Gierhälse fraßen Fedors Leckereien.

Nur kurz ging ich in die Hütte zurück, um den Rucksack zu holen. Das nutzten diese Bestien schamlos aus und vergriffen sich an meinem Essensvorrat. Für mich bedeutet das, mehr als ärgerlich, den Notproviant anzupacken.

Mit Wut im Bauch gehe ich weiter Richtung Westufer. Dort reiht sich eine Bucht an die nächste, und alle sehen ähnlich aus. Manachowa ist vom See aus nicht zu sehen. Es versteckt sich hinter einem Hügel. Aber hinter welchem? Ich brauche Glück und entscheide mich willkürlich für eine Bucht. Beinahe ein Volltreffer, nur eine Bucht daneben!

Manachowa ist keine Weltstadt; nur zwei einsame Hütten ragen aus dem Schnee. Eine ist die Unterkunft für Nationalparkranger und im Winter geschlossen. In der anderen leben Alexandra und Istvan. Wir kennen uns. Im Herbst wartete ich hier vor dem Heimflug auf Kolja.

Ich klopfe ans Tor. Erst wütendes Gebell, dann Schritte. Vorsichtig öffnet Istvan und inspiziert kritisch den vermummten Mann mit Skiern, der eine Vorratskiste hinter sich herzieht. Für ihn muss ich aussehen wie ein Außerirdischer. Als ich die Gesichtsmaske abnehme, weicht die Ablehnung und er lächelt. Ich erkläre ihm meine prekäre Situation. Ich bin ohne Nachtlager und ohne Geld!

Er nickt kurz, packt den Hund, der noch wilder wird, am Halsband, und winkt mich in den Hof. Der Hund ist stark und groß, fast zu groß für Istvan. Er kann ihn kaum halten und zerrt ihn mit Mühe hinters Haus.

Istvan interessieren als Erstes die Kunststofffelle auf meinen Skiern. Mit den Fingern fährt er gegen den Strich, schüttelt den Kopf, schnappt die Pfote seines zweiten, lammfrommen Hundes und drückt auf dessen Krallen. Blitzschnell wie ein Stilett fahren sie aus. Istvan hat das Prinzip verstanden: Es funktioniert wie Hundekrallen, die nur beim Abstoßen greifen.

Ich nehme den Rucksack vom Anhänger, und Istvan eskortiert mich zur Haustür, denn der aggressive Hund kommt zurück. Er wird immer wilder. Istvan verliert jede Kontrolle über ihn. Ich stehe bereits auf der Treppe, die Tür ist schon offen, da springt mich diese Bestie von der Seite mit Knurren und gefletschten Zähnen an. Ich spüre und rieche seinen fauligen Atem. Genau im richtigen Moment drehe ich den Kopf zur Seite, als die messerscharfen Zähne direkt vor meiner Nase mit einem lauten Klack ins Leere schnappen. Das war knapp!

Ein kräftiger Stoß von meinem Beschützer, und wir beide fliegen samt Rucksack durch die offene Tür. Die Landung ist hart. Istvan knallt die Tür hinter uns ins Schloss. Ein herzlicher Empfang!

Irritiert liege ich am Boden des dunklen Raumes. Eine Tür quietscht. Alexandra ist überrascht, wer da vor ihr auf dem Boden krabbelt. Sie winkt mir eilig. Es ist kalt. Schnell rapple ich mich auf und stoße mit meinen 1,90 Metern an den Querbalken der niedrigen Tür. Benommen wie ein angeschlagener Boxer stehe ich in der Küche. Eilig schließt Alexandra die Tür und drückt eine Decke zwischen Schwelle und Türblatt. Schnell zieht sie den dunkelroten, speckigen Vorhang zu, damit es nicht zieht.

»Cholodna« (kalt), klagt sie mit hochgezogenen Augenbrauen. Ihr Atem geht seit meinem letzten Kurzbesuch noch schwerer und rasselt noch lauter. Sie hustet und ringt ständig nach Luft. Die Arme plagt das Asthma immer schlimmer.

Istvan hat die Bestie bestraft und poltert in die kuschelig warme Küche. Er setzt sich mir gegenüber. Alexandra holt einen dampfenden Topf vom gemauerten Herd. Heiße Brühe mit Kartoffeln, Zwiebeln, Knoblauch, Knochenresten und etwas Fleisch plumpsen in meinen großen Teller, dass es spritzt.

»Kuschat, kuschat.« Ich soll essen. Darauf kann sie sich verlassen. Ich habe gewaltigen Hunger. Wegen der blöden Hunde musste ich auf dem Baikal mein letztes Brot essen. Somit herrscht Ebbe in der Vorratskiste.

Istvan fragt mich neugierig nach Zwischenfällen mit Bären und wie ich mich verteidigt habe. Der Mythos von der aggressiven, unberechenbaren und brutalen Tötungsmaschine Bär ist allgegenwärtig. Ob bei Bekannten, Einheimischen, Fischern, Nationalparkmitarbeitern oder Istvan, die erste Frage ist immer die gleiche: »Bärenprobleme?«, und die zweite, ob ich ein Gewehr habe. Denn Opfer werden vor allem jene, die dem Bären unbewaffnet gegenüberstehen. Wenn ich dann beides verneine, erzählen sie mir grausige Geschichten, wie Menschen von Bären angegriffen, zerfleischt und bestialisch getötet wurden.

Meine Erfahrungen besagen genau das Gegenteil. Unter normalen Umständen meiden Bären den Menschen wie das Feuer und weichen, wenn möglich, immer aus. Als ihr Nachbar habe ich von den Sohlengängern nur ihre Spuren und dampfende Kotberge gefunden. Trotz ihrem oft warnenden Gebrüll habe ich bisher nie eines dieser herrlichen Tiere gesehen, außer beim Empfangskomitee am Tag unserer Ankunft in der Omulbucht.

In der Natur, aus der wir uns ausgeschlossen haben, ist nicht der Bär, sondern der Mensch als Aggressor und Jäger Schuld an diesem uralten, manchmal auch tödlichen Missverständnis. Der Schlüssel ist gegenseitiger Respekt. Beim Bären habe ich da keine Sorge, beim Menschen schon.

Auch Istvan erzählt von den vielen Bären in Manachowa und von den großen Problemen. Bevor er gruselige Bärengeschichten zum Besten gibt, wechsle ich das Thema und frage nach ihrem Alltag.

Die beiden führen ein zufriedenes und ruhiges Leben, obwohl Istvan alles Wasser vom etwa 500 Meter entfernten Baikal herschleppen muss. Dann öffnet Istvan die Tischschublade, zieht ein selbst bemaltes Damebrett heraus und stellt die selbst geschnitzten Spielsteine auf. Alexandra eröffnet. Dabei singt Istvan, und seine Frau summt mit. Diese Harmonie wird nur durch die ständigen Asthmaanfälle unterbrochen. Sie lachen und haben Spaß am Einfachen und Wenigen. Trotzdem sind sie reich. Reich an Zeit. Beneidenswert.

Ich denke an die hektische Welt, aus der ich komme, dort ist Zeit Geld.

Wir bauen immer neue Maschinen, die Zeit sparen, und müssen immer mehr arbeiten, um diese Maschinen zu kaufen. Dummerweise bringt unser steigender Lebensstandard und Fortschritt nur mehr Hektik und nicht mehr Zeit und Ruhe.

»Ich habe keine Zeit.« Ein Satz, der uns so wichtig macht, hallt überall in unseren Ohren.

Ob gewollt oder ungewollt, die beiden haben Zeit ohne Ende. Die vierte Partie läuft, nicht der Sieg zählt, nur der Spaß. Am Ende steht es unentschieden. Deshalb räumt Istvan das Spiel auf, er ist ein Gentleman.

Nach einem anstrengenden Tag ist es Zeit, ins Bett zu gehen. Ich ziehe meine Skischuhe aus. Istvan ist fasziniert. Zwei Schuhe in einem! Einer für draußen und ein Innenschuh für drinnen. Fassungslos schüttelt er den Kopf, und dann kommt ein bewunderndes »Nemezki«, deutsch, über seine Lippen.

Alexandra nimmt mich an der Hand und zeigt mir im Schlafzimmer nebenan mein Bett. Das kleine Blockhäuschen besteht nur aus zwei winzigen Zimmern, einer Küche mit Tisch, Bank und Herd sowie dem Schlafzimmer, und das wird durch einen Vorhang nochmals geteilt. Im vorderen Teil steht das bescheidene Ehebett. Hinter dem Vorhang ist mein Reich mit einem weiteren Bett. Nicht zu glauben, in dieser klitzekleinen Zweizimmerhütte haben die beiden fünf Kinder aufgezogen. Respekt! Ich kann mir nicht vorstellen, wie hier sieben Menschen geschlafen haben.

Das Plumpsklo steht draußen auf dem Hof. Leider! Denn dort schleicht die Bestie herum. Was tun, wenn mich nachts die Blase drückt?

Die Nacht dauert noch länger als gestern in der Fischerbaracke. Das Ehepaar schnarcht im Duett um die Wette. Nur Istvan unterbricht kurz und plätschert seine Notdurft in einen Kübel. Danach dreht er wieder auf volle Lautstärke auf. Ohne Kübel und ohne Schlaf ist die Nacht lang. Ich liege wach und denke an daheim.

Noch bei Dunkelheit zündet Alexandra die erste Kerze an. Sie hantiert und scheppert in der Küche mit Töpfen. Nachdem auch Istvan aufgestanden ist und die Teetassen klappern, geselle ich mich zu den beiden. Sie wirken frisch und ausgeschlafen.

Auf dem Tisch stehen Zwiebeln, Knoblauch, Salzfisch, gekochte kalte Kartoffeln und wunderbarer heißer Milchtee. Das außergewöhnliche Frühstück schmeckt überraschend gut. Ich esse, so viel ich kann, damit ich möglichst lange satt bleibe. Aufgrund der einfachen Verhältnisse traue ich mich nicht, nach Wegproviant zu fragen.

Nachdem Istvan den gefährlichen Hund weggesperrt hat, verabschieden wir uns herzlich. Im Frühjahr auf dem Nachhauseweg komme ich wieder nach Manachowa. Dann werde ich den beiden für ihre Gastfreundschaft etwas Geld zustecken.

Sie winken am Tor. Es ist wunderbar, zu sehen, wie freundlich und lieb das Paar nach so langer Ehe miteinander umgeht.

Ich ziehe weiter Richtung Norden, immer der Steilküste entlang – und das auf einer Straße aus Eis.

Eis auf der Straße bedeutet bei uns höchste Lebensgefahr, hier ist es selbstverständlich. Der russische Autofahrer kann es kaum erwarten, Eis unter die Räder zu bekommen.

Ich laufe auf dem Baikal-Highway. Er führt bis an die Nordspitze des Sees zur etwa 250 Kilometer entfernten Stadt Severobaikalsk.

Die Winterstraße ist für Mensch und Wirtschaft am Baikal extrem wichtig. Drei Monate lang wird der teure und langsame Schiffstransport durch Lastkraftwagen auf das Eis verlegt. Ab 80 Zentimeter Eisdicke wagen sich sogar Zwanzigtonner darauf. Schnell, einfach und billig werden jetzt Diesel, Benzin, Konserven und Dinge des täglichen Bedarfs in die gesamte Nordregion gefahren. Jedoch nicht ohne Risiko! Breite Risse sind oft nur an der Oberfläche gefroren oder vom Schnee verdeckt und sind damit eine tödliche Falle. Am gefährlichsten ist es im Frühjahr. Dann beginnt die Eisschmelze, und das Eis ist unterschiedlich dick. Unerwartet brechen Spalten auf. Darüber bildet Schmelzwasser große Oberflächenseen. Der Fahrer sieht nicht, ob tragendes Eis fehlt, und verschwindet dann samt Fahrzeug auf Nimmerwiedersehen im Baikal.

Niemand hat je die Autos gezählt, die für immer auf dem tiefen Grund des Sees parken.

Hinter einer Steilklippe sehe ich die ersten Gebäude von Katun. Vielleicht

15 Holzhäuser stehen in der flachen Bucht. Kühe im Winterfell glotzen mich teilnahmslos an. In bitterer Kälte scharren sie mit dem Maul nach ein paar armseligen Halmen. Dabei dampfen sie wie Drachen aus den Nasenlöchern.

Ich friere, obwohl ich durch Schneewehen stapfe und für den Anhänger eine Spur wühle. Häuser mit zugenagelten Türen und Fenstern überraschen mich. Einige Kamine qualmen, aber kein Mensch zeigt sich. Ich fühle mich wie in einer Geisterstadt.

Aus dem letzten Haus kommt tatsächlich ein Mensch heraus. Leicht bekleidet hüpft er im Hemd bei dieser Kälte von einem Fuß auf den anderen. Er stellt sich als Boris vor und lädt mich zu sich ein. Verrückt! Anscheinend wissen die Sibiriaken immer, wenn ich friere, und holen mich dann in ihre warmen Stuben.

Der Mann mit der dicken Hornbrille hat eine Platzwunde auf der Stirn. Er schiebt mich in eine kleine, zusammengenagelte Hütte mit Flachdach. Ich kann nicht stehen, dafür ist es angenehm warm.

»Ich kenne dich«, sagt er. »Du bist doch der Verrückte aus der Omulbucht.«

Offensichtlich habe ich einen sehr zweifelhaften Bekanntheitsgrad erreicht.

Nachdem Tee, Brot und Salzfisch auf dem Tisch stehen, beginnt er zu erzählen. Er ist geschieden, hat einen Sohn, aber leider keinen Kontakt zu ihm. Im Sommer verdient er sich in Ust Barguzin mit Gelegenheitsarbeiten etwas Geld. Davon fristet er hier im Winter sein Dasein. Er lebt von Zigaretten, Fisch, Marmelade, Brot und der schönsten Aussicht auf den Baikal. Es gibt keinen Strom und auch kein Geschäft, um Wodka zu kaufen. Also keine Möglichkeit, Geld auszugeben. Das wird der Grund sein, weshalb Boris hier den Winter, ausgesperrt aus der Welt, in einer selbst zusammengenagelten Hütte verbringt.

Hinter der frischen Platzwunde an der Schläfe und der Schnittwunde, dort, wo die Brille auf der Nase sitzt, steckt vielleicht noch ein anderes Problem. Boris ist von den Menschen enttäuscht, kommt in dieser Welt nicht mehr zurecht und ist den Tränen nahe.

Als er erzählt, dass er im Herbst nach Bela Russia (Weißrussland) gehen und dort in ein orthodoxes Kloster eintreten will, wird aus dem traurigen

Gesichtsausdruck ein freudestrahlendes Lächeln. Im Kloster will er seinen Frieden finden und den Rest seines Daseins verbringen. Ein gutmütiger Mann, den das Leben überfordert. Ich hoffe für ihn, dass er im Kloster findet, wovon er träumt.

Zum Abschied packt er drei gesalzene Omulfische in eine Plastiktüte ein, nimmt mich in den Arm und lächelt glücklich, als wäre er bereits im Kloster. Ihm hat schon lange keiner mehr zugehört.

Und ich muss weiter. Die Tage sind kurz.

Ich komme in Kurbulik an, als die Sonne hinter den Horizont rutscht. Die Farben wechseln in kaltes Grau, und das obligatorische Begrüßungskomitee steht schon bereit. Ein ganzes Rudel Hunde bellt und kläfft mir von Weitem entgegen.

Während ich mich wegen des Schlüssels zum Nationalparkranger Michail durchfrage, wird die Meute größer und größer. Ich bin einmal mehr die Attraktion. In Sibirien sollen in jedem Haus ein Hund und eine Katze leben. Das gilt ganz sicher nicht für Kurbulik. Hier müssen es mindestens vier Hunde oder mehr pro Haus sein.

Michail bringt mich zum Nationalparkhaus. Er sperrt ein Zimmer mit Küchen- und Schlafbereich auf. Mit der Stirnlampe erkenne ich Brennholz und eine Kanne voll Wasser. Nachdem ich eingeheizt habe, packe ich hungrig Boris' Fischsegen aus. Im Kerzenschein filetiere ich zwei der drei Omule. Sie sind das Hauptgericht. Zum Nachtisch genieße ich zwei der letzten sechs Kekse. Den Rest packe ich für morgen weg.

Jetzt wird es wirklich eng. Kohlenhydrate, Insulin und Teststreifen werden knapp.

Der Fisch macht satt, liefert aber nicht genügend Energie. Mir fehlen Broteinheiten, sprich Kohlenhydrate – nicht nur wegen der Kraft, sondern vor allem wegen des Diabetes. Meine Zuckerwerte sind seit Tagen im Keller, obwohl die Insulinpumpe abgeschaltet ist.

Eine grell verzerrte Stimme aus dem Funkgerät im Nebenraum reißt mich aus dem Schlaf. Der herrisch aggressive Ton aus Michails Büro wird immer lauter und bestimmender. Es hört sich nach Problemen an. Hoffentlich hat das nichts mit mir zu tun. Ich mache Feuer, koche Tee und esse einen halben

Salzfisch mit zwei Keksen. Eine nicht alltägliche Frühstückskreation, aber sie macht satt.

Es klopft an der Tür. Michail und eine weiß gekleidete Dame betreten den Raum. Der Ranger ist beschämt und spricht von einem kleinen Problem. Heute hat die Ärztin in Kurbulik Sprechstunde, und die findet normalerweise in diesem Zimmer statt.

»Dann ziehe ich selbstverständlich aus.«

»Nein, nein«, das möchte die Ärztin nicht. Der Küchenraum würde ihr reichen.

Also packe ich alles in den Schlafraum und breche auf, um das Fischerdörfchen unsicher zu machen. In Kurbulik endet die Straße Richtung Norden. Im Sommer geht es von hier nur noch mit dem Boot weiter.

Die meisten der 30 bunten Holzhäuser stehen in Reih und Glied an der Strandpromenade und erinnern mich an Norwegen. Aus einer viel zu kleinen Garage tastet sich ein viel zu großer Toyota Geländewagen auf die Straße. Mir ist schleierhaft, wie der Fahrer in sein Auto gekommen ist. In der Garage daneben bastelt ein Fischer an seinem Motorrad mit Seitenwagen. Das Gefährt ist zweifelsfrei älter als er. Der große soziale Unterschied in dieser kleinen Fischersiedlung springt ins Auge.

Unter ständiger Bewachung durch meine vierbeinigen Begleiter schlendere ich weiter. Am Ende der Straße winkt ein Mann und lacht. Als ich näher komme, erkenne ich in ihm einen der Fischer, der mit seiner Brigade im Sommer in der Omulbucht fischte. Dimitri drückt mir die Hand und ist überrascht, mich hier zu sehen. Seine beiden erwachsenen Söhne balgen sich mit einem Bernhardiner. Aus lauter Freude über ein neues Gesicht springt der Hund an mir hoch. Als seine Zunge, groß wie ein Waschlappen, über mein Gesicht lecken will, kann ich ihn im letzten Moment abwehren. Dennoch bin ich von oben bis unten versabbert.

»Ein lieber Hund«, sagt Dimitri.

Auf dem Eis säuft eine Kuh aus dem Wasserloch und setzt einen großen dampfenden Fladen direkt daneben, wo anschließend ein Mann mit seinem Kübel das Trinkwasser schöpft.

In der Nähe kämpfen ein Fischer und sein Sohn mit der Netzleine. Sie sind wortkarg und unfreundlich. Zu zweit zerren sie an dem Netz, das sich nicht bewegt. Jetzt verstehe ich ihren Ärger. Es ist unten am Eis festgefroren und verloren. Ein herber Verlust. Die beiden sind sauer und ziehen ohne Gruß ab.

Viele Jugendliche stehen gelangweilt mit einer Zigarette im Mund vor den Häusern. Manche drehen mit dem Motorrad eine Runde am Strand, um dann wieder stumpfsinnig herumzustehen, und das jeden Tag den ganzen Winter hindurch. Ihr Leben ohne Kino und Diskothek ist äußerst langweilig.

Für mich jedoch war das Dorfleben sehr interessant.

Im Nationalparkhaus wartet auf dem Tisch eine kleine Schachtel mit Plätzchen auf mich. Ich denke, ein kleines Dankeschön der Ärztin, weil sie in Ruhe ihrer Arbeit nachgehen konnte. Die Russen beschenken mich stets im richtigen Moment, und wieder zeigt sich die russische Seele. So kann ich heute Abend unverhofft schlemmen.

Zufrieden schlafe ich ein und hoffe, dass die Jurte noch steht.

Morgens gebe ich den Schlüssel ab und erreiche ohne Zwischenfälle am Abend die Jurte. Überall sind Tierspuren. Alle Nachbarn, außer Bären, haben meine Abwesenheit genutzt, um mein Heim endlich in aller Ruhe zu inspizieren. Nichts fehlt, nichts ist zerstört. Soll noch einer sagen, ich hätte keine anständigen Nachbarn.

Das bisschen Haushalt

Die Funktionslampe leuchtet rot. Das Display zeigt nichts an, absolut nichts. Ohne Pegelanzeige kann ich unmöglich die Antenne auf einen Satelliten ausrichten.

Verdammt, und das jetzt! Höchste Zeit, mal wieder daheim anzurufen, denn zu Hause machen sie sich sicher schon Sorgen und rechnen mit dem Schlimmsten. Die Tschvirkujtour dauerte länger als geplant. Und dieses verdammte Satellitentelefon funktioniert wieder nicht. Es setzt mich ständig unter Druck.

Für meine Familie sind die Telefongespräche Lebenszeichen. Für mich ist das Satellitentelefon die Reißleine bei Gefahr. Und es schenkt mir die schönsten Minuten, wenn ich meine Lieben höre. Doch oft gibt es Probleme mit Technik und schlechtem Wetter.

Kurioserweise funktioniert die Anzeige dann in der Jurte wieder. Wie Schuppen fällt es mir von den Augen. Die Kälte ist das Problem. Am Holzstoß zeigt das Thermometer –36 °C.

Die Flüssigkeitskristallanzeige ist eingefroren. Das hochempfindliche Gerät eignet sich nicht für diese extremen Temperaturen. Leider bekomme ich in der warmen Jurte keinen Satellitenempfang. Den gibt es nur drunten am Baikal – ein Fiasko!

Am nächsten Tag grabe ich am Ufer als Erstes Kieselsteine aus dem Schnee und lege sie auf den Ofen. Nachdem sie heiß sind, schichte ich sie in eine Vorratskiste. Zum Schutz gegen das Überhitzen lege ich ein kleines Brett auf die Steine. Darauf stelle ich das Satellitentelefon und lege eine Decke darüber. Sie soll die Wärme in der Kiste halten, bis ich am Ufer bin.

Damit alles schnell geht, schalte ich das Telefon bereits in der Jurte ein. Zwischen Spannung und Hoffnung renne ich zum Strand, und siehe da, die Anzeige funktioniert tatsächlich. Euphorisch richte ich die Antenne aus, bis der Pegel stimmt.

Heti meldet sich auf der anderen Seite. Wie vermutet, wartete sie schon auf meinen Anruf und malte sich Horrorszenarien aus. Zu Hause ist alles klar, und ich fühle mich nicht mehr so allein.

Punkt 7 Uhr reißt mich ein hier unbekanntes, schrilles Schellen aus dem Schlaf. Das vergessene Geräusch eines Weckers. Heute heißt es, zeitig raus aus den Federn. Backtag ist angesagt. Der Brotkorb ist leer. Das bedeutet einen langen Arbeitstag. Bei diesen Temperaturen dauert es, bis die Kälte aus den Backofensteinen getrieben ist.

Der Backofen verbessert meine Lebensqualität extrem. Gott sei Dank ist die Zeit mit dem miserablen Pfannenbrot vorbei.

Brot ist das Symbol für Nahrung. Ein Grundnahrungsmittel, das wir nie satthaben. Obwohl es nur aus Mehl, Salz, Wasser, Hefe oder Sauerteig besteht, ist es für mich schwierig herzustellen. Viele unterschiedliche Einflussfaktoren wie Hitze, Kälte, Teigkonsistenz, der einfache Ofen und anderes mehr entscheiden über Erfolg oder Misserfolg.

Nur durch Versuch und Fehlschlag kann ich die Probleme beherrschen. Seitdem schätze ich Brot wieder ganz besonders.

Heute erwartet mich ein großes Programm. Nicht nur das Brot, auch die Mürbeteigplätzchen, meine schnellen Kohlenhydratlieferanten, muss ich backen.

Noch vor dem Frühstück zünde ich ein Feuer im Backraum an. Bei +35 °C war der Ofen in drei Stunden aufgeheizt. Doch bei −35 °C kann das locker die doppelte Zeit dauern.

Der Brotteig ist geknetet und kann nun aufgehen. Inzwischen sind die Plätzchen an der Reihe: Milchpulver im warmen Wasser auflösen, mit Öl, Zucker und Weizenmehl mischen, dann den Teig mit der Thermoskanne ausrollen, mit dem Zahnputzbecher ausstechen, und schon sind sie fertig für den Ofen.

Nach sieben Stunden hat er endlich Backtemperatur erreicht.

Als Erstes räume ich Feuer und Glut aus dem Ofen, dann schiebe ich zwei Brote in den Backraum und verschließe das Ofenloch. Nach etwa einer Stunde kommt der spannende Augenblick.

Duftendes Sauerteigbrot lacht mich an. Noch warm schneide ich eine Scheibe ab, schließe die Augen und genieße. Für die Plätzchen wird der Ofen erneut aufgeheizt.

Es dämmert bereits, als die Leckereien endlich im Backofen sind. Seit heute früh schüre ich Feuer, mache Brotteig und knete Plätzchen, ein einziges Gerenne. Höchste Zeit für eine Pause. Ich freue mich auf eine Tasse Kaffee.

Was ist das?

Das Milchpulver schwimmt auf dem Kaffee und löst sich nicht auf. Ich ärgere mich über mich selbst. Denn in der Hektik habe ich das Milchpulver mit dem Weizenmehl verwechselt. Beides ist in gleichen Behältnissen. Sie unterscheiden sich lediglich durch die Aufschrift »Milch« und »Weizenmehl« auf den Deckeln, und die liegen mit der Kennzeichnung nach unten auf dem Tisch.

»Nein, nein, nein und nochmals nein!«

Deshalb war der Plätzchenteig beim Kneten so klebrig.

Die Plätzchen sind fertig, und die Kostprobe ist vernichtend. Sie sind ungenießbar und hart wie Granit, ich beiße mir beinahe die Zähne aus. Dafür schmeckt das Brot umso besser. Ganz frisch ist es eine Verführung für die Zunge. Dazu genieße ich feinen, geräucherten Omul.

Nachdem der erste Ärger verflogen ist, kann ich nur noch über mich lachen. Doch nicht so einfach, das bisschen Haushalt!

In schwarzen Großbuchstaben schreibe ich auf jede Kunststoffdose, was drin ist.

Hetis Crashkurs war vielleicht etwas zu kurz. Insgesamt aber komme ich besser zurecht als gedacht. Immerhin steht jeden Tag eine warme Mahlzeit auf dem Tisch. Zwar gibt es manchmal drei Tage das Gleiche, doch der Saunakühlschrank macht es möglich, ich kann größere Mengen kochen, aufteilen, einfrieren und so viel Zeit am Herd einsparen.

Meine Tage sind zeitlos. Sie sind gefüllt mit körperlicher, aber auch mentaler Arbeit. Das Korsett der Zeit zerbricht. In den Vordergrund treten die Bedürfnisse. Wo immer möglich, reduziere ich sie auf das Notwendigste. Mit meiner Kleidung gehe ich äußerst sparsam, ja vielleicht sogar geizig um.

Strümpfe kann ich fünf, zehn oder fünfzehn Tage anziehen. Je länger ich sie trage, umso besser wärmen sie, und der Geruch ist reine Gewohnheit. Weiter will ich dieses Thema nicht vertiefen.

Wäsche wasche ich draußen. Mit dem vielen Wasser wäre die Schweinerei in der Jurte zu groß.

Bei –30 °C mit nackten Händen im Wasser zu hantieren, ist eine Tortur, und der Rückzug in die Jurte eine Erlösung. Aber dort herrscht auch keine Wohlfühltemperatur. Damit die feuchte Wäsche trocknet, heize ich ein, was der Ofen hergibt, sodass die Temperatur unter dem Dach auf 60 °C steigt und die Luftfeuchtigkeit auf 100 Prozent.

Leider gibt es für die feuchte Luft im Dachspitz nur einen kleinen Abzug. Somit verteilt sich die wassergeschwängerte Luft in der ganzen Jurte. Das Bett wird feucht und an der Türe, wo die Isolation am schlechtesten ist, wächst ein dicker, weißer Eispanzer.

Nachdem die Wäsche trocken ist, dauert es Tage, bis die Jurte ebenfalls wieder durchgetrocknet ist.

Schritte wecken mich in der Morgendämmerung. Im ersten Augenblick kann ich sie nicht orten, dann bin ich irritiert: Sie kommen vom Jurtendach. Das kann nicht sein.

Vorsichtig und leise ziehe ich mich an. Als ich die Tür öffne, springt ein Fuchs, groß wie ein Schäferhund, im dicken Winterpelz vom Jurtendach und verschwindet mit langen Sprüngen hinter den Bäumen. Ganz schön frech, der Meister Reineke!

Der Brotduft war zu verlockend und hat seine Angst besiegt. Oder hat er sich verlaufen? Denn zwischen Hang und Jurte liegt so viel Schnee, dass die Jurte bis zum Dach übergangslos unter der weißen Pracht verschwindet. Und das ist gut so. Es ist die beste Isolation für mein vereistes Schloss. Zum ersten Mal wagte sich ein Tier so nah an mich heran und stieg mir im wahrsten Sinn des Wortes aufs Dach.

Noch im Sommer war es für mich unvorstellbar, wie mich nur zwei Zentimeter Filz vor –40 °C schützen sollten. Doch heute bin ich fasziniert und überwältigt von diesem handgewirkten Naturprodukt.

Simeon hatte beim Jurtenkauf recht, als er von diesem aus Pferde-,

Ziegen- und Schafshaaren gewalkten Isolationswunder schwärmte. Dieser Filz vereint wirklich alle Eigenschaften für solche harten Anforderungen: Er hat eine großartige Isolation, ist atmungsaktiv, leicht und einfach zu transportieren.

Aber es gibt keinen Vorteil ohne Nachteil! Lang anhaltende Feuchtigkeit ist der sichere Filztod. Dann geht der Filz den Weg alles Organischen. Er verfault.

Am nächsten Tag erlebe ich ein Phänomen. Der Himmel leuchtet blau wie immer, die niedrig stehende Wintersonne strahlt ebenfalls wie immer, jedoch die Luft glitzert in allen Spektralfarben wie noch nie. Es ist, als würde mich Diamantenstaub umgeben. Unzählige, extrem kleine Eiskristalle flimmern in der trockenen Winterluft, ohne dass sie der geringste Lufthauch antreibt. Das Naturschauspiel taucht alles in mystische Stille.

Diese unwirkliche Stille erinnert mich an Indien, an das Kloster in Bodghaya, wo Buddha vor 2500 Jahren nach 39-tägigem Fasten und Meditieren erleuchtet wurde. Hinter den hohen Klostermauern herrschte dort die gleiche Ruhe, während Heti und ich unsere ersten Meditationserfahrungen sammelten.

Damals sagte unser Lehrmeister Mönch Bande:

»Unser Geist ist wie eine wilde Affenherde, die ständig unterwegs ist und nie zur Ruhe kommt. Die Meditation soll die Affenherde beruhigen. Denn Meditation bedeutet besinnliches Nachdenken und Auseinandersetzen mit sich selbst. Mit der Zeit sollen Habgier und Egoismus in den Hintergrund treten. Ziel der Meditation ist, zu einer inneren Ruhe und Gelassenheit zu kommen.«

Und genau die finde ich hier in der Einsamkeit.

Seitdem ich alleine bin, meditiere ich täglich ein bis zwei Stunden. Hier in stiller Natur ist der vollkommene Platz zur Selbstfindung. Nichts und niemand stört, wenn ich mich nur noch auf meinen Atem konzentriere und in ihm versinke. Der Geist wendet sich nach innen, stellt unerbittlich immer wieder die gleiche Fragen, bis er Antworten bekommt, oft unerwartete Antworten.

Bereits Thoreau erkannte 1845:

> *»Nach innen kehr dein Aug' und du wirst finden*
> *An tausend unerforschte Regionen;*
> *Bereise sie und werde wohl bewandert*
> *In deiner eignen Heimatweltenkunde.«**

* Henry David Thoreau: *Walden oder Leben in den Wäldern*, zuerst erschienen 1854, hier zitiert in der Übersetzung von Emma Emmerich und Tatjana Fischer, Diogenes Verlag Zürich, 1971, S. 311.

Aufbruch ins Ungewisse

Mit Skiern oder zu Fuß? Gas oder Kerosin? Eine oder zwei Isomatten? Dicker Daunenparka, ja oder nein?

Aufgrund meiner Isolation fehlt mir jede Information über die Eis-, Schnee- oder Windverhältnisse draußen auf dem Baikal.

Die Skier sind bei Schnee optimal, aber nicht bei Eis! Gas brennt nur bis –20 °C, Kerosin dagegen immer, verstopft aber ständig die Düsen. Den dicken Daunenparka und die zweite Isomatte brauche ich erst unter –30 °C. Es ist wie beim russischen Roulette, ein Glücksspiel mit offenem Ausgang.

Ich entscheide mich für Skier, 50 Prozent Gas und 50 Prozent Kerosin, gegen Daunenparka und die zweite Isomatte, aber für die Film und Fotoausrüstung.

Doch die Entscheidung ist gefallen! Ob richtig oder falsch, weiß ich erst in zwei Wochen. Ich hoffe, ich habe den richtigen Kompromiss gefunden – nicht zu viel und ja nicht zu wenig, aber vor allem das Überlebensnotwendige. Denn zu viel Sicherheit ist »untragbar«. Und durch die Hölle, wie die drei Franzosen, von denen Kolja erzählte, möchte ich nicht. Sie hatten trotz eisiger Kälte nur Gas und viel zu wenig Kleidung dabei. Halb erfroren erreichten sie im letzten Moment die Insel Olchon. Mit lebensgefährlichen Erfrierungen wurden sie sofort nach Frankreich ausgeflogen.

Von der Omulbucht aus will ich zu den kleinen Inseln Gollij und Lumatij, dann zu den Ushkani-Inseln und immer weiter ans Westufer zur Wetterstation Solnetschnaja. Ich hoffe, in vielleicht acht Tagen und nach etwa 120 Kilometern am Westufer zu stehen.

Damit mein Insulin, das ich während der Überquerung benötigte, nicht einfriert, binde ich es am Körper fest. Den Rest hänge ich in den Baikal unter das Eis.

Alles ist gepackt. Heute ist der Tag des Aufbruchs. Hilflosigkeit und Angst vor unbekannter Gefahr machen sich im Körper breit. Ich habe das

Gefühl, mein Atem erreicht nicht mehr die Stelle, wo er hin soll. Lange habe ich mich auf diesen Augenblick gefreut. Doch jetzt ist alles anders. Nicht nur mein Marmeladenbrot schmeckt anders. Ich selbst fühle mich anders: Magendruck, Schwere und Beklommenheit rauben mir die Ruhe und Gelassenheit. Zweifel plagen mich vor dieser Herausforderung. Allerhöchste Zeit, aufzubrechen. Sonst malt sich mein Gehirn immer gefährlichere Szenarien und Probleme aus. Zum letzten Mal genieße ich die Wärme und den Schutz meiner Jurte.

Zu meinem Entsetzen stehe ich draußen tief im Neuschnee. Seit sechs Wochen hat es nicht mehr geschneit. Warum gerade heute? Das bedeutet zusätzliche Plagerei mit dem Anhänger.

Doch ich hoffe, es hat nur in der Tschivirkujbucht geschneit, und breche auf. Nach den ersten Kilometern fällt die Spannung ab. Der Körper hat Arbeit, und der Geist ist mit Orientierung und Neuem beschäftigt. Die Hirngespinste lösen sich auf wie Nebel in der Sonne, und die strahlt heute besonders hell. Jedes Zischen meiner Skifelle schaukelt mich weiter in eine Hochstimmung, die gespannt auf die kommenden Eindrücke und Ereignisse wartet. Ich bin noch frisch. Es geht zwar mühsam, aber stetig weiter.

Ein Blick zurück, die Omulbucht samt Jurte verschwimmt in Eis und Schnee.

Gegen Mittag fangen schwarze Punkte am Horizont meinen Blick ein. Ich bin neugierig und halte auf sie zu, obwohl sie nicht auf meiner Route liegen. Nach einigen Kilometern entpuppen sich die Punkte als Hütten. Die Bretterverschläge mit Flachdach, aus dem ein qualmendes Ofenrohr ragt, sind maximal zwei mal zwei Meter groß. Vor einer Bude stehen zwei Menschen, die regungslos jede meiner Bewegungen beobachten.

Die außergewöhnlich gekleideten Männer sind in dicke Jacken gepackt. Ihre molligen Wollhosen ziehen sie sogar über die Parkas. Der Hosenbund reicht bis zur Brust, wo er mit einem Strick zusammengehalten wird. Die Hosenbeine verschwinden in großen Walinkis, die bis übers Knie reichen. Rote, durch Kälte verwitterte Gesichter strahlen aus den Fellmützen. Meine Ausrüstung sowie mein Anhänger sind nach der herzlichen Begrüßung die Attraktion. Haargenau wird alles untersucht und mit Staunen, aber auch Gelächter diskutiert. Als ihre Neugier befriedigt ist, schieben sie mich in

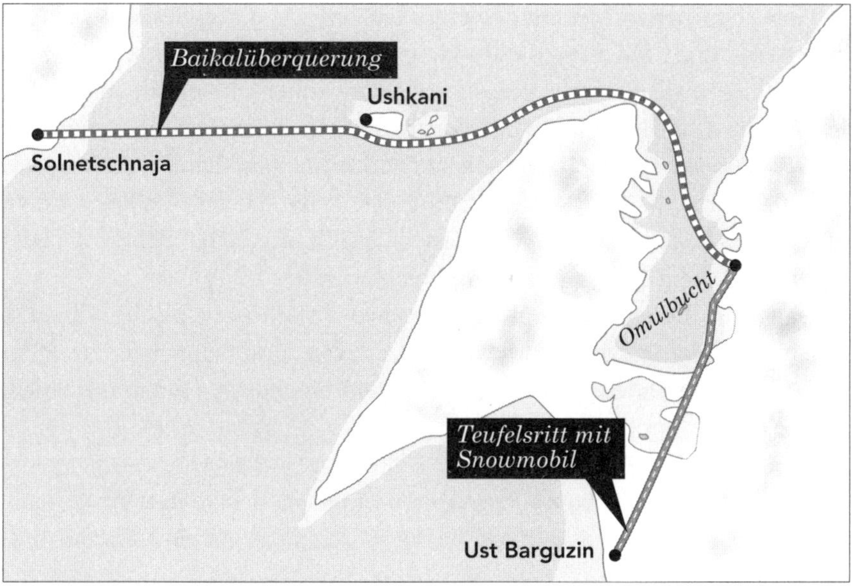

eine der drei Hütten. Oder sind das etwa Schlitten? Die Hütten stehen alle auf Kufen. Jetzt packt mich die Neugier: In die Holzkufen sind vorn links und rechts zwei stabile Metallösen zum Ziehen geschraubt. Eine verrückte Idee.

Stehen kann ich in der Hütte nicht, deswegen setze ich mich auf eine der beidseitigen Holzbänke, die auch als Schlafstätte dienen. Einen Tisch gibt es nicht. Gegenüber der Tür ist ein Regalbrett an die Wand genagelt. Darauf stehen Wodka, Tabak und Grundnahrungsmittel. Zwischen den Bänken fehlen zwei Bodenbretter. Darunter leuchtet blankes, hellblaues Eis, in das vier Löcher gebohrt sind. Vor einem sitzt ein Mann und angelt bequem in der Hütte. Einige gefrorene Omule liegen bereits neben dem Loch.

Diese Schuhschachteln auf Kufen werden während des ganzen Winters von einem Angelplatz zum anderen über den Baikal gezogen. Sie sind ideal zum Schlafen und Fischen. Bei extremer Kälte ziehen die Fischer die Hütten über die Eislöcher und sitzen zum Angeln im Warmen. So wie jetzt. Das Feuer im winzigen Blechofen röhrt durch den Kamin. Keine Fischsuppe, nein, Pelmeni, die russische Maultaschenvariante, köchelt im verrußten Topf. Und das bei Fischern. Was für eine Überraschung.

Pjotr, der Ältere, drückt mir einen vollen Teller in die eine, sein Sohn Igor eine heiße Tasse Milchtee in die andere Hand. Das kommt wie gerufen. Ich habe Hunger wie ein Löwe. Als sie erfahren, woher ich komme und wohin ich möchte, sind sie entsetzt. Sie fragen nach einem Freund, denn ohne Begleitung wagt niemand eine solche Tour. Im Zelt auf dem Eis zu schlafen, kommt überhaupt nicht infrage. Zumindest heute muss ich in der warmen Hütte übernachten. Die Einladung ist zu verführerisch. Ich nehme sie gern an, obwohl mein Tagesziel noch auf mich wartet.

Genau in diesem Moment entwickeln die Männer hektische Aktivität. Eilig verpacken sie Lebensmittel und Geschirr in Säcke, kippen die Ofenglut aufs Eis, werfen alles auf den UAZ-Lkw und binden die Hütten mit einem dicken Seil an den Lastwagen.

Nun verstehe ich gar nichts mehr.

Soeben wurde ich zum Übernachten eingeladen und jetzt Aufbruchsstimmung, als wären sie auf der Flucht. War das soeben ein Missverständnis?

»Nein, nein, alles kein Problem«, entschuldigt sich Pjotr.

Schon wieder dieser Satz! Ich ahne Schlimmes.

Er muss heute heim nach Barguzin. Sein Freund Vlad ist noch draußen beim Fischen, der bleibt hier. Bei ihm werde ich übernachten. Gegen Abend wird er zurückkommen.

Pjotr öffnet Vlads Hütte. Im Ofen brennt noch Feuer. Er zeigt auf das Beil und das Holz vor der Tür, damit ich nicht friere. Rasch schwingt er sich in den klapprigen UAZ, auf dessen Ladefläche seine restliche Sippe sitzt, und verschwindet mit der Hütte im Schlepptau am Horizont.

Ich bin allein und inspiziere neugierig die Behausung. Neben dem orthodoxen Kreuz an der Wand hängt das Bild einer verführerischen, vollbusigen Schönheit. Die Unterkunft ist alt und heruntergekommen. Der Boden glänzt speckig und auf dem Regal herrschen Chaos und Schimmel. Die schmuddelige Bank mit leeren Wodkaflaschen und Zigarettenschachteln verrät viel über den Besitzer. Der einzige Lichtblick ist der warme Ofen. Damit das so bleibt, hacke ich fleißig Holz.

In der Dämmerung nähert sich Pjotrs Lkw.

Wieso kommt er zurück?

Auf dem Beifahrersitz fuchtelt ein alter Mann mit den Händen, öffnet mit Anstrengung die Tür und plumpst wie ein Müllsack aufs harte Eis. Ich helfe ihm auf die Beine, doch er hat die größten Probleme, zu stehen. Verlegen stellt Pjotr seinen Freund Vlad vor. Toll, mit dieser Schnapsleiche soll ich heute Nacht in diesem Loch übernachten. Mir graust. Am liebsten würde ich weiterziehen und im Zelt schlafen. Aber ich habe die Gastfreundschaft angenommen. Es gibt kein Zurück.

Ohne Erklärung wirft Pjotr alle Utensilien, die neben der Hütte liegen, wie Beil, Holz, Hackstock und Säge in die Bude. Der betrunkene Freund torkelt währenddessen orientierungslos durch die Gegend, bis ihn Pjotr wieder einfängt. Als Letztes werden meine Skier, Stöcke und der Anhänger in die vollgestopfte Hütte gedrückt. Verdutzt schaue ich Pjotr an. Er weicht meinem Blick aus und blickt verlegen zu Vlad.

Warum Pjotr zurückgekommen ist, bleibt unklar. Ich verstehe nur so viel, er wird die Hütte ein Stück weiterziehen, und dort werde ich mit Vlad die Nacht verbringen.

Blitzschnell hängt die Hütte am Autohaken. Beunruhigt zeige ich Pjotr das nicht abgeräumte Regal sowie das Feuer im Ofen. Er winkt ab.

Vlad wird auf den Beifahrersitz geschoben, und schon zuckelt das seltsame Gespann mit rauchendem Kamin los.

Zu meinem Schrecken erkenne ich: Er fährt schnurstracks nach Süden, genau in die Richtung, aus der ich kam.

Erst nach einer halben Stunde tritt er auf die Bremse. Super, der Kreis schließt sich. Ich bin wieder dort, wo ich heute Mittag war. Wut und Zorn kochen in mir hoch. Am liebsten würde ich meinen Frust hinaus in die kalte Nacht schreien.

Alle steigen aus, bis auf Vlad, der purzelt wieder aus dem Lkw.

Erschüttert stehe ich vor der Hütte. Diese Höllenfahrt riss die Tür auf. Eine Pulverschneeschicht begräbt Nudeln, Mehl, Zucker und Salz, die in der gesamten Hütte verteilt sind. Der Milchtee, ursprünglich in der Tasse, schwimmt nun in meinem Anhänger. Der Ofen wurde aus der Verankerung gerissen. Das Türchen steht offen und am Boden glimmt Glut, direkt neben meinem Rucksack. Panisch zerre ich ihn und meine restlichen Utensilien aus dem qualmenden Tohuwabohu.

Ich bin bestürzt!

In diesem Schweinestall soll ich mit dem stockbesoffenen Vlad übernachten?

Pjotr ist bemüht, will Ordnung schaffen und wirft alles aus der Hütte. Den Dreck fegt er oberflächlich mit der Hand zusammen und schmeißt ihn vor die Tür.

Vlad schwankt von einem Bein aufs andere, führt Selbstgespräche, will auch helfen und behindert die Aktion.

Nachdem wir wieder eingeräumt haben, ist die Behausung noch verkommener als ursprünglich.

Während ich meinen Schlafsack auspacke, verschwinden die beiden ohne ein Wort mit dem Lkw in der Nacht. Vielleicht nippen sie noch ein wenig am Wodka.

Endlich bin ich allein. So kann ich in aller Ruhe kochen, bis Pjotr die Schnapsdrossel zurückbringt.

Als ich mit dem Essen fertig bin, sind die beiden noch immer nicht zurück. Ob ihnen in ihrem Zustand etwas passiert ist? Ungeachtet des Ärgers mache ich mir Sorgen, trinke die letzte Tasse Tee und stopfe das Ofenloch voll Holz, denn die Kälte schlüpft bereits durch jede Bretterritze. Ich krieche in den Schlafsack und bin nach einem anstrengenden und ereignisreichen Tag schnell im Land der Träume.

Lautes Poltern und Rumpeln schrecken mich aus dem Schlaf. Ich reiße die Augen auf, ein stechender Schmerz brennt mir ins Gehirn. Ein Lichtstrahl so hell wie Flutlicht, direkt vor meiner Nase, macht mich blind. Dahinter schreit eine Stimme energisch, was ich hier wolle.

»Wo bin ich? Was ist los?«

Schlaftrunken und irritiert fällt mir kein einziges russisches Wort ein.

»Tourist Germany«, stammle ich.

Russische, unbekannte Worte prasseln auf mich ein. Angst raubt mir die Stimme. Was will dieser Mann mitten in der Nacht von mir?

Endlich lässt er locker. Erst jetzt nehme ich den zweiten Mann wahr. Fluchend hetzen die beiden in die Vollmondnacht hinaus und jagen mit Vollgas und schrillem Autoradiolärm davon.

Der Motorenlärm löst sich auf. Die andere Bank ist noch immer leer. Vlad ist nicht zurückgekommen. Warum nicht? Wie haben diese Männer mich gefunden? Schickte Pjotr sie?

Es ist drei Uhr nachts und das Thermometer an der Armbanduhr misst –28 °C.

Durch die fehlenden Bodenbretter ist es in der Hütte lausig kalt. Dennoch friere ich nicht, das heißt, dass ich mich auf meinen Schlafsack verlassen kann.

Der Überfall lässt mich lange nicht einschlafen.

Zu früh piepst der Wecker. Es ist sechs Uhr und noch dunkel. Durch das kleine Fenster leuchtet ein hauchdünner, orangegelber Strich am Horizont: der Vorbote der Sonne.

Die Bank neben mir ist leer.

Es wird ein Rätsel bleiben, wozu der plötzliche Standortwechsel nötig war, warum die beiden so schnell und wortlos verschwanden und weshalb die fremden Männer heute Nacht eindrangen.

Nachdem das Feuer brennt, kratze ich Schnee in den Teetopf. Wieder dröhnt Motorenlärm. Ein Geländewagen braust in der Morgendämmerung genau auf mich zu und stoppt zehn Meter vor mir. Ein junger Mann steigt aus, und wie heute Nacht dringt laute Musik aus dem Auto. Ich bin vorsichtig. Der Mann ist angetrunken und fragt nach Medizin.

»Ich habe keine Medizin. Für was brauchst du Medizin?«

Er murmelt beunruhigt:

»Mein Freund, puff, puff, bumm, bumm!« Dabei wirft er die Hände immer wieder in die Höhe, als ob er eine Explosion meint, und ruft seinen Freund, der noch im Auto sitzt. Dieser steigt aus, läuft jedoch schwankend in die entgegengesetzte Richtung, ohne von uns Notiz zu nehmen.

Schon wieder eine Schnapsleiche, denke ich.

Der Fahrer rennt hinterher und führt seinen Freund wie ein Kind an der Hand zurück.

Nun steht er vor mir: ein Bild des Grauens. Gesicht und Hände sind mit aufgeplatzten Blasen und verbranntem Fleisch bedeckt. Die fleischig rote und schwarz verbrannte Gesichtsmasse zuckt! Der Nasenrest besteht nur noch aus offenem, verschmortem Fleisch. Die Augenlider sind versengt, er kann sie nicht mehr schließen. Aufgerissene Monsteraugen starren mich schmerzverzerrt an und flehen um Hilfe, die ich nicht geben kann. Blut und Körperflüssigkeit strömen aus Blasen und Wunden auf seine Jacke. Süßlicher Verbrennungsgeruch hüllt mich ein. Speiübel wende ich mich kurz ab. Dann schreie ich hilflos den Unverletzten an:

»Njet Medizin, sejtschass Doktor, dwa ili dri tschass, drug kaputt!« (Ich habe keine Medizin, dein Freund braucht sofort einen Arzt, in zwei oder drei Stunden ist er tot!)

Besoffen fragt er wiederholt nach Medizin, zeigt immer wieder auf seinen Freund:

»Gas, bumm, bumm!«

Was zum Teufel hat der Alkohol aus diesem Menschen gemacht? Wie von Sinnen brülle ich noch lauter, dass ich keine Medizin habe, dass sein Freund in einem kritischen Zustand ist und sofort Hilfe braucht. Die einzige Reaktion des Betrunkenen ist ein belämmerter Blick aufs Eis, während er tief ein- und ausatmet.

Ich tobe:

»Dawai, dawai!«

Er soll nach Ust Barguzin fahren, sage ich ihm, dort ist der nächste Arzt. In drei Stunden könnte er es schaffen.

Während ich sie zum Geländewagen schiebe, wischt sich der Schwerverletzte die offene Gesichtsmasse mit dem verschmierten, dreckigen Ärmel ab. Ich kämpfe mit Brechreiz. Endlich preschen sie mit pfeifenden Reifen los. Diese Wahnsinnigen rasen nicht Richtung Süden nach Ust Barguzin, nein, sie brettern in die entgegengesetzte Richtung hinaus auf den Baikal, wo garantiert keine Hilfe ist. Dort wartet der sichere Tod auf den armen jungen Mann.

Dieser verdammte Wodka macht die Menschen erst gefühl- und hilflos und dann dumpf und grausam. Zornig und entsetzt sitze ich auf der Bank und muss das Erlebte verarbeiten. Das Frühstück hat sich erledigt. Mir ist der Appetit vergangen.

Alles ist verpackt. Bevor ich aufbreche, lege ich Vlad noch 100 Rubel auf die Bank.

Etwas weiter nördlich stoße ich deprimiert auf meine alte Spur. Obwohl ich am gleichen Punkt wie gestern Mittag stehe, waren die ersten 24 Stunden meiner Tour überraschend spannend und ereignisreich, aber auch entsetzlich traurig.

Mein nächstes Ziel ist die kleine Insel Golij. Vor mir tauchen unruhige Eisoberflächen auf. Durch das Fernglas erkenne ich Brucheisflächen.

Die kleine Insel mit ihrem Steilufer steckt wie ein Pfahl im Baikal. An ihm hat sich das Eis während des Frierens gestaut und übereinandergeschoben. Als ich an dem breiten Brucheisfeld ankomme, ragen Eisspitzen und Schollenkanten aus dem Schnee. Sie leuchten hellgrün und blau, als wäre eine Welle im Moment des Überschlags zu Eis erstarrt.

Zum Glück bügelt der Schnee die größten Löcher zu. In zwei Stunden ist der Eisgürtel ohne Sturz auf kippeligen Skiern bewältigt. Die Schinderei hat sich gelohnt.

Obwohl das Eiland nur maximal 150 Meter breit ist, fraß die Gewalt des Wassers zwei Höhlen in die Steilufer. Die gefrierende Gischt zauberte um den Eingang Eisvorhänge und Wasserfälle. Eine Höhle ist begehbar. Von innen sieht es aus, als ob ich durch ein aufgerissenes Haifischmaul mit tausend spitzen Eiszähnen blicke.

Das nächste Etappenziel ist irgendwo draußen auf dem Eis zwischen der Nordspitze der Halbinsel Swatje Nos und den Ushkani-Inseln. Schlechte Eis- und Schneeverhältnisse auf 15 Kilometern fordern ihren Tribut. Meine Fußsohlen brennen wie Feuer. Ich brauche einen Übernachtungsplatz. Das Wichtigste ist, er soll möglichst weit von der nächsten Eisspalte entfernt sein. Schnell ist das Zelt aufgebaut. Damit der Wind nicht unter die Außenhaut pfeift, werfe ich Schnee auf die Zeltränder.

Als die Stiefelschnallen aufspringen, bin ich erlöst. Schön, wenn der Schmerz nachlässt.

Untertags sind Mars und Snickers meine einzigen Energielieferanten. Denn Nahrungsmittel, die auch nur die geringste Menge Flüssigkeit enthalten, frieren steinhart. Somit ist das warme Abendessen der kulinarische Höhepunkt des Tages.

Ein dummer Fehler macht mir zu schaffen. Aus Platz- und Gewichtsproblemen nahm ich nur eine Thermoskanne mit. Bei dieser gewaltigen Anstrengung ist ein Liter Tee für den ganzen Tag viel zu wenig. Zwischendurch esse ich immer wieder Schnee und lutsche Eis, das brennt jedoch wie Feuer auf der Zunge und im Rachen. Abends ist meine Kehle trockener als ein versandeter Wüstenbrunnen. Der erste Tee prickelt wie Champagner die Kehle hinunter. Aus quälender Entbehrung wird extremer Genuss!

Nudeln und Reis sind meine einzigen Kohlenhydrate. Deshalb koche ich abends so viel, dass es auch zum Frühstück reicht.

Müde, satt und zufrieden sitze ich auf meinen Skiern und genieße ausgemergelt, aber fasziniert das Schauspiel »Sonnenuntergang«. Der Feuerball erlischt langsam im Eis. Danach treibt mich die Kälte in den Schlafsack.

Die erste Nacht direkt auf dem Eis steht mir bevor.

Hinter mir liegen erlebnisreiche Tage, die unterschiedliche Gefühle ausgelöst haben. Begeisterung, Verzweiflung und Schock liegen dabei ganz eng nebeneinander.

Ich bin gespannt, welche Überraschungen noch auf mich warten.

Die Insel der Vergessenen

Ein Knall durchschlägt die Nacht. Lautes Dröhnen und Knirschen direkt unter mir, Panik erfasst mich. Das Eis zittert und vibriert, Wasser blubbert. Wie ein Blitz schieße ich hoch. Raus, nichts wie raus, bevor mich der Baikal samt Zelt verschluckt. Zum Teufel, der Reißverschluss blockiert. Nur rohe Gewalt hilft.

In Strümpfen stehe ich im fahlen Mondlicht auf kaltem Eis. Nichts, keine Spalte, kein Wasser, überhaupt nichts, nur Grabesstille. Ich bibbere vor Kälte und Angst. Auch in nächster Umgebung finde ich keine Spalte, geschweige denn Wasser.

Bin ich verrückt?

Ich habe das Schütteln gespürt und das Gurgeln gehört. Es war, als würde die Erde beben. Ich schwöre! Das kann ich unmöglich geträumt haben.

Blau gefrorene Füße und Kälte drängen mich in den warmen Schlafsack zurück. Ich bin hin- und hergerissen: einerseits beunruhigt, andererseits aber beruhigt, weil ich nichts entdeckt habe. So finde ich lange keine Ruhe.

Die Nacht war kurz. Obwohl es noch dunkel ist, zwinge ich mich in die Kälte hinaus. Denn 25 Kilometer oder mehr, je nach Hindernissen und Eisbarrieren, trennen mich noch von der großen Ushkani-Insel. Ich weiß, das ist für eine Tagesetappe viel zu lang. Doch der Gedanke an ein warmes gemütliches Bett in der Wetterstation spornt mich an.

Das Beben von heute Nacht lässt mir keine Ruhe. Mit den ersten Sonnenstrahlen suche ich die Ursache. Keine 100 Meter hinter dem Zelt klafft tiefblaues, fast schwarzes Wasser aus einem Eisschlund, der problemlos einen Menschen verschlingen kann. Bis zur Halbinsel Swatje Nos riss die breite, lange Spalte auf. Mich verschonte der Baikal noch einmal.

Kolja warnte: »Das Eis zwischen der Halbinsel ›Heilige Nase‹ und den Ushkani-Inseln ist trotz des meterdicken Eispanzers gefährlich aktiv.« Das hat zwei Ursachen: die ständige Eisdrift inmitten dieser beiden Fixpunkte sowie heiße unterirdische Quellen.

Als die Sonne über die Barguzinberge steigt, habe ich das Lager in Anhänger und Rucksack verstaut. Die Ushkani-Inseln im Visier, hänge ich mich in die Seile.

Eisbarrieren versperren immer häufiger meinen Weg. Sie werden höher und höher. Jedes Mal die gleiche Entscheidung – übersteigen oder Durchschlupf suchen? Beide Varianten sind anstrengend und rauben Zeit.

Wie aus dem Nichts taucht ein Toyota auf. Ein Mann springt heraus, reicht mir die Hand, segnet mich, spricht ein Gebet, drückt mir eine Bibel in die Hand und verschwindet genauso schnell wieder am Horizont.

Ja leide ich bereits unter Halluzinationen? Aber ich halte eine echte Bibel in der Hand. Wunderbar, denke ich, mit Gottes Segen kann nichts mehr schiefgehen. Und tatsächlich, eine große Ebene taucht auf. Ich jauchze vor Freude über die hindernislose Weite. Jedoch der Jubel ist kurz. Wie ein Ackergaul vor dem Pflug muss ich mich schinden. Hier stimmt was nicht. Irritiert untersuche ich den Schnee. Das ist ja gar kein Schnee! Es sind Eiskristalle. Wie Gras auf der Wiese ist durch die Kälte ein etwa zehn Zentimeter hoher Eiskristallteppich gewachsen. Die Kristalle sind stumpf wie Schmirgelpapier und bremsen den schweren Anhänger hinter mir. Ausweichen ist in dieser Ebene unmöglich. Bei solch einem Tempo rückt das warme Bett für heute Nacht in weite Ferne.

Die Sonne steht am höchsten Punkt, und erst ein Drittel der Strecke liegt hinter mir. Das Brennen meiner Fußsohlen wird zum Stechen. Die Eiskristallbremse fordert ihren Tribut. Ich brauche eine Pause, halte an und setze mich auf den Hänger. Penetranter Kerosingeruch sticht in meine Nase. Sofort springe ich auf und untersuche meine Sitzunterlage. Kerosin steht zwei Zentimeter hoch im Hänger, dazwischen Zündhölzer, Lebensmittel und Filmausrüstung. In Panik werfe ich alles aus der Proviantkiste, um zu retten, was noch zu retten ist. Ich begreife, was passiert ist. Die Kerosinflasche ist durch die ständige Reibung unterwegs aufgescheuert worden und hat ein Loch bekommen, wodurch das Kerosin ausgelaufen ist.

Ich verfluche meine Kurzsichtigkeit: Um Gewicht zu sparen, hatte ich das Kerosin in eine leichte Plastikflasche gefüllt. Ein unverzeihlicher Fehler.

Nun sitze ich mitten auf dem Baikal ohne Zündhölzer, ohne Kerosin und ohne Zuversicht mit nur noch der Hälfte meiner Lebensmittel. Die neue Ausgangslage erinnert mich an das tragische Schicksal der drei Franzosen. Auch ihnen wurde fehlendes Kerosin zum Verhängnis.

Alles geht schief! Habe ich zu viel gewollt?

Egal wie, ich muss noch heute die Ushkani-Inseln erreichen!

Ohne Pause schinde ich mich über das weiße Schmirgelpapier. Der tiefe Atem trocknet die Kehle aus. Durst quält mich.

Kurz vor dem Ziel erschwert ein letzter Eisschollengürtel mein Vorankommen. Ausgelaugt erreiche ich bei Dämmerung die Ostspitze der Insel. Aber die Wetterstation liegt auf der Westspitze, und die ist noch fünf Kilometer entfernt. Mit letzter Kraft schleppe ich mich weiter.

Aus der Dunkelheit taucht ein erleuchtetes Fenster auf. Nach der bisher längsten Etappe bin ich am Ziel! Der Rucksack fällt in den Schnee. Ich bin unsagbar erleichtert, hier zu stehen. Nur der Gedanke an ein Bett treibt mich diesen Hang zum Haus hinauf.

Wildes Hundegebell trübt meine Freude. Doch die Kläffer fürchten meine spitzen Skistöcke. Ich klopfe an die Tür. Ein älterer Mann öffnet. Wortlos mustert er mich von oben bis unten. Er sieht aus, als ob er keinen Besuch erwartet und auch keinen möchte. Mürrisch stellt er sich als Mischa vor.

Ich bitte um Wasser. Er winkt, ich soll folgen. Wir gehen zur nächsten Baracke. Ungewöhnlich laut schlägt er mit der Faust an die Tür. Schüchtern schiebt sich ein Kopf durch den Türspalt. Wegen der Kälte öffnet der Mann nur einen Schlitz, und wir zwängen uns in die kleine Zweizimmerbehausung.

Der alte Mann, den Mischa mit Valodia anredet, schenkt dampfenden Tee ein. Ich winke ab:

»Woda paschalusta« (Wasser bitte).

Verwundert schaut er mich an und füllt ein Glas Wasser ein. Mit einem Zug ist es in meinem Rachen verschwunden, und gleich darauf das zweite. Das verwundert die beiden noch mehr. Gierig wie ein Kamel höre ich nicht auf, bevor der Magen randvoll mit Wasser ist. Ein lauter, unvermeidbarer Rülpser signalisiert: genug!

Mischa ist Nationalparkranger auf der Insel. Er ist abweisend und distanziert. Mit seinem imponierenden schwarzen Schnauzbart sieht er aus wie Dschingis Khan. Valodia dagegen macht einen freundlichen, warmherzigen, aber gehemmten Eindruck.

Mischa bietet mir für 500 Rubel ein Zimmer an. Ganz schön teuer! Doch der Ranger sitzt am längeren Hebel, also bin ich einverstanden. Mischa geht mit mir zur nächsten Barackentür. Dort erwarten mich eine kleine Küche mit gemauertem Ofen und ein weiteres Zimmer mit zwei Betten, genau wie bei Valodia.

Holz gibt es draußen, und ich kann mich bedienen. Als ich von meinem Kerosinmalheur erzähle und um Lebensmittel bitte, lehnt er kategorisch ab und belehrt mich:

»Alles wird umständlich hierhergeschafft. Deshalb sorgt jeder für sich selbst.« Jedoch er scheut sich nicht und fragt mich nach Wodka.

So etwas habe ich in Russland, wo Gastfreundschaft alles ist, noch nicht erlebt. Mischa lenkt ein, ein wenig Kerosin und Zündhölzer kann er mir abgeben. Daraufhin verlässt er stolz wie ein König das Zimmer, Mischa I., König der Ushkani-Inseln!

Zusammen, er schreitet, ich humple, gehen wir zurück zum Ufer und holen meine Ausrüstung. Obwohl er sieht, dass ich mich kaum noch auf den Beinen halten kann, lässt er mich alleine Rucksack und Hänger in die Unterkunft schleppen. Von oben herab kontrolliert er das Geschehen wie ein General oder besser noch: wie ein König.

Nachdem ich Holz in die Baracke getragen habe und das Feuer knistert, klopft es an der Tür. Eine blonde Frau im Trainingsanzug kommt herein und stellt einen Eimer neben die Tür. Er ist zum Wasserholen im Baikal. Mit Augenringen und einem aufgesetzten Lächeln macht sie keinen glücklichen Eindruck.

Sie zieht die Nase hoch. Der Hänger stinkt noch nach Kerosin. Ich berichte ihr von meiner Katastrophe. Sie nickt verständnisvoll, verschwindet und steht nach kurzer Zeit mit Marmelade, Brot, Eiern, und ich glaube, nicht richtig zu sehen, mit einem echten Apfel vor mir.

Katerina ist Mischas Frau und Chefin der einsamen Wetterstation, die 1930 gegründet wurde.

Ich schwärme von ihrem Leben ohne Stress und Großstadtlärm in gigantischer Natur und beneide sie um ihren Arbeitsplatz mit grandioser Aussicht.

Energisch schüttelt sie den Kopf und beginnt zu erzählen. Auch sie schwärmte vor 25 Jahren von der Insel, als Mischa und sie hoch motiviert ihren Dienst antraten. Die Ernüchterung kam schnell. Als ihre Tochter vor der Einschulung stand, bat sie um eine Versetzung an einen Ort mit Bildungsangebot. Der Wetterdienst lehnte ab. Sie musste die Kleine zu Verwandten nach Irkutsk geben. Das brach ihr das Herz. Das war der Anfang vom Ende.

Ein paar Jahre später kam Anton zur Welt. Wieder hoffte sie auf Versetzung. Mit zwei Kindern war sie sich ganz sicher. Aber der Wetterdienst sagte erneut: »Njet!« Und wieder starb ein Stück in ihr. Die Tragödie wiederholte sich und dauert bis heute an. Zwischenzeitlich sind der Sohn 17 und die Tochter 23 Jahre alt. Beide leben noch heute getrennt von ihrer Mutter in Irkutsk.

Das ist die Wahrheit über die Insel der Glückseligen. Katerina will weg, nur fort aus diesem Gefängnis. Aber wohin sollen sie gehen ohne Arbeit? Sie sind Gefangene der Insel, verdammt dazu, hierzubleiben.

Eine gebrochene Frau mit glasigen Augen geht in die Nacht hinaus.

Gegen solch ein Schicksal sind Fußschmerzen belanglos, jedoch schlimmer als befürchtet. Unter Qualen ziehe ich die Schuhe aus. Blasen an Fersen, Ballen und Fußsohlen kommen zum Vorschein. Teils offen, teils noch geschlossen, zwingen sie mich zu einer Zwangspause. Das ärgert mich, denn ich war ohne Probleme eine ganze Woche mit Anhänger, denselben Schuhen und Skiern in der Tschivirkujbucht unterwegs. Und jetzt diese zerschundenen Füße. Hoffentlich entzünden sich die offenen Wunden nicht.

Als ich die Stiefel unters Bett schiebe, entdecke ich einen Karton randvoll mit Wodkaflaschen. Ein Willkommensgeschenk? Sicher nicht!

Schneller als unter Narkose fallen meine Augen zu. Ich will nur noch schlafen.

Den Morgen genieße ich lange im Bett. Wenn ich Tee möchte, muss ich Wasser vom Baikal holen. Mit Schmerzen und ganz vorsichtig schiebe ich meine Füße in die leichten Innenstiefel. Die Blasen brennen wie Feuer.

Schlimmer als der bucklige Quasimodo hinke ich runter zum Wasserloch. Dabei laufe ich Mischa über den Weg.

»Ein kilometerbreites, unüberwindbares Eischaos versperrt den Weg«, sagt er und zeigt Richtung Westen.

Tatsächlich, so weit das Auge reicht, türmen sich senkrecht ineinander verkeilte Eisschollen. Endstation! Nichts geht mehr. Ich bin geschockt.

Reichen die Prüfungen noch immer nicht? Ich möchte doch nur den Baikal überqueren.

Soll ich aufgeben? Nein! Irgendwie muss ich eine Lösung finden. Bis dahin besuche ich Katerina in der Wetterstation. Der kleine Raum hat ein Flair zwischen Museum und Urwald. Messgeräte unter Glasglocken aus der Jahrhundertwende zeichnen auf Endlospapier Daten auf. Lange, rätselhafte Glaskolben hängen an der Wand. Am Boden reihen sich große, alte Akkumulatoren aneinander. Lediglich die historische Singer Nähmaschine ist fehl am Platze. Mannshohe Kübelpflanzen, Hängegewächse und Blumentöpfe füllen jeden freien Quadratzentimeter. Sie machen das Zimmer zu einer grünen Oase im kalten Sibirien. Nur das moderne Sprechfunkgerät stört die Idylle.

Katerina schreit immer lauter ins Mikrofon, verdreht die Augen und schlägt mit der Faust auf den altgedienten Sekretär. Sie knallt die Sprechmuschel in den Halter, springt auf, schimpft und flucht weiter. Aufgebracht klärt sie mich auf:

»Früher wurden wir im Winter von einem Lkw versorgt, und im Sommer kam das Versorgungsschiff. Heute hagelt es nur noch Sparmaßnahmen aus der Zentrale. Ich kann schimpfen so viel ich will, niemand kümmert sich um uns. Das Wetteramt sagt, versorgt euch selbst! Uns haben sie vergessen, nicht aber unsere Arbeit!«

Pünktlich alle sechs Stunden wird in der Zentrale in Irkutsk ein Funkspruch erwartet. Zudem müssen ständig mehr Daten erfasst, ausgewertet und gemeldet werden. Dabei wird Personal gestrichen.

Vor Jahren bewältigten noch zwei Meteorologen mit zwei Gehilfen die viele Arbeit. Heute ist sie mit Valodia allein. Zu zweit bedeutet das 24 Stunden Schicht, 24 Stunden frei! Tag für Tag, Jahr für Jahr. Egal ob Hitze, Kälte, Schnee, Sturm oder Nacht, sie müssen alle sechs Stunden runter zur Landzunge und Werte ablesen.

Ein harter Job! Die schöne Aussicht kann ihr gestohlen bleiben.

Katerina beruhigt sich wieder, und ich gehe in die Küche. Es ist Mittagszeit, die Zeit der täglichen Entscheidung: Tomatensoße mit Nudeln oder mit Reis, oder doch lieber mit Nudeln? Ein hartes Ringen. Heute gewinnen die Nudeln.

Als ich meinen Proviantanhänger unter dem Bett hervorhole, fehlen aus dem Wodkalager schon wieder zwei Flaschen. Hoffentlich bekomme ich deswegen keinen Ärger.

Das Mittagessen hat einen abstoßenden Geschmack. Am Koch kann es nicht liegen! Aber am Kerosin, das genauso penetrant riecht.

Ich habe doch alle Lebensmittel, die mit Kerosin in Berührung gekommen sind, weggeworfen. Nie hätte ich gedacht, dass dieses stinkende Zeug sogar durch die Folienverpackung dringt. Mit Ekel würge ich das Essen runter und bin zumindest satt. Ab sofort verkommt Essen zur puren Nahrungsaufnahme.

Die Sonne strahlt wie jeden Tag, und ich schaue mich draußen um. Direkt am Baikal steht eine Holzbaracke. Im vorderen Teil ist die Wetterstation untergebracht. Daran schließen sich zwei Unterkünfte an: In einer haust der Gehilfe Valodia, in der anderen ich. Daneben steht ein kleines Wohnhaus, in dem Katerina und Mischa leben. In zweiter Reihe erstrecken sich ein langer Stapel mit gehacktem Holz sowie einige Vorratsschuppen.

Auf dem Weg zum Plumpsklo begegne ich Mischa und Valodia. Doch Mischa erkennt mich nicht, rennt mich beinahe um und schwankt nicht mehr ganz so stolz an mir vorbei. Jetzt weiß ich, wohin der Wodka kam.

Valodia grinst und nimmt mich mit. Es ist zwölf Uhr, und seine 24-Stunden-Schicht beginnt.

Auf rutschigem, festgetretenem Schnee stapfen wir durch den Wald. Die Messgeräte sind auf einer schmalen Landzunge aufgebaut. Dort stecken verschieden lange Thermometerstäbe im Boden, an denen er die Erdtemperaturen abliest. Dann entnimmt er Daten und Messstreifen aus den seltsamsten Messapparaturen, die entweder frei auf dem Boden liegen oder in Lamellenkästen geschützt sind.

Für mich ist das kurioseste Messgerät eine handballgroße Kugel aus Glas. Sie sieht aus wie eine Kristallkugel für Wahrsager. Doch es ist ein raffiniertes Messgerät, das ohne Strom die Lichtstrahlen auf einem Streifen bündelt und die maximale Sonnenscheindauer einbrennt.

Zurück in der Wetterstation, schreibt Valodia die vielen Werte und Messergebnisse in dicke Bücher und zeichnet Messkurven, die er in verschiedenen Ordnern abheftet. Zum Schluss wird das Stromaggregat angeworfen, das gesammelte Werk in einen Zahlencode umgewandelt und per Sprechfunk nach Irkutsk gemeldet.

Valodia hat Pause und lädt mich ein zu Nerpaspeck und selbst gebranntem Wodka. Aber nur ein Glas, dann ist Schluss. Mit Augenzwinkern verweist er auf Mischa.

»Speck macht Speck«, lacht er und stellt mir eine große Portion puren Nerpaspeck auf den Tisch, eine gewöhnungsbedürftige, rutschige, geschmacksneutrale Delikatesse. Jetzt, wo wir allein sind, taut der schüchterne Valodia auf und macht sogar Späße. Er freut sich über den seltenen Besuch. Aber noch mehr freut er sich auf seine Rente. Nächstes Jahr wird es so weit sein. Nach zwölf Jahren kommt er endlich von der Insel weg. Dann will er in seine Heimat im Ural zurück. Denn Freunde hat er hier in dieser Gegend nicht, er hat immer nur auf der Insel gelebt.

»Ja, diese Insel«, seufzt er. »Sie liegt in bezaubernder Natur und ist unvorstellbar einsam. Das Leben hier ist alles andere als einfach. Die Einsamkeit verändert die Menschen. Disziplin und Verständnis sind im Zusammenleben ganz wichtig.« Er stockt und wechselt das Thema.

Für mich ist heute nur ein Thema wichtig. Wie geht es weiter?

Ich sehe nur eine Lösung: Ich muss Mischa überreden, dass er mit seinem UAZ und mit mir einen Weg um diese Eisbarriere sucht. Sollten wir eine befahrbare Trasse finden, werde ich auf Solnetschnaja bleiben und könnte wieder zurück zu den Ushkani-Inseln laufen. Somit wäre das Ziel der Baikalüberquerung doch noch erreicht.

Als ich Mischa am Abend frage, schwankt er bereits bedenklich und lehnt ab.

»Zu gefährlich«, meint er kurz angebunden.

Das war dumm von mir. Morgen früh, wenn er nüchtern ist, werde ich einen zweiten Versuch starten.

Katerina schleppt zwei volle Wasserkübel den Hang hoch. Als ich ihr die schwere Last abnehme, sehe ich das erste Lächeln auf ihrem Gesicht. Sie fragt nach meinen Füßen. Ich kann nichts Positives berichten, denn alle Blasen sind mittlerweile aufgeplatzt, rot und nässen.

Als ich ins Bett gehe, fehlen zwei weitere Flaschen im heimlichen Schnapslager.

Morgens beim Anziehen der Schuhe bin ich überrascht. Der Schmerz ist nicht mehr ganz so schlimm. Es geht aufwärts, das treibt mich an.

Ich muss Mischa unbedingt überreden. Und das möglichst, bevor er im Schnapsdepot war. Damit er mir nicht entwischt, patrouilliere ich am Haus. Katerina kommt heraus, und ich frage nach ihm.

»Im Bett«, ist die barsche Antwort.

Ein Auto nähert sich der Insel. Der junge Fischer heißt Alexander und will Mischa besuchen. Auch er muss warten.

Endlich zeigt sich Mischa, topfit und stolz wie immer morgens. Ich denke, er kann sich an gestern nicht mehr erinnern, denn als ich ihn erneut darauf anspreche, zieht er die Augenbrauen hoch und fragt Alexander, ob der mitfahren würde. Ihm alleine ist es zu gefährlich.

Alexander meint, es komme auf die Bezahlung an …

Die beiden verlangen einen unverschämt hohen Preis. Billig ist hier nichts. Denn sie wissen ganz genau, dass sie hier Monopolisten sind.

Mit knirschenden Zähnen schlage ich ein, und die zwei reiben sich die Hände. Morgen um acht Uhr soll es losgehen.

Ich bin pünktlich. Unglaublich, es wird später Vormittag, bis die beiden endlich erscheinen.

Alexander fährt, denn Mischa schwankt bereits. Die Eisbarrieren drängen uns immer weiter Richtung Süden, ohne dass wir eine Schneise finden. Kilometer für Kilometer hoppeln wir am Brucheisrand entlang.

Alexander stoppt. Sie wollen umkehren. Es ist sinnlos, noch weiter zu fahren. Obwohl auch ich ohne große Hoffnung bin, bettle ich um weitere zwei oder drei Kilometer. Widerwillig fahren sie los. Plötzlich entdeckt Alexander einen Korridor. Dort stapelt sich das Eis nicht ganz so hoch. Sie beratschlagen. Der Fahrer legt die kleinste Allraduntersetzung ein, und weiter geht die Fahrt.

Der UAZ schaukelt gefährlich und müht sich ständig weiter.

Ist das vor uns eine Fata Morgana? Nein, das ist schönstes Spiegeleis. Alexander wird vom Geschwindigkeitsrausch gepackt, und wir erreichen sozusagen im Tiefflug tatsächlich Solnetschnaja.

Ich bleibe hier und hoffe, mithilfe der UAZ-Spur wieder zurückzufinden.

Verzweifelt im Brucheis

Solnetschnaja hat etwas ganz Besonderes. Gewöhnlich umringt mich zum Empfang ein Rudel gefährlicher Bestien und zeigt mir die messerscharfen Zähne.

Doch nicht hier!

Hier erwartet mich ein gutmütiger Jungbulle, der sich die Zeit mit Wiederkäuen vertreibt. Der zottelige Bursche versperrt mir den Weg zu meiner Unterkunft. Ich gebe ihm einen freundlichen Klaps auf sein Hinterteil, damit er Platz macht. Ein Stromschlag durchzuckt ihn, die Haare stehen zu Berge, dabei springt er hoch und formiert sich. Kurz vor der Explosion senkt er den Schädel wie ein gereizter Rodeobulle, überrennt mich und geht sofort wieder in Angriffsstellung. Zwei Männer stürmen herbei und zwingen das Scheusal todesmutig – wie Cowboys im Film – in die Knie.

Benommen ordne ich meine Knochen, die zum Glück noch dort sind, wo sie hingehören.

Erschrocken laufen alle zu mir. Sie haben vergessen mich vor Ludmillas Hofbullen zu warnen. Außerhalb des Gartenzaunes ist er lammfromm. Innerhalb ist er für jeden Fremden, der Ludmillas Hütte zu nahe kommt, eine Lebensgefahr. Dessen ungeachtet werde ich hier einquartiert.

Fünf Menschen leben auf dieser unzugänglichen Wetterstation: Anastasia, die Chefin der Station, mit ihrem Mann Aljoscha; Marina, ebenfalls Meteorologin, die mit Lew verheiratet ist, sowie Ludmilla. Sie ist als Einzige unverheiratet, und in ihrem Zimmer steht das einzige freie Bett. Darin werde ich schlafen.

Als älterer Herr zusammen mit einer jungen Dame in einem Zimmer, das ist mir unangenehm, und ich denke, für Ludmilla noch unangenehmer. Während ich meine Bedenken äußere, lachen mich alle aus und scherzen:

»Keine Sorge, Ludmilla wird dir nichts tun!« Dabei hebt Ludmilla mit Schmunzeln die Hand zum Schwur. Als auch ich schwöre, dass ich solide verheiratet bin, haben alle ihren Spaß und die heikle Konstellation ist geklärt.

Ich bin irritiert, hier liegt weit und breit keine einzige Schneeflocke, nichts als hart gefrorene braune Erde. Nur hinter Ludmillas Hütte in den steilen zernagten Gipfeln des Baikalgebirges hängt ein Hauch von Weiß. Schuld an diesem Niederschlagsmangel ist das hohe Gebirge. Zuverlässig schirmt es alle Wolken aus dem Westen ab und ist für das Steppenklima auf der kleinen Ebene verantwortlich. Deshalb bedeutet Solnetschnaja: die Sonnige, und sie hat ihren Namen verdient.

Die Messgeräte stehen in Ufernähe und sind durch einen Maschendrahtzaun vor den Kühen geschützt. Daneben thront das große Blockhaus der Wetterstation. Um die Station herum scharen sich die Holzhäuser der Angestellten sowie die Vorratsschuppen. Einzig Ludmillas Hütte hat die Bezeichnung »Haus« nicht verdient. Das Fenster im Vorraum ist eingeschlagen und das Dach nur notdürftig repariert. Die winzige Hütte besteht aus zwei Räumen: einer schmalen Küche mit Platz für maximal zwei Personen sowie einem düsteren Schlafraum mit zwei Betten. Ludmillas Reich ist bescheiden. Trotzdem ist sie lustig und versprüht Lebensfreude.

Es ist abgesprochen, dass ich mich selbst verpflege. Doch Ludmillas erste Frage ist:

»Kuschat, kuschat?« (essen, essen?). Und da sage ich nie Nein!

Wir essen gemeinsam Thunfisch mit Kartoffeln direkt aus der Pfanne – die Frau ist praktisch, und es schmeckt.

Danach kitzelt meinen Gaumen ein vergessener Geschmack: Café Arabica. Überall hätte ich ihn erwartet, nur nicht hier.

Interessiert erkundigt sich Ludmilla nach der Wetterstation auf den Ushkani-Inseln und vor allem nach Katerina, von der sie zur Gehilfin ausgebildet wurde. Stolz spickt sie ihre Fragen immer wieder mit englischen Worten, die sie sich selbst beigebracht hat. Nach dem Essen weist sie mir eines der zwei Rohrgestellbetten zu und flachst:

»Bitte nicht verwechseln.«

Meinen Freund, den Jungbullen, taufe ich »Iwan den Schrecklichen«. Iwan ist nirgends zu sehen, also schaue ich mir Solnetschnaja an. Vor einem braunen, stattlichen Blockhaus mit hellgrünen Fensterrahmen winkt mich ein alter Mann ins Haus. Es ist Lew. Die sehr kleine Gemeinde sitzt um den Küchentisch, auf dem sich fettes Salzfleisch, Salzgurken, Brot und Wodka für das obligatorische Begrüßungsritual türmen. Bis zum Rand füllt Lew die Gläser, groß wie Zahnputzbecher. Alle stehen auf, und Lew sagt einen Trinkspruch, in dem er zuerst den deutschen Freund willkommen heißt. »Sa Baikal!«, damit wird alles besiegelt, aber nicht, ohne vorher die Geister zu ehren. Jeder taucht seinen Zeigefinger ins Glas und spritzt ein paar Tropfen Wodka in die Luft. So kommen die Geister an ihren Anteil und bleiben hoffentlich gnädig. Menschen dagegen müssen das Glas auf einen Zug leeren, woran sich alle halten. Dieses Ritual stammt noch aus vorchristlichen Zeiten. Trotz kommunistischer Säuberung ließen sich die Burjaten ihre Naturreligion nie ganz austreiben. Sie hat bis heute einen festen Platz neben dem orthodoxen oder buddhistischen Glauben.

Lew ist ein großer Verehrer der Deutschen. Vor allem die Pünktlichkeit und Zuverlässigkeit beeindrucken ihn. Gutmütig nimmt er meine Hand und streichelt sie, als wäre ich sein Sohn.

Das Begrüßungskomitee löst sich erst auf, nachdem die Flasche leer ist. Eine angebrochene Flasche stehen zu lassen, ist ein schlimmes Vergehen und erzürnt die Geister erst recht.

Als alle wieder an der Arbeit sind, durchdringt lautes Knattern die Stille. Vom Baikal nähert sich ein Motorrad mit Beiwagen. Gekonnt bremst der Fahrer. Wie eine Ballerina dreht das Vehikel Pirouetten auf dem Eis. Dabei schießt das Gespann gefährlich auf das Ufer zu, wird jedoch vom vorgelagerten Brucheis rechtzeitig gestoppt. Das Motorrad steht noch auf allen drei Rädern, und das direkt an der Brucheiskante. Die Mutprobe ist gelungen.

Kasimir, ein Fischer, und sein Sohn Alex sind hier offensichtlich gut bekannt und werden herzlich begrüßt. Sie suchen mit ihren Schlafsäcken einen Platz zum Übernachten und wollen morgen zeitig ihre Netze auslegen.

Zurück in Ludmillas Hütte lecke ich meine Wunden. Als ich das offene Fleisch mit Wasser reinige, schüttelt meine Gastgeberin entsetzt den Kopf und geht. Nach kurzer Zeit kommt sie mit Aljoscha, dem Mann der Stationsleiterin, zurück. Er inspiziert fachmännisch die Wunden und zieht aus seinem antiquarischen Erste-Hilfe-Koffer ein Fläschchen mit brauner Flüssigkeit.

»Desinfektion«, sagt er kurz und hält es mir unter die Nase.

Gefährlich scharf, denke ich noch, und schon beginnt er mit dem Bepinseln. Ein Schmerz durchzuckt mich, als würde die Wunde mit einem glühenden Eisen ausgebrannt. Ich halte den Atem an und beiße auf die Zähne. Während Aljoscha gemächlich weiterpinselt, kontrolliert er mich ständig mit einem Auge. Er will wissen, was der Deutsche aushält. Ich vermeide jede Reaktion, bis das Martyrium vorbei ist. Das wird von Aljoscha mit einem kräftigen Schulterschlag quittiert. »Choroscho!« (gut!), sagt er. Dann streckt er mir zwei Binden entgegen. Endlich kann ich die Geschwüre vor Schmutz schützen und damit gleichzeitig den Schmerz dämpfen.

Nachdem Aljoscha gegangen ist, macht sich Ludmilla zu meiner Überraschung mit Schminke und Lippenstift hübsch. Etwa für mich? Hat sie unseren Schwur vergessen? Als sie beginnt, sich auszuziehen, verlasse ich etwas irritiert den Raum und erkunde die Messstation. Während ich mir die Apparaturen ansehe, überrascht mich der junge Aljoscha in adretter Kleidung. Er lädt mich in sein Haus ein, das etwas abseits steht.

Wieder sind alle versammelt, dieses Mal jedoch fein gekleidet. Die Damen sind geschminkt, tragen Minirock, und ich bin blamiert! Ludmilla schmunzelt! Ich alter Narr habe meine männliche Anziehungskraft doch tatsachlich überschätzt und bezahle dafür mit einem roten Kopf.

Die Herren haben ihre schönen Bügelfaltenhosen herausgeholt. Nur Kasimir, der Fischer, und sein Sohn tragen ihre dicken karierten Arbeitshemden.

Der Tisch biegt sich unter Kuchen, Borschtschsuppe, Frikadellen, geräuchertem und gesalzenem Omul, Pelmeni, Oliven und Süßigkeiten. Die Krönung des Ganzen sind Orangen und Kaviar. Nicht ich bin der Grund für das Fest, es sind die Frauen. Ich erfahre, dass heute Frauentag ist, und der wird offensichtlich voller Überfluss gefeiert.

Lew streckt mir ein besonders großes Glas gefüllt mit Wodka entgegen und sagt: »Werner Schtraf!«

»Schtraf« hat auf Russisch die gleiche Bedeutung wie auf Deutsch. Heute am Frauentag lasse ich meine Frau allein, das verlangt nach harter Strafe. Der Urteilsspruch lautet: »Leere den Wodkahumpen in einem Zug!«

Unter Applaus würge ich die Strafe am Stück hinunter, ohne mich zu verschlucken. Nun werden alle Gläser gefüllt. Dann das Ganze noch einmal.

Damit der viele Schnaps nicht zu heftig wirkt, esse ich mich durch die verlockenden, seltenen Gaumenfreuden. Am meisten genieße ich dabei die fruchtigen Orangen.

Kaum ist mein Teller leer, wird er sofort wieder gefüllt. Sie stopfen mich wie eine Mastgans vor Martini. Mir soll es recht sein, denn in Sibirien habe ich bisher über zehn Kilogramm abgenommen.

Ich fühle mich in der gemütlichen Runde wohl. Es wird gesungen und geklatscht. Der reichliche Wodka lockert die Zunge.

Aljoscha, mein Blutblasendoktor, erzählt mir von den Schattenseiten auf Solnetschnaja, denn auch hier strahlt nicht überall die Sonne. Das Dieselaggregat ist seit Tagen defekt, und sie bringen es nicht zum Laufen. Altgedient und verschlissen streikt es ständig, und ein neues ist nicht in Sicht. Deshalb fließt der Strom zurzeit aus Batterien, und die sind bald leer. Dennoch hatte Solnetschnaja bisher Glück, es existiert noch, aber offensichtlich ohne jegliche Investition. Aus Geldmangel werden ganze Stationen geschlossen. Deshalb sind die Meteorologen um ihren Arbeitsplatz froh; auch wenn sie gezwungen sind, ihr ganzes Leben in einer solchen Enklave zu fristen.

Aljoscha sinniert:

»Das Leben hier draußen ist hart«, dann strahlt er wieder und meint: »aber der Baikal macht es erträglich.«

Kasimir und sein Sohn verlassen als Erste die Party. Für sie heißt es, morgen zeitig aufzustehen. Sie müssen raus aufs Eis und Netze auslegen. Diese Gelegenheit nutze ich und schließe mich an. Es hat gereicht, empfiehlt mein Kopf. Als ich im Bett liege, höre ich von den anderen noch immer lustigen Gesang und viele Trinksprüche auf ihren geliebten Baikal.

Lautes Schnarchen reißt mich aus dem Schlaf. Mein Wecker heißt Ludmilla. Es ist bereits hell, also packe ich meine Film- und Fotoausrüstung und gehe nach draußen, damit sich meine Mitbewohnerin ungestört anziehen und waschen kann.

Die Filmaufnahmen im weichen Morgenlicht vor grandioser Szenerie sind besonders stimmungsvoll. Das aufgeschobene Brucheis am Ufer hat mit seiner Lichtbrechung und Spiegelung einen ganz besonderen Reiz. Lange habe ich gezweifelt, ob ich die schwere Ausrüstung mitnehmen soll. Doch es war richtig! Die vielen Aufnahmen, die ich auch unter Extrembedingungen machen konnte, werden mich immer wieder an den Baikal erinnern.

Kasimir kommt mit seinem Sohn von der Netzauslegung zurück. Es entspinnt sich ein Gespräch. Dabei erfahre ich, dass er Schamane ist.

»Möchtest du mich zu einer Opferstelle begleiten?«, fragt er.

»Natürlich, sehr gern!«

Wir machen uns auf den Weg und stehen nach vielleicht einer Viertelstunde auf einer Lichtung in außergewöhnlich schöner Umgebung. Auf dem Berg dahinter entspringt der längste Fluss Sibiriens, die Lena. Der Strom windet sich durch ganz Sibirien bis zum Polarmeer.

Von dunklen Fichten eingeschlossen, ragen drei mannshohe spitze Holzpfähle in den Himmel. Sie sind mit bunten Stoffbändern verziert. Auf einem Stein davor liegen Münzen, kleine Geldscheine sowie Zigaretten, die Opfergaben der Hilfesuchenden.

Kasimir bindet einen orangefarbenen Baumwollstreifen an den mittleren Pfahl. Dabei strahlt er Ruhe und Gelassenheit aus und erzählt.

Ursprünglich standen die Kultpfähle vor jeder Jurte und wurden zum Anbinden der Pferde genutzt. Im Laufe der Zeit bekamen die Pfähle eine mythische Bedeutung. Deshalb stehen sie heute meist in ganz besonderer Natur. Denn die Natur steht im Zentrum des Handelns und Denkens der Schamanen. In ihrer Vorstellung bewegt sich die Seele in drei Ebenen: in der unteren Welt, wo die Geister leben; in der mittleren Welt, wo alle Lebewesen zu Hause sind, und in der oberen Welt, wo die Götter herrschen. Der Schamane ist der Mittler zwischen diesen Welten. Dabei gibt es schwarzen und weißen Schamanismus, je nachdem, ob der Schamane mit guten oder bösen Geistern in Verbindung tritt. Der Kern ihres Glaubens ist ein tiefes Gefühl der Verbundenheit mit allem, was lebt.

Verklärt blickt Kasimir hinaus auf das erstarrte Meer der Burjaten. Weite, Stille, Besinnlichkeit und die atemberaubenden Elemente treffen sich hier wie im Fokus eines Brennglases. An diesem einsamen, magischen Ort glaube ich, dem Herzen Sibiriens so nahe zu sein wie nie zuvor.

Kasimir reicht mir ein blaues Stoffband. Ich binde es zu seinem, und wir machen uns auf den Rückweg.

Die Desinfektion und der Verband zeigen Wirkung. Der Schmerz wird erträglich, und mich treibt es wieder hinaus aufs Eis. Nur das wenige Kerosin macht mir Sorge.

Obwohl Ludmilla heute Nacht Schichtdienst hat, stellt sie ihren Wecker auf sechs Uhr. Zum Abschied möchte sie mir das Frühstück machen.

Sie geht zur Schicht und ich ins Bett.

Albträume rütteln mich wach, und meine Gedanken kreisen um das wenige Kerosin. In schlafloser Nacht wachsen die Probleme und scheinen unüberwindbar.

Der Wecker rasselt. Ich fühle mich, als hätte ich eine Folternacht hinter mir. Auch Ludmilla kommt schwer aus den Federn. Nachdem sie angezogen ist, zündet sie die Kerze an. Schnell lodert ein Feuer im Ofen. Die Eisblumen sind in der Nacht explosionsartig gewachsen und füllen am Morgen das ganze Fenster. In der Hütte ist es bitterkalt. Ludmilla kocht Tee und wärmt den Rest vom Abendessen auf.

Wie ein Hamster schlage ich mir den Bauch voll. Ludmilla streicht drei Marmeladenbrote und stellt sie mit meiner gefüllten Thermoskanne auf den Tisch. Die Brote finden ihren Platz unter meiner Jacke. Dort sind sie vor Frost geschützt.

Ludmilla umsorgt mich wie eine Mutter. Für die Übernachtung will ich den gleichen Preis wie bei Mischa bezahlen. Entsetzt lehnt sie ab und legt die Scheine auf den Tisch. Sie ist entrüstet: Freundschaft und Geld vertragen sich so wenig wie Himmel und Hölle.

Die ersten zarten Sonnenstrahlen ziehen über den Baikal. Sie kommen von dort, wo meine Jurte steht. Ich hoffe, Bär und Wolf haben sie verschont.

Jetzt muss ich aber los.

»Druschba!« (Freundschaft!), »and no problem!«, schreit mir Ludmilla hinterher. Und wieder nehme ich ein Stück russischer Seele mit.

Das Eis ist glatt wie ein Spiegel. Meine Felle finden wenig Halt. Es dauert, bis ich einen Rhythmus finde und in Fahrt komme. Doch dann ist es wie Fliegen.

Als Erstes muss ich die UAZ-Spuren, meine Rettungsleine, suchen. Ohne sie finde ich nicht zurück. Deshalb prägte ich mir bereits bei der Ankunft die markante Südspitze der Ushkani-Insel als Orientierungspunkt ein. Wenn ich auf sie zuhalte, werde ich die Spuren im Schnee wiederfinden.

Ein Horizont wie mit dem Lineal gezogen breitet sich vor mir aus, und einen Meter unter mir ruht der tiefste See der Erde. In dieser atemberaubenden und kalten Welt wird ein kleiner Mensch zum unbedeutenden Nichts. In dieser Einsamkeit und Stille fallen Stress, Angst und Unzufriedenheit, die Krankheiten des 21. Jahrhunderts, von einem ab.

Vereint mit der Natur, gleite ich zufrieden über blankes Eis, in das Väterchen Frost wunderbare Kunstwerke gezaubert hat. Leuchtend weiße Risse, filigrane Geometrie und bizarre Eisoberflächen wechseln sich im tiefblauen Grund ab, bis mich harter Schnee stoppt. Wo ist die Wegmarkierung? Trotz Fernglas entdecke ich keine Autospuren. Vielleicht bin ich zu weit nördlich. Also ziehe ich weiter Richtung Süden.

Über eine Stunde bin ich erfolglos unterwegs. Ich werde unsicher und nervös, denn ich entferne mich immer weiter von meinem eigentlichen Ziel, den Ushkani-Inseln. Ich muss umkehren. Mit flauem Gefühl im Magen mache ich mich wieder auf den langen Rückweg. Nach zwei Stunden stehe ich deprimiert an meinem Ausgangspunkt. Jetzt bin ich mir sicher. Die Spuren können nur noch im Norden liegen. Nachdem ich eine weitere Stunde gesucht habe, bin ich ratlos. Wo ist diese verdammte Autospur? Nur sie führt mich durch das Eislabyrinth. Soll ich noch weiter nach Norden laufen? Aber ich kann doch nicht ständig wie ein blindes Huhn am Zaun hin- und herrennen, ohne den Durchschlupf zu finden. Ich habe mich verirrt.

Diese Aussichtslosigkeit entmutigt mich. Es war ein großer Fehler, zu glauben, dass ich die Spuren so leicht wiederfinde. Ich habe mich in eine ausweglose Lage gebracht. Am liebsten würde ich einfach stehen bleiben und warten, bis jemand kommt. Doch hier holt mich mit Sicherheit niemand ab.

Ich glaube, mein Ausweg liegt weder im Süden noch im Norden, sondern im 45-Grad-Winkel Richtung Südost. Es müsste mit dem Teufel zugehen, wenn ich dabei nicht über die Spuren stolpere.

Ich präge mir einen neuen Markierungspunkt am Horizont ein und ziehe in das unüberschaubare Schneefeld hinein.

Auf Spiegeleis machten mir die Blasen wenig Probleme, doch auf Schnee werden sie stark belastet und melden sich mit Stechen und dumpfem Pochen zurück.

Stunde um Stunde vergeht, ohne dass ich auf eine Spur stoße. Als die Dämmerung einsetzt, halte ich an und baue das Zelt auf. Jetzt zieht auch noch starker Ostwind auf. Nach langer Zeit der erste Wind. Warum gerade heute? Hat sich denn alles gegen mich verschworen?

Ausgehungert und ausgetrocknet wird die Zeit, bis Tee und Nudeleintopf fertig sind, zur Geduldsprobe. Das Essen schmeckt übel, aber es macht satt. Der Kerosingeschmack bleibt noch lange im Mund.

Es ist stockfinster, als ich die malträtierten Füße aus den Folterwerkzeugen ziehe und endlich in den Schlafsack schlüpfe.

Unentwegt treibt der Wind Schnee übers Eis und löscht die Spuren für immer aus. Jetzt zählen nur noch Fakten: Der Rückweg ist versperrt, und Kerosin ist Mangelware. Ich weigere mich, an morgen zu denken, und will nur noch schlafen.

Lautes Flattern beendet meine Nacht. Der starke Wind rüttelt am Zelt und an meinen Nerven. Mir graust's! Dennoch muss ich so bald wie möglich aufbrechen. Heute entscheidet der Faktor Zeit über Erfolg oder Misserfolg. Eilig schalte ich die Stirnlampe ein, ziehe die Fleecejacke an, setze die Fellmütze auf und schlüpfe ganz vorsichtig in die hart gefrorenen Stiefel.

Ich öffne den Zeltreißverschluss und würde ihn am liebsten sofort wieder schließen. Schlechte Sicht, Kälte und Wind empfangen mich. Die steife Brise bläst beim Teewasserkochen die Flamme aus. Im kleinen Einmannzelt zu kochen ist schwierig, aber da ist die Flamme geschützt. Dennoch dauert es, bis der Schnee zu schmelzen beginnt. Die Flamme wird ständig kleiner, sie wird bald verlöschen.

Endlich schmilzt der Schnee. Sofort fülle ich das Wasser in die Thermoskanne und stelle den über Nacht gefrorenen Nudeleintopf auf die Sparflamme. Nach einer Weile ein kurzes »Puff«, das Kerosin ist zu Ende. Dennoch bin ich ein Glückskind. Die Nudeln sind zumindest so weit aufgetaut, dass ich sie beißen kann. Somit habe ich lauwarmes Wasser für den Durst und bissfeste Nudeln für den Hunger – mein letztes Essen!

Flott baue ich das Zelt ab, ziehe die Gesichtsmaske an und mache mich auf den Weg.

Nach zwei Stunden stehe ich hoffnungslos vor dem Chaos. Laut Mischa zehn Kilometer unüberwindbarer Eisplattenbruch. Mir ist zum Weinen. Am liebsten würde ich mich auf die Ushkani-Inseln beamen. Ich bin am Ende. Im Angesicht dieser zerfetzten und ineinandergeschobenen Eisplatten bereue ich diese Baikalüberquerung zutiefst und wünsche mich nur noch zurück in meine Jurte.

Das Jammern bringt mich nicht zurück, also nehme ich den Kampf gegen die Zeit, die Schmerzen, das Eis und letztendlich gegen mich selbst auf.

Wie ein Seiltänzer jongliere ich unsicher mit den Skiern über die Eisspitzen. Die Stöcke biegen sich unter meiner Last, als würden sie jeden Moment zersplittern. Ständig rutsche ich unkontrolliert in irgendeine Richtung. Dabei klemmt der Hänger, ruckelt oder fällt ganz um. Das bedeutet: immer wieder Skier abschnallen, zurücklaufen und den Anhänger aufstellen.

Ohne Skier wäre ein Vorankommen noch schwieriger, denn sie geben etwas mehr Stabilität und Halt in den schrägen Eisplatten. Skier waren doch die richtige Entscheidung!

Jedes kraftraubende Abgleiten sticht durch meine Füße. Vorsicht ist dabei das Wichtigste. Ich darf auf keinen Fall mit dem Rucksack in die spitzen und messerscharfen Schollen fallen. Sollte ich mich verletzen oder mir gar etwas brechen, hier draußen gäbe es keine Hilfe. Unter großer Pein ringe ich dem Baikal Meter für Meter ab. Dabei zermürbt mich das Gefühl, nicht wirklich voranzukommen.

Die extreme Anstrengung und der mentale Stress sind Gift für mein Handicap Diabetes. Obwohl ich ständig messe und Traubenzucker esse, bleiben die Werte im roten Bereich. Unterzuckerung blockiert den Stoffwechsel und raubt die dringend benötigte Energie und Motivation.

Am Spätnachmittag quält mich wieder dieser elende Durst. Die »Tour der Leiden« nimmt ihren Lauf. Ständig habe ich die Insel vor Augen, ohne dass sie größer wird. Ich bin viel zu langsam.

Mental und physisch am Ende, treiben mich nur noch Durst, Hunger und eiserner Wille weiter.

Ich mach's kurz: Es ist eine Qual. Auf den letzten Kilometern zwingen mich Höllenschmerzen und Kräftemangel alle zehn Minuten zu einer langen Rast.

Nach jedem Schritt mache ich eine Verschnaufpause und treibe mich weiter zum nächsten. Ein kleines Licht auf der Wetterstation zeigt das ersehnte Ziel. Nach unsagbarem Martyrium erreiche ich in später Nacht mit dem letzten Rest Energie die Ushkani-Inseln.

Nach 130 Kilometern und zwölf Tagen habe ich den Baikal überquert. Das letzte große Ziel eines spannenden Jahres ist erreicht.

Ich habe gelernt, das Leben zu nehmen, egal, wie es kommt. Geblieben ist ein Gefühl von Freiheit und Verlorenheit in der großen Weite und das Wissen, allein sein zu können und mit dem Wenigen zurechtzukommen. Ist weniger mehr?

Es ist der Schlüssel zu mir selbst, denn in der Einsamkeit des Baikals habe ich zu mir gefunden. Und ich habe für mich erfahren, dass der Verzicht auf alles, was nicht unbedingt lebensnotwendig ist, ein Mehr an innerer Ruhe mit sich bringt. Wird ewiges Wachstum die Welt wirklich lebenswerter machen? Nach meiner Erfahrung führt weniger Überfluss zu einer größeren inneren Zufriedenheit.

Es sind die stillen Erlebnisse, die sich von meinem Jahr am Baikalsee tief in die Erinnerung eingegraben haben: der funkelnde Sternenhimmel, das klare Wasser und die frische Luft.

Epilog

Von den Ushkani-Inseln brachte mich ein Fischer zur Omulbucht zurück. Dort lebte ich noch weitere vier Wochen, bis mich Kolja, wie abgesprochen, abholte.

Mit meinem Landcruiser und dem in Russland gekauften Anhänger fuhr ich übers Eis zurück, baute die Jurte ab, lud sie auf den Anhänger, um sie mit nach Hause zu nehmen. Den Backofen, das Toilettenhäuschen, die Sitzsauna, die Beobachtungsplattform und den Jurtenboden ließ ich auf Wunsch des Nationalparks stehen. Die Sachen sollen in Zukunft von den Rangern genutzt werden.

Im Spätwinter machte ich mich bei Kälte auf den 9000 Kilometer langen Heimweg. Nach zwei Wochen Fahrt, die ich nur zum Schlafen unterbrach, war ich wieder zu Hause.

Nach dem sibirischen Winter erlebte ich intensiv den Wechsel zwischen den Jahreszeiten:

Im warmen Frühling mit blühenden Bäumen erwartete mich meine Familie. Ich war froh und glücklich, dass ich sie alle wieder gesund in die Arme nehmen konnte. Toni, mein Enkel, drückte mein Gesicht fast so, als hätte er mich vermisst.

Genauso extrem wie der Jahreszeitenwechsel war auch der Sprung zurück in meine alte Welt. Sie wollte meine Ruhe und Gelassenheit schnell durch Hektik und Stress ersetzen. Aber ich habe mich gewehrt.

Heute, zwei Jahre nach meiner Rückkehr, schreibe ich diese letzten Zeilen und hoffe, weiterhin standhaft zu bleiben.